SMOLENSK

La cité du malheur russe

DU MÊME AUTEUR

De Gaulle, les grandes questions, Perrin, coll. « Tempus », 2020.

Camp Beauregard, Les Belles Lettres, 2018.

De Gaulle vu par les Anglais, Calmann-Lévy, 2015 (réédité en 2020)

Dans le secret des archives britanniques, l'histoire de France vue par les Anglais, 1940-1981, avec Kathryn Hadley, Calmann-Lévy, 2012.

François Mitterrand et la Guerre d'Algérie, avec Benjamin Stora, Calmann-Lévy, 2010.

Napoléon et la Folie espagnole, Tallandier, 2006.

Histoire secrète de la Ve République, sous la direction de Roger Faligot et Jean Guisnel, La Découverte, 2006.

François Malye

SMOLENSK

La cité du malheur russe

PERRIN

92, avenue de France
75013 Paris
Tél. : 01 44 16 08 00

ISBN : 978-2-262-08606-0
Dépôt légal : janvier 2023

Mise en pages : Peter Vogelpoel

« Me revoilà donc dans cette ville pittoresque* et, qui sous ce rapport, me semble toujours unique. »

De Smolensk,
Stendhal à Félix Faure,
le 9 novembre 1812.

---

* Dont la beauté est frappante, de l'italien *pittore* qui signifie « peintre ».

Introduction

Sur la stèle, sorte de pupitre bas planté au milieu de la petite place d'un des mémoriaux de la Seconde Guerre mondiale, six œillets rouges encadrent une inscription en cyrillique fièrement traduite par le jeune interprète : « Souvenez-vous ! Tant que vit la mémoire, notre peuple est vivant ! Dédié à l'exploit du peuple soviétique dans la bataille de Smolensk durant la grande guerre. » On lève les yeux. Un peu plus loin, deux adolescentes sont accoudées à la balustrade qui surplombe le vide. Habillées court, calot kaki de travers sur la tête, elles rient en voyant le groupe d'étrangers reconnaissables à mille lieues dans cette ville de province où le touriste est rare. Chacune a posé à ses pieds la pancarte où figure une grande photo en noir et blanc d'un aïeul tué pendant le deuxième conflit mondial, renommée ici la Grande Guerre patriotique. Ce 9 mai 2019, le défilé du jour anniversaire de la victoire contre les nazis en 1945 vient de s'achever sous un ciel incertain. Sur la place Lénine, on a d'abord assisté à une revue de chars cacochymes crachant des torrents de fumée, de fusées tractées sur des remorques et de militaires défilant au pas, jambe dressée. Alors que l'on s'apprêtait à quitter la tribune, croyant la cérémonie achevée, officiels et anciens combattants cuirassés de médailles ont fait les gros yeux. Car le clou du spectacle est cette masse de civils qui arrivent maintenant sur la place, la population de la cité, en longue colonne, chacun brandissant son icône, un portrait de jeune gars souriant sorti pour l'occasion de l'anonymat, un des 26 millions de Russes tués lors de la Seconde Guerre mondiale. Cette vision saisissante, c'est le « Régiment immortel », initiative populaire reprise et encadrée depuis 2015 par le régime de Vladimir Poutine, qui défile lui-même en tête du cortège à Saint-Pétersbourg en brandissant une photo de son père grièvement blessé durant le siège de la ville. Sur le moment, on se dit que le président de la Fédération de Russie n'a pas grand-chose d'autre à vendre à son peuple que sa propre histoire et celle de son inébranlable courage face à l'envahisseur. Impossible d'imaginer qu'il en deviendra un à son tour lors de l'invasion de l'Ukraine trois ans plus tard. Tout autant qu'un livre naîtra de ce séjour en Russie.

Je suis venu pour la première fois à Smolensk au début du mois de mai 2019 dans le cadre d'un reportage consacré à l'autre guerre patriotique, son prototype, celle de 1812 livrée contre Napoléon. Smolensk est l'une des plus vieilles cités de Russie.

Fondée au IXe siècle, bien avant Moscou, elle est située à 400 kilomètres à l'ouest de la capitale. Une ville impressionnante avec ses hautes murailles et ses tours massives de briques rouges d'où émergent les bulbes baroques et colorés de ses nombreuses églises. Quand ils l'aperçurent au loin, ceux des grognards de la Grande Armée qui avaient connu l'Égypte et la Syrie au couchant du Directoire comparèrent ses remparts à ceux de la citadelle de Saint-Jean-d'Acre. Dans l'histoire des guerres, peu d'endroits ont autant souffert que Smolensk, dont le nom ne dit rien en France mais qui, ici, a été sacrée en 1985 « Ville héros ». Elle a été le point d'entrée de tous ceux qui ont essayé de conquérir la Russie, et la clé de Moscou, pour laquelle elle s'est si souvent sacrifiée. Au fil des siècles, elle a été polonaise, lituanienne, avant de solidement s'arrimer à la Russie au début du XVIIe siècle. Depuis, elle a été la première forteresse sur la route des conquérants de l'impossible. Autant d'envahisseurs finalement vaincus que ses habitants virent refluer, laminés par l'hiver, brisés par la mobilisation acharnée de toute une population. *Barbarossa*, l'offensive allemande du début de la Seconde Guerre mondiale, échoua ici. Ce fut l'une des pires étapes des naufragés de l'armée impériale durant leur terrible retraite. Comment Smolensk est-elle encore debout et si belle, toujours aussi « pittoresque », comme l'écrivait Stendhal ? Elle brûla presque entièrement au passage de Napoléon, les soldats de Hitler la noyèrent sous un déluge de fer et de feu à l'aller comme au retour. Perpétuellement relevée, elle incarne le symbole de cette âme russe, inoxydable. « Résilience », dirait-on en France. Mais Smolensk est aussi une ville d'aujourd'hui, provinciale, attachante, magnétique en raison de ses malheurs passés mais aussi de la rage de ses habitants à y survivre. Une capitale du courage, de la grandeur et du malheur russes, une cité qu'on ne peut saisir en un seul voyage.

Avec Marc Leplongeon, journaliste au *Point* comme moi, et Julien Faure, le photographe qui nous accompagne, notre reportage a pour sujet les fouilles entreprises dans la citadelle par une équipe d'archéologues franco-russe afin d'exhumer la dépouille du général Charles Étienne Gudin. Ce dernier fut mortellement blessé durant la campagne de Russie le 19 août 1812, sur le champ de bataille de Valoutina-Gora, à quelques kilomètres à l'est de la ville. Nous sommes loin de nous douter de la suite des événements et des aventures qui mèneront jusqu'aux honneurs funèbres militaires qui lui seront rendus dans la cour d'honneur de l'hôtel des Invalides à Paris, le 2 décembre 2021, jour anniversaire de la bataille d'Austerlitz et du sacre de Napoléon. Deux années ponctuées d'autres reportages en Russie, à Moscou, Volgograd – l'ex-Stalingrad –, Saint-Pétersbourg – l'ex-Léningrad –, jusqu'à un deuxième séjour à

Smolensk à la fin du mois d'octobre 2021, trois mois avant le déclenchement de « l'opération spéciale » en Ukraine.

Ce livre d'histoire et d'histoires est aussi une balade dans cette Russie d'avant-guerre, à supposer qu'un seul jour, celle-ci l'ait épargnée. « Nous avons un rapport particulier à la mort [...] », dit l'un des témoins interrogés par l'écrivaine biélorusse Svetlana Alexievitch, Prix Nobel de littérature, dans son livre *La Fin de l'homme rouge*. « Au fond, nous sommes des guerriers. Soit nous étions en guerre, soit nous nous préparions à la faire. Nous n'avons jamais vécu autrement. C'est de là que vient notre psychologie de militaires. » L'écrivain Sylvain Tesson évoque plus légèrement cette obsession de la victoire contre les nazis, an zéro de la Russie moderne. « Les Russes n'en reviennent toujours pas d'avoir battu le fasciste. Soixante-cinq ans n'ont rien pesé : on parle de la victoire comme si elle datait d'hier. » Visitant un ami, un 9 Mai, durant son exil de six mois dans une cabane de Sibérie, il lui lance : « Volodia, il y a quoi comme nouvelles à part que vous avez gagné il y a soixante-cinq ans ? » Pour mieux faire comprendre au lecteur français, idolâtre de la paix, combien la guerre pèse dans l'esprit des Russes, Smolensk, ville martyre, est la destination idéale.

Avec Marc, nous déambulons au petit matin dans les rues de cette cité de 300 000 âmes, le temps d'une courte promenade sous le soleil depuis l'hôtel avant de rejoindre le chantier de fouilles. On reste surpris par l'aspect coquet et soigné du centre historique. Pas un mégot ou un papier sale sur les trottoirs, pas de mendiants, pas de tags. Les bâtiments ont des couleurs acidulées, la circulation est tranquille. On traverse le joli parc central où courent des enfants tandis que leurs parents se rafraîchissent à une buvette. On s'arrête devant la statue de Mikhaïl Glinka, considéré comme le fondateur de la musique russe moderne et natif de l'oblast, c'est-à-dire de la région. Le compositeur est né à Novospasskoïe, à 130 kilomètres de là. Puis, on se retrouve sur la vaste place où trône la statue de granit rouge de Lénine et où aura lieu le défilé du Régiment immortel. En attendant, des enfants pédalent comme des fous sur leurs petites voitures en plastique ou leurs vélos, en tirant sur leur roue avant avec plus ou moins de succès. Ce centre-ville à la suisse est la carte de visite de la cité. Un trompe-l'œil dans un pays où les inégalités figurent parmi les plus élevées au monde, où l'espérance de vie plafonne à 67,6 ans pour les hommes et le PIB par habitant figure à la 65e place (juste derrière l'Argentine). Ces deux seuls chiffres suffisent généralement à faire taire les thuriféraires du régime de Vladimir Poutine qui croient que partout en Russie, on vit comme à Moscou ou à Saint-Pétersbourg.

Nous parlons de Napoléon, comme de tous ceux tombés victimes de l'épopée. Mon jeune camarade a avalé sans ciller durant le voyage de solides ouvrages sur la campagne de Russie. Étrange d'évoquer ce moment d'histoire quand des familles déambulent dans les rues, pancartes à la main, souvent en tenue militaire, pour célébrer les morts d'une autre guerre. J'apprendrai, en lisant le livre de Galia Ackerman, *Le Régiment immortel*, que l'année précédente, près de 10 millions de personnes ont participé au défilé et que celui-ci a eu lieu dans 80 villes du monde, de Philadelphie à Paris, où la communauté russe a défilé entre la place Stalingrad et le cimetière du Père-Lachaise. Ici, 75 % de la population soutient l'initiative. Perchée sur le bord du bassin central, une gamine aux tresses blondes, jupe kaki et calot frappé de l'étoile rouge, fait rire ses copines en mimant la marche caractéristique des soldats lors de la parade. Un colosse, son bébé sur les épaules, tient d'une main ferme le portrait d'un marin en uniforme de la flotte en regardant les étrangers d'un œil noir. La Russie n'est pas le pays du sourire. On apprendra qu'ici, il est la marque de l'hypocrisie occidentale, voire de la franche idiotie. Aucun de nous ne connaît véritablement l'ancien empire des tsars. De l'aéroport de Moscou, nous nous sommes rendus à la gare principale de la capitale, où un train de nuit poussif nous a fait rebrousser chemin vers l'ouest, pour arriver à 60 kilomètres de la frontière biélorusse. Aucune liaison aérienne n'existe avec Smolensk, faute d'aéroport, le seul existant étant à usage strictement militaire et, on le verra, de funeste réputation. Cinq heures pour franchir les 400 kilomètres qui séparent Moscou de la vieille forteresse, passées à contempler des forêts interminables de bouleaux et de pins depuis un compartiment surchauffé. Les archéologues qui nous ont précédés ont eu moins de chance. L'avion de la première équipe a dû tourner en rond longtemps au-dessus de l'aéroport de la capitale, un Soukhoï Superjet de l'Aeroflot s'y étant crashé quelques heures plus tôt, causant la mort de 41 personnes. L'autre, venue en train avec le matériel et à laquelle il manquait des documents, a été bloquée plusieurs jours en Biélorussie. À notre arrivée dans la nuit, la gare de Smolensk nous est apparue comme une grande meringue bleu et blanc brillamment éclairée sur une place noire et vide. Le lendemain, ce seront les premiers coups de pioche dans les fortifications où, après une enquête minutieuse, les scientifiques comptent bien découvrir la tombe du général Gudin. À une condition : qu'elle existe encore. Car les destructions dues à l'invasion allemande ont été massives, recouvrant, à cent trente années de distance, celles de la conquête napoléonienne. Pour l'instant, l'équipe d'une vingtaine de personnes est entassée dans un minuscule hôtel perdu au fond d'un quartier sinistre. Les jeunes Français, serrés dans l'étroit couloir de l'entrée, tentent de se connecter au Wi-Fi pour regarder une série. Leurs chefs dorment déjà. On rejoint une petite chambre aux lits superposés où six « archéologues » russes à l'allure de terrassiers ronflent déjà, dont l'un comme un Iliouchine. On ajoute des lits de camp. La première nuit sera aussi courte que mouvementée.

PREMIÈRE PARTIE

Le tsar de Smolensk

Quarante-quatre ans, petit, trapu et replet, Aleksey Vladimirovich Ostrovskiy, gouverneur de l'oblast – la région de Smolensk – et membre de la Douma, ne semble pas avoir une haute opinion des Français qu'il accueille. On le rencontre pour la première fois lors du dîner qu'il donne pour l'équipe d'archéologues après trois jours de recherches peu fructueuses. On a beaucoup pataugé dans la boue, dans la citadelle où creuse l'équipe franco-russe mais aussi sur le champ de bataille de Valoutina-Gora, l'autre site de fouilles. Pour l'instant, rien de probant n'a été découvert, mais les inquiétudes se dissipent à l'idée d'un bon dîner qui changera du rata absorbé sous la pluie battante, ordinaire des deux équipes sur le terrain.

La réception n'a pas lieu au siège du gouvernement local, mais dans une salle d'un hôtel moderne et banal que le chauffeur de taxi a eu bien du mal à localiser. Une anecdote : l'un de nous ayant oublié son portable dans la voiture, il s'en est ouvert à l'organisateur, qui a répercuté l'information à un colosse à oreillette. Quelques mots de celui-ci dans son micro, un geste d'apaisement pour le journaliste affolé et, cinq minutes plus tard, le chauffeur de taxi est bien là, penaud, le téléphone à la main. Pendant ce temps, le gouverneur reste la mine fermée, bougon malgré le numéro des trois danseuses et leurs chansons criardes, tandis que les serveurs entassent plats, bouteilles de vin et de vodka sur la demi-douzaine de tables. Aleksey Ostrovskiy ne desserre guère les dents, jusqu'au moment où il doit bien prendre la parole. On ne comprend évidemment rien au russe, mais rapidement on prête l'oreille. C'est bien le nom de Marine Le Pen que répète à plusieurs reprises le gouverneur, soudain rieur, en articulant bien, histoire de faire comprendre aux Français présents qu'il est un fan de la leader frontiste. Son voisin de table maîtrise à peine ses rires. Cette évocation sans filtre de la présidente du Rassemblement national n'est pas pour déplaire à Pierre Malinowski, 32 ans, à l'initiative de cette campagne de fouilles.

De taille moyenne, costaud, brun et plutôt beau gosse, il s'est engagé dans la Légion étrangère à 17 ans ; suivront huit années sous les drapeaux. Ensuite, il est devenu l'assistant parlementaire de Jean-Marie Le Pen au Parlement européen et le grand ami de Marion Maréchal, sa petite-fille. Charmeur tout autant que brutal, langage de corps de garde et bagou incroyable, Malinowski est un aventurier : « Quand on a voulu me donner un autre nom à la Légion, j'ai demandé pourquoi. Je ne me souviens que de la grande pêche que j'ai prise dans la gueule. » Ce hussard un peu perché est né avec une pelle dans les mains, à Orainville, non loin de Reims, aux abords du Chemin des Dames. Sa passion des fouilles de champs de bataille lui vient de son père, conducteur de métro et écumeur d'archives sur le premier conflit mondial, historien amateur reconnu, qui a été un temps l'un des correspondants de l'écrivain allemand Ernst Jünger. À six ans, il l'accompagne sur la ligne de front et le voit déterrer quelques boutons et bouts de tissu, puis un squelette. Une révélation, comme il le raconte dans son livre *À la recherche du tombeau perdu,* une passion qui l'a aujourd'hui propulsé dans la cour des grands.

Sa force ? Le baroudeur n'est pas très respectueux des règles. Il ne s'est jamais encombré d'autorisations et autres paperasses pour mener des fouilles. Capable d'amener nuitamment une pelleteuse sur le terrain dès qu'il trouve des restes humains, il téléphone ensuite à la gendarmerie. Le branle-bas de combat s'enclenche tout au long de la chaîne administrative afin d'offrir une sépulture aux dépouilles des soldats exhumés. Avec cérémonie, sous-préfet, anciens combattants et sonnerie aux morts. Malinowski adore. Car il est sincèrement fasciné par le sacrifice de ces hommes.

À chaque réveillon, il dit planter un petit sapin de Noël au milieu de ces plaines où l'on s'est entretué pour communier avec ces guerriers tombés au champ d'honneur. Mais il raconte tellement de choses... Il découvre ce qu'il cherche avec obsession depuis quatre ans, un soir de réveillon justement, en 2016, à Aguilcourt dans l'Aisne. Durant des mois, il a creusé du matin au soir, quel que soit le temps, vivant çà et là, après son départ de l'armée, de petits boulots : maçon, agent de sécurité. Son idée? À chaque fois qu'on évoque le premier conflit mondial, on parle des soldats français, allemands, anglais, voire américains, mais jamais des morts du petit contingent russe envoyé se battre aux côtés des poilus. Et dans une équation simple mais bien sentie, pour lui, qui dit découverte d'un de ces soldats dit, *in fine*, parvenir à Vladimir Poutine.

Les deux brigades spéciales réclamées à l'empire tsariste par la France sont commandées par le général Nikolaï Alexandrovitch Lokhvitski. Arrivées début 1916, une fois formées au camp de Mailly, en Champagne, elles passent à l'action au printemps 1917 lors de l'offensive lancée par le général Nivelle au Chemin des Dames. Elles y perdent 4500 hommes. C'est la dépouille de l'un de ces combattants oubliés qu'exhume Pierre Malinovski le 24 décembre 2016. Il a déjà pris contact avec les autorités russes, est félicité par Alexandre Orlov, ambassadeur de Russie à Paris, tandis que les médias se précipitent sur sa découverte. Puis viendra la rencontre tant espérée avec Vladimir Poutine, son idole, de passage à Paris pour une visite au président Macron qui le reçoit à Versailles. Ce 11 novembre 2018, Malinowski parle rapidement de son projet napoléonien au maître du Kremlin qui serre les mains à la chaîne. « Il m'a souri, m'a pris le bras et m'a glissé : "Bonne chance à vous." » En attendant, il va se faire les dents près de Smolensk lors de fouilles qui l'amènent à exhumer les restes d'un chasseur Yak de l'escadrille Normandie-Niémen. La formation française, envoyée par le général de Gaulle combattre aux côtés de l'Armée rouge à partir de novembre 1942, y demeure célèbre. En 1943, elle perdra plusieurs de ses pilotes dans la grande bataille visant à libérer la région des nazis, et une des avenues de Smolensk porte son nom.

L'homme n'est pas non plus un enfant de chœur. Il a été impliqué dans l'exfiltration des pilotes d'« Air Cocaïne » en 2015 – « par solidarité militaire » – et écope un temps d'une notice rouge d'Interpol, aujourd'hui supprimée. Il a également tenté d'aller se battre en Syrie contre l'État islamique. « Mais ça n'a pas été loin, je me suis fait toper à Munich. » Ce sera donc finalement la Russie, un pays où le rapport de force entre mâles est dominant, ce qui convient parfaitement au *bad boy*. Il y crée la Fondation pour le développement des initiatives historiques franco-russes, financée par un oligarque à 3 milliards d'euros, Andreï Kositsyn, un grand patron de la métallurgie, fan de tout ce qui touche à la guerre. Malinowski fait ensuite sauter un par un tous les points de résistance, au point que le très officiel Dialogue du Trianon, structure diplomatique entre la France et la Russie, soutient son nouveau projet, qui paraît pourtant totalement délirant. Retrouver le corps d'un général d'Empire enterré dans une ville qui depuis fut retournée par les bombes et les obus... Hélène Carrère d'Encausse, secrétaire perpétuelle de l'Académie française, l'encourage – elle a même signé la préface de son livre – et, côté russe, son principal interlocuteur n'est pas un obscur apparatchik mais Dmitri Peskov, porte-parole et homme lige de Vladimir Poutine. Sa fille, Elizaveta « Liza » Peskova, une créature comme on n'en voit qu'à l'Est, blonde, ultra-sophistiquée, jet-setteuse internationale aux 250 000 abonnés sur Instagram, parlant parfaitement français, est même vice-présidente de la Fondation. On n'est jamais trop prudent. Une incroyable ascension due à un incroyable culot. Sans cette obstination – et cette aide en haut lieu –, rien n'aurait pu se faire dans un pays où mener des fouilles archéologiques relève de l'exploit. Bien sûr, à l'époque où il fait la tournée des journaux parisiens pour vendre son histoire, Pierre Malinowski sent le soufre. Ce jour ensoleillé de février 2019 où il passe présenter son projet à Étienne Gernelle, directeur de la publication du *Point*, il est donc venu avec sa compagne et assistante, Maria Katasonova, jeune femme à la beauté insolente. Pommettes hautes, yeux clairs, elle est enveloppée dans une longue robe légère et multiplie les saluts, mains jointes sur la poitrine en baissant la tête, comme une offrande de paix. Étienne, qui aime beaucoup la Russie, est conquis par le dossier. On ne sait pas encore que Maria Katasonova est aussi une militante ultra-nationaliste. Quelques semaines plus tard, une vidéo d'elle fera surface sur les réseaux. On la voit, sur fond de taïga enneigée, coiffée d'une chapka et vêtue d'une épaisse veste de fourrure blanche barrée d'un long ruban de Saint-Georges, symbole du patriotisme grand-russe. Elle tient entre les mains un fusil d'assaut enveloppé dans son tissu de camouflage et ne lâche que quelques mots : « Soyez joyeux. Mort aux ennemis ! [...] Si c'est nous qui sommes vaincus, nous détruirons le monde entier. » Maria lance alors son bras dans une jolie arabesque et l'horizon se déchire sur une explosion atomique complaisamment filmée pendant tout le reste de la séquence.

Lors de ce rendez-vous, Malinowski a présenté l'affaire ainsi : « Je suis soutenu par Poutine et chargé de monter des dossiers historiques entre la France et la Russie. Y a pas de politique là-dedans. » Sourires. Et d'avancer la liste de ses projets et des sommités scientifiques qui vont y participer. Évidemment, à l'époque, quand il évoque les funérailles du général Gudin aux Invalides en présence des deux chefs d'État, on se pince. Ce qu'on peut penser de lui, Malinowski s'en moque. Et nous aussi. D'ailleurs, l'avenir lui donnera raison. Comment imaginer que dix-huit mois plus tard *Le Monde*, sur une double page, l'adoubera en racontant son aventure et le qualifiera même d'« ambassadeur officieux » entre la France et la Russie ? Même *Libération* lui fera l'honneur de sa page portrait, et le *New York Times* consacrera un long article à la découverte de la dépouille du général, dans lequel Liza Peskova, interrogée, expliquera la démarche de la Fondation : « Nos projets sont à la fois culturels, historiques, diplomatiques et politiques. On a l'air de marionnettes de Poutine, mais c'est pas fait exprès [*sic*]. »

Pierre Malinowski a aussi œuvré du côté de la présidence française, le conseiller Mémoire Bruno Roger-Petit prenant l'affaire Gudin en main, au cas où. Du côté de l'Élysée, si Emmanuel Macron a fait l'objet de toutes les comparaisons avec Bonaparte ou Napoléon – c'était déjà le cas de Nicolas Sarkozy –, on peine à discerner ce que l'Empereur représente pour l'actuel chef de l'État. Sans doute une fascination mêlée de répulsion. Une chose est certaine : Emmanuel Macron n'aime rien tant que les commémorations, et tout est bon pour amadouer l'ours Poutine. Il applique en cela la doctrine gaullienne que le Général résumait en ces termes à son ministre Alain Peyrefitte : « Il est de l'intérêt de la France d'avoir de bons rapports avec la Russie. Cela a toujours été une bonne période de notre histoire quand la France entretenait de bonnes relations avec elle. » Le Général jugeait d'ailleurs sévèrement l'initiative de l'envahir en 1812. « La décision funeste de Napoléon d'attaquer Alexandre Ier est la plus lourde erreur qu'il ait commise. Rien ne l'y forçait. C'était contraire à nos intérêts, à nos traditions, à notre génie. C'est de la guerre entre Napoléon et les Russes que date notre décadence. » Vladimir Poutine, lui, n'a qu'un désir. Qu'on parle de guerre, encore et toujours, afin de parfaire la mise en tension et la militarisation de sa société. Dans les trois années qui vont suivre, il va achever d'écraser son opposition intérieure et, en manipulant l'Histoire, finir par déclencher un conflit en Europe. Dans sa panoplie d'influenceur à poigne, il dispose aussi de quelques gadgets, comme cette étrange forme de « *soft power* » centré sur le culte des morts héroïques, la « diplomatie funéraire », comme on la nomme avec mépris au Quai d'Orsay. Rendre la dépouille d'un soldat français – et quel soldat !, l'un des premiers généraux d'Empire tués sur le sol russe – est un bien meilleur coup que celui qu'il vient de réaliser avec ses alliés syriens. En février 2019, il a revendiqué le fait d'être à l'origine de la découverte, dans la plaine de la Bekaa, du corps du commandant Zachary Baumel, l'un des soldats israéliens portés disparus durant la bataille de Sultan Yacoub en 1982 dont la dépouille a été rendue à l'État hébreu*.

C'est Pierre Malinowski qui nous a demandé d'aller interviewer le gouverneur le lendemain, entretien qui n'offre pas le moindre intérêt pour nous. « Ce serait cool, ça faciliterait les choses, soyez sympas. » Un réalisateur et son cameraman, qui suivent les archéologues français pour un projet au long cours et ont sauté sur l'occasion de venir les filmer travailler à Smolensk, renâclent aussi un peu, mais finalement, rendez-vous est pris pour le lendemain à 9 heures au siège du gouvernement de la région, place Lénine. Première surprise : quand nous pénétrons dans le bâtiment, on nous cantonne dans le hall, carrelé d'un marbre blanc éblouissant du sol au plafond. Longue attente, puis les portes de l'ascenseur s'ouvrent sur Aleksey Ostrovskiy, qui serre rapidement les mains, toujours l'air chafouin, avant de se planter devant le mur en attendant que l'autre équipe de télévision, officielle, soit prête. Surprise du groupe de Français qui imaginaient une rencontre plus chaleureuse, dans le bureau du gouverneur, par exemple, mais sûrement pas

*Les 10 et 11 juin 1982, pendant l'intervention militaire israélienne au Liban, une colonne de blindés hébreux est attaquée par l'armée syrienne près du village de Sultan Yacoub.

debout dans l'entrée du bâtiment, comme de vulgaires démarcheurs. Les préparatifs des équipes de télévision traînant en longueur, le gouverneur, excédé, lève plusieurs fois les yeux au ciel, puis arrive la première question, banale, posée par le réalisateur de l'équipe française, Régis Prouvost, vieux routier de la télévision, sur le rapprochement franco-russe que pourraient faciliter ces fouilles. « L'histoire franco-russe a connu plusieurs conflits, répond Aleksey Ostrovskiy d'une voix froide. Ce projet constitue une avancée dans nos relations. Le peuple russe, multiculturel, humaniste, est respectueux. Malgré les agressions de la France au XIXe siècle et de l'Allemagne au XXe, il respecte les soldats morts au combat. À Smolensk se sont déroulées de nombreuses batailles, et les corps retrouvés ont toujours reçu les hommages qu'ils méritaient. Ils ont été traités avec respect. » Puis un premier coup fuse, réservé aux voisins immédiats. « Il se passe l'inverse en Europe, notamment en Pologne et dans les pays Baltes, où on détruit les statues de l'époque soviétique bien que l'Armée rouge les ait délivrés. » « Vous rendrez-vous en France pour les obsèques du général Gudin si sa dépouille est retrouvée ? », interroge Régis. Regard amusé du gouverneur : « Vous voulez une réponse franche ? » Et de reprendre : « Ma femme et moi, nous aimons la France et nous y sommes souvent allés. Simplement, il y a une France que j'aime, mais aussi celle qu'en ont fait certains politiciens.

Maintenant, dans de très belles villes comme Paris, Nice et Cannes, on croise beaucoup moins de Français et, à cause d'une politique aberrante et soi-disant tolérante, on voit des gens débarquer d'Afrique, de Turquie, d'Inde. » Et ce n'est pas fini. L'interprète se raidit. « Il y a deux ans, nous nous promenions à Paris avec ma femme et, en plein jour, nous avons été attaqués et volés par une dizaine d'Arabes armés de couteaux et de poings américains. Je ne retournerai en France que quand les Français auront fait le bon choix politique, celui d'élire Marine Le Pen présidente de la République. J'aimerais vous proposer mon aide pour que cette politique se réalise, mais je suis malheureusement assez dubitatif et sceptique. Je pense que cela n'arrivera peut-être jamais. Allez, il vaut mieux venir boire du vin et se relaxer à Smolensk ou à Moscou car pour le moment, Paris est dangereux. » Il était temps d'atterrir. On est maintenant assez au fait de la vision de la France qu'ont les apparatchiks du régime. Mon regard traîne au-delà des épaules du gouverneur. Derrière lui, sur le mur, une fresque est consacrée aux personnalités de l'oblast, constellation de généraux et de civils célèbres qu'ignare Occidental, je ne reconnais pas. Sauf un, au visage lumineux, mais dont je garde l'identité pour moi, pour l'instant.

Aleksey Ostrovskiy est toujours gouverneur de l'oblast de Smolensk. La dernière fois que j'ai entendu parler de lui, c'était deux ans plus tard, par un habitant qui racontait sa dernière facétie. On voyait l'édile sur un site Internet, filmé au centre de traumatologie, de fort bonne réputation, hospitalisé, selon lui, à la suite d'une chute durant un match de basket. La rumeur locale veut qu'il soit tombé d'un arbre qu'il avait escaladé, ivre, lors d'une soirée arrosée.

En attendant Gudin

Ce 16 août 1812, vers 16 heures, sur la hauteur d'où il aperçoit Smolensk, le général Charles Gudin* ne peut se douter qu'il contemple son futur tombeau. Si près de sa fin, a-t-il pensé un seul instant aux risques du métier, aux blessures, à la mort? À 44 ans, ces aléas de la guerre, de toute bataille, font partie de son quotidien. Pour avoir combattu sans relâche depuis vingt ans, des campagnes de la Révolution jusqu'à devenir l'un des meilleurs divisionnaires de l'armée impériale, il lui serait impossible de compter tous les hommes qu'il a vus mourir. Mais comment imaginer que, dans six jours, ce sera son tour et que sa dépouille sera inhumée comme celle d'un héros antique, lors d'une cérémonie grandiose, au milieu de l'un des bastions de cette citadelle de Smolensk qui lui fait face et à l'assaut de laquelle il va lancer ses

---

* César Charles Étienne Gudin, selon ses actes de naissance et de décès, mais communément appelé Charles Étienne Gudin.

troupes. La marche de sa 3e division a été longue et pénible. Elle a erré vingt-quatre heures dans une zone marécageuse à la suite d'un ordre mal ficelé, mais elle est la première du 1er corps du maréchal Davout à se présenter devant la ville. Les pertes qu'elle va subir seront parmi les plus élevées de toutes les unités qui combattront pour l'enlever.

Autre question à laquelle on ne sait pas quelle réponse aurait apportée Charles Étienne Gudin : était-il de ceux qui pensaient que l'Empereur aurait mieux fait de s'arrêter à Smolensk et même dès la prise de Vitebsk, à 125 kilomètres de là ? D'hiverner en attendant de reprendre la conquête des immensités russes ? Tel est l'avis du premier carré des fidèles, de Duroc, le duc de Frioul, de Caulaincourt, le duc de Vicence, qui a été ambassadeur à Saint-Pétersbourg, de Berthier, prince de Neufchâtel, major général de l'armée, de Daru, son ministre de l'Administration de la guerre. À l'inverse, Murat, le roi de Naples, toujours va-t-en-guerre, veut poursuivre l'offensive, gagner Moscou le plus vite possible. Ces hésitations se comprennent mieux quand on sait à quel point l'affaire a été mal engagée. Si la retraite de Russie symbolise à jamais sa débâcle, on sait peu combien l'avancée de la Grande Armée, qui a passé le Niémen presque deux mois plus tôt, le 24 juin, a été chaotique et destructrice. L'immense cohorte a fondu sous les intempéries, la chaleur, le manque de ravitaillement, la maladie, les combats et les désertions. Les chevaux sont morts par milliers. Le pillage s'est généralisé pour survivre. Dès Vilna, où les conquérants entrent le 27 juin, le maréchal Mortier, qui commande la Jeune Garde, estime à 30 000 le nombre de maraudeurs ayant déserté les rangs simplement pour ne pas mourir de faim.

Un mois plus tard, le 28 juillet, le lendemain de son arrivée à Vitebsk, Napoléon, installé dans la maison du gouverneur, prend connaissance de la réalité des effectifs disponibles que lui transmet le maréchal Berthier. La Grande Armée comptait 650 000 soldats répartis en 12 corps, dont 350 000 Français au départ de l'expédition*, les autres faisant partie des contingents fournis par les provinces conquises ou alliées de la France. Sur 423 000 hommes ayant passé le Niémen avec l'Empereur, il n'en reste plus que 235 000. Déjà presque 50 % de pertes sans même s'être battu. Caulaincourt le dit autrement : « Cette campagne en poste, sans résultats réels, depuis le Niémen jusqu'à Vilna, et depuis Vilna jusqu'à Vitebsk, avait déjà coûté à l'armée plus que deux batailles

*Toutes les nationalités des territoires conquis sont présentes. Les Polonais du duché de Varsovie sont les plus nombreux avec 50 000 hommes. Suivent l'Autriche (30 000), la Bavière (30 000), le royaume de Naples (30 000), la Prusse (29 000), l'Italie (27 000), la Westphalie (25 000), le royaume de Saxe (20 000), la Confédération du Rhin (20 000), le Wurtemberg (12 000), le duché de Bade (8 000). Il faut y ajouter plusieurs milliers de Suisses, d'Espagnols, de Croates, de Portugais, de Hollandais et de Belges. Elle a été surnommée « l'armée des 20 nations ».

perdues, et la privait de ses ressources et de ses approvisionnements les plus indispensables. [...] On se trouvait comme au milieu d'un désert. » Napoléon souffre moins, comme le note l'historienne Marie-Pierre Rey : sa suite personnelle compte 600 personnes, 52 voitures et 630 chevaux. Au départ de Paris, son convoi emporte 3464 bouteilles de vin et de liqueurs, 155 kg de gruyère, neuf gros sacs de café, 230 litres de vinaigre, 36 kg de chocolat, 227 kg de gros lard, ou encore 50 kg de moutarde. Une grande partie de ses livres et toute sa documentation sont rangés dans une calèche, « petite maison roulante » selon le baron Fain, bardée de rayonnages, équipée de bougeoirs rétractables, d'une écritoire et même d'un matelas. Pour cet enfant du livre et des Lumières, lire est une immense passion. Sur le modèle de Frédéric II, que ses ouvrages suivaient partout, Napoléon a fait mettre au point cette bibliothèque volante au fil de ses campagnes par Antoine-Alexandre Barbier, ancien ecclésiastique et bibliographe devenu son bibliothécaire. Contenus dans des caisses en acajou dotées de poignées, les volumes de petit format sont rangés grâce un ingénieux système de classement qui permet à l'Empereur de disposer rapidement de celui dont il a besoin. En quelques minutes, où qu'il soit, dans une masure ou un palais, son mobilier de campagne et ses caisses de livres sont installés autour de lui, afin qu'il retrouve partout la même atmosphère. Si les ouvrages ne l'intéressent pas, il lui arrive de les jeter, tout en roulant, par la fenêtre de sa calèche. On sait, à travers l'entretien de cette bibliothèque mobile, à quel moment il a vraiment décidé l'invasion de la Russie. Le 19 décembre 1811, il adresse une lettre à Claude-François Méneval, le secrétaire du cabinet, afin que celui-ci demande à Barbier « quelques bons ouvrages, les plus propres à faire connaître la topographie de la Russie et surtout de la Lituanie, sous le rapport des marais, rivières, bois, chemins, etc. » Au fil des mois, il prépare son bagage intellectuel, expurgeant de sa bibliothèque les romans et ouvrages de poésie pour les remplacer par des livres d'histoire. Une fois en campagne, chaque jour, les courriers arrivés de Paris pour lui apporter des dépêches ont les fontes remplies de petits volumes sur lesquels il se jette aussitôt. Le 7 août 1812, de Vitebsk, où il a décidé que l'armée passerait deux semaines pour se refaire et où il s'ennuie ferme, il fait écrire à Barbier, par Méneval : « L'Empereur désirerait avoir quelques livres amusants ; s'il y avait quelques romans, nouveaux ou plus anciens, qu'il ne connût pas, ou des mémoires d'une lecture agréable, vous feriez bien de nous les envoyer ; car nous avons des moments de loisir qu'il n'est pas aisé de remplir ici. » Toute la bibliothèque portative sera brûlée pendant la retraite, le 17 novembre 1812, dans un accès de panique lors d'une attaque de cosaques.

Dès le début de la constitution de sa « bibliothèque russe », Napoléon a fait une demande particulière à Barbier : « Sa Majesté désire aussi avoir ce que nous avons en français de plus détaillé sur les campagnes de Charles XII en Pologne et en Russie. » Sur le sujet, un livre va rapidement l'obséder : l'*Histoire de Charles XII, roi de Suède,* le premier écrit de Voltaire historien, publié en 1731, qui s'appuie sur de nombreux témoignages pour raconter la tragique épopée du jeune roi un siècle plus tôt. Fouché, pour dissuader son maître, l'avait évoquée : « Sire, je vous conjure au nom de la France, au nom de la gloire, au nom de votre sûreté et de la nôtre, remettez l'épée dans le fourreau : songez à Charles XII. » Le livre de Voltaire n'est qu'un roman, selon l'Empereur, dépourvu des précisions géographiques et techniques qu'attend un conquérant d'un ouvrage d'histoire. « Peut-être aussi [...] Napoléon découvrait-il dans ce récit de Voltaire, qui fait bien ressortir les moyens de défense naturels de la Russie, des sujets d'inquiétude et de funestes présages », écrit le préfacier de l'œuvre rééditée en 1878.

Dans cet ouvrage, le philosophe conte l'histoire de ce conquérant, ascète aussi habile au combat que cruel, qui, à partir de l'an 1700, va se tailler un empire au nord, mettre la main sur la Pologne et attaquer la Moscovie sur laquelle règne le tsar Pierre qui, par sa résistance à l'envahisseur, deviendra le Grand. Les analogies avec l'expédition française sont nombreuses, comme le passage de la Berezina. Lors de la retraite, Napoléon emploiera la même ruse que Charles XII à l'aller. Tandis qu'une partie de ses hommes fixent l'ennemi sur un point de passage du fleuve, d'autres, au nord, construisent un pont qui permettra au gros des survivants de franchir la rivière. Même épuisement de l'armée du roi de Suède, habituée à subsister dans des pays riches, alors qu'elle progresse maintenant dans des contrées pauvres, rudes, où le pillage ne donne rien. Même fuite initiale des Russes, qui ne concèdent que des combats d'arrière-garde où les troupes suédoises perdent beaucoup de monde. Et puis vient la bataille de Smolensk, le 22 septembre 1708 ; en réalité, à 70 kilomètres de la ville, près du village de Rajewka.

Charles XII, redoutable combattant qui n'avait jamais connu la défaite, manque d'être battu par les Tatars et les Kalmouks, qui le serrent de près. Il tue, selon Voltaire, 12 d'entre eux et finit par gagner la bataille, victoire à la Pyrrhus. Manquant de ravitaillement, il décide d'abandonner la route de Moscou pour filer vers l'Ukraine. Il est défait et blessé sur le champ de bataille de Poltava, situé à 150 kilomètres de Kharkiv et fuit dans un chariot avec l'un de ses généraux. Comment ne pas penser au retour de Napoléon en traîneau avec Caulaincourt à l'issue de la retraite, quelques mois plus tard ? Charles XII passera cinq ans en Turquie avant de repartir à la conquête de son royaume. Celui qu'on avait surnommé « Tête de fer » y trouvera la mort à 36 ans, d'une balle qui lui traversera la tempe devant la tranchée du siège de Fredriksten, en Norvège. Lors de sa tentative de conquête de la Moscovie, quand son entourage évoquait la paix, il répondit : « Je traiterai avec le czar à Moscou », rapporte Voltaire. Comme Napoléon. L'Empereur est persuadé qu'Alexandre, dont il croit s'être fait un véritable ami à Tilsit, finira par céder une fois sa capitale historique conquise. Évidemment, le destin de Charles XII, son échec en Russie l'énervent, le chiffonnent. Mais les conquérants doivent toujours regarder par-dessus l'épaule de leurs prédécesseurs. Hitler étudiera sans relâche l'odyssée impériale en Russie, jurant lui aussi qu'il ne s'y laissera jamais prendre.

Ce champ de bataille de Smolensk, la Grande Armée s'en approche, car son chef, malgré l'état désastreux de ses troupes, a décidé de continuer. « Mais qui aurait pu faire valoir ces considérations aux yeux de l'Empereur qui n'aspirait qu'à se rendre promptement à Moscou pour y dicter la paix en imposant ses lois ? », résume un modeste capitaine d'artillerie, Hubert Lyautey, aïeul du maréchal de France. Même ainsi diminuée, l'armée française est encore largement supérieure en nombre et en qualité à celle du tsar. Et puis, la guerre d'attente « n'est pas dans le génie français » et Napoléon n'a pas grande confiance dans ses alliés allemands ni dans leurs troupes. Il sait aussi que, loin de Paris, sa position est fragile et que les victoires militaires qui l'ont affermi sont devenues plus rares au fil des années. Le cancer espagnol ronge l'Empire depuis quatre ans déjà. Enfin, à 43 ans, le triomphateur d'Austerlitz, Iéna, Friedland, le nouvel Alexandre qui a conquis Milan, Vienne, Berlin, Madrid, n'est quand même pas venu jusque-là pour végéter tout un hiver dans une ville dont le nom ne dit rien à personne. On n'est pas un vrai conquérant, de ceux qui restent dans l'Histoire, si l'on ne foudroie pas l'adversaire au cœur, dans sa cité symbole, Moscou, dont la prise commandera la paix. La route choisie pour y parvenir est celle de tous les envahisseurs. Entre la Dvina et le Dniepr, les deux fleuves qui leur barrent le passage, s'ouvre un intervalle de 80 kilomètres, « le pont de terre » gardé par les villes d'Orcha, de Vitebsk et de Smolensk. « Le boulevard de l'Empire russe », selon le général Berthezène, où s'engouffrent les troupes impériales comme le feront celles de la Wehrmacht cent trente années plus tard.

Mais revenons à Charles Étienne Gudin. Pourquoi ce général de division, comte de l'Empire, grand aigle de la Légion d'honneur, est-il tombé dans l'oubli malgré ce qui s'est passé autour de Smolensk durant ces six journées charnières d'août 1812? Quand Marc Leplongeon, tout excité, est venu dans mon bureau évoquer ses contacts avec Pierre Malinowski et sa recherche du corps du général, je dois avouer que je suis resté coi. J'ai eu beau chercher, le nom de Gudin ne me disait rien. Honte totale – pour ne pas dire faute professionnelle – et grand sourire de Marc, car au *Point*, pour avoir écrit quelques ouvrages historiques, j'ai la chance d'être sollicité sur certains sujets – de Gaulle, « les événements » d'Algérie, les conflits en général – et surtout sur Napoléon, qui m'occupe depuis 1985. Mon atavisme date d'un article sur le 180e anniversaire d'Austerlitz pour *France Soir magazine* où je travaillais alors. J'avais 26 ans, et je partais pour l'un de mes premiers reportages à l'étranger voir le site de la bataille mythique dans une Tchécoslovaquie communiste, au sein d'un groupe bien cadré par une matrone du parti que nous n'eûmes pas trop de mal à semer dans Prague la magnifique. On trafiquait les devises au coin des rues, il n'y avait pourtant rien à acheter à part du cristal de Bohême qui se vendait par grappes. À l'avidité des regards lancés, on sentait bien que les coutures du communisme commençaient à craquer. Mikhaïl Gorbatchev avait été nommé secrétaire général du comité central du Parti communiste de l'Union soviétique en mars. Un titre trop long pour durer. Quatre ans plus tard, il laissait tomber le mur de Berlin, puis, en 1991, éteignait par mégarde la lumière et fermait la porte. L'URSS était morte. Mais en 1985, en Tchécoslovaquie, on arrêtait encore l'écrivain Vaclav Havel pour le jeter en prison quelques jours. À Austerlitz, j'étais accompagné par l'un des photographes du magazine, Philippe Bourseiller, qui croule aujourd'hui sous les World Press et autres récompenses pour son travail sur la nature extrême. Après un interminable voyage en car jusqu'au site, situé à deux heures de route de la capitale, nous y vîmes nos premiers « reconstituants », ces passionnés qui rejouent les batailles napoléoniennes en costumes d'époque. Les fantômes de l'épopée débarquaient d'un car en pleine nuit dans des tourbillons de neige. Un peloton de Français et de Belges, venus rendre leur hommage, bien modeste à côté des scénographies de bataille actuelles qui peuvent mobiliser des milliers de participants. Je me souviens que ce 2 décembre 1985, le soleil d'Austerlitz n'était pas au rendez-vous au pied du plateau du Pratzen. Un ciel noir l'avait remplacé, d'où tombaient d'énormes flocons de neige agités par le vent, couchant la flamme des torches brandies par les grognards transis. Le froid avait même bloqué le gros appareil photo de Philippe.

En préparant ce reportage, je m'étais rendu au Service historique de l'armée de terre, où, en attendant les dossiers de militaires que j'avais demandés, j'eus la curiosité de feuilleter l'annuaire des officiers de l'époque, posé sur son pupitre. Et de tomber sur quatre Malye, des frères, mes ancêtres, qui, chacun à sa façon, avaient guerroyé durant la Révolution et l'Empire. Depuis cette date, j'ai tenté de marcher à leurs côtés en suivant l'épopée et en lui consacrant des articles dès que l'actualité napoléonienne le demandait. Mais trente-cinq années de lectures de témoignages sur la période, de récits de batailles, de correspondances n'avaient pas suffi à graver le nom de Gudin dans ma mémoire. Je n'étais pas le seul, la plupart de ceux qui se sont embarqués dans l'aventure et, il faut bien le dire, bon nombre d'historiens spécialistes de la période ne se souvenaient pas de lui. Aussi excusable, car, durant ces vingt années de conflits, l'armée française compta 2 200 généraux, mais quand même difficilement explicable. Les noms de ses deux *alter ego*, les généraux Morand et Friant, commandant eux aussi une des trois « immortelles », les divisions du 1er corps du maréchal Davout, l'élite de l'élite de la Grande Armée, que l'Empereur « appréciait plus que la garde elle-même » selon Thiers, sont passés à la postérité. J'ai pu me rattraper quand Marc a évoqué la bataille de Valoutina-Gora, qui survint au lendemain de la prise de Smolensk. Je connaissais cet épisode pour avoir déjà consacré le chapitre d'un ouvrage à Junot, le fantasque « sergent la Tempête » et à sa faute fatale ce jour-là. « Personne ne connaissait Gudin, moi non plus, résume Pierre Malinowski. Quand j'ai regardé sa biographie, je suis tombé par terre. Il était à l'école avec Napoléon quand il avait dix ans, il le connaissait depuis son enfance, et c'était l'un de ses meilleurs amis, un des seuls à le tutoyer sur le champ de bataille. » Il est certain que le général mortellement frappé au soir de Valoutina-Gora n'était pas un obscur officier supérieur, mais un divisionnaire d'envergure aux états de service impressionnants. D'ailleurs, tous sont saisis en apprenant qu'il venait d'être fauché au champ d'honneur. « Cet illustre général était par son courage héroïque, sa bonté parfaite, son esprit cultivé, un objet d'estime pour les officiers et d'affection populaire pour les soldats. Sa mort fut sentie dans l'armée comme une perte commune qui touchait tout le monde », écrit encore Thiers. « Quand la nouvelle de ce malheur parvint chez l'Empereur, elle y suspendit tout, discours et actions. Chacun s'arrêta, consterné : la victoire de Valoutina ne parut plus un succès », témoigne le comte de Ségur, aide de camp de Napoléon. Peut-être est-ce pour cette raison que la mort de Gudin ne restera pas dans l'Histoire comme celle d'autres grands héros de l'épopée : Desaix à Marengo, Lannes à Essling ou Caulaincourt et Montbrun quelques semaines plus tard à la bataille de la Moskova. Peut-être aussi parce qu'il est la victime expiatoire d'un système qui entame sa chute. « Cette action terrible, qui a porté le titre de combat de Valoutina, et qui est l'une des plus sanglantes du siècle, avait coûté 6 000 à 7 000 hommes aux Russes et autant aux Français. Il fallait remonter aux souvenirs d'Hollabrunn, d'Eylau, d'Ebersberg, d'Essling, pour en retrouver une pareille », insiste Thiers. D'ailleurs, il ne s'agit pas d'une brillante manœuvre, mais d'un combat d'arrière-garde qui se transforme en une véritable saignée, n'empêchant pas l'armée du tsar, encore une fois, de retraiter en bon ordre. À Smolensk comme à Valoutina, tout s'est mal passé. Bon nombre des chefs français – et Napoléon le premier – à la manœuvre ce jour-là portent en effet une lourde responsabilité dans la mort héroïque mais inutile du général Gudin. Et la bataille, bien mal menée, signe d'avance les difficultés qui régneront au sein du commandement français.

À l'Élysée, l'agitation créée par Pierre Malinowski et la perspective d'un éventuel hommage solennel vont susciter une tout autre interrogation. Le général Gudin était-il un personnage « honorable » ? Son nom est gravé sous le pilier est de l'Arc de triomphe, son buste orne la salle des Batailles du château de Versailles, une rue du XVIe arrondissement de Paris porte également son nom, tout comme une caserne de Montargis, sa ville natale, mais en ces temps de mémoire douloureuse, tout cela ne vaut pas passeport pour la postérité. Il n'est pas question de faire entrer aux Invalides la dépouille d'un homme, quels que soient ses succès militaires, qui aurait commis des exactions. On imagine la fièvre des petites mains de l'Élysée qui ont dû réviser à la hâte les 20 campagnes du général et son rôle dans celles-ci. Elles ont immédiatement mobilisé les archivistes du Service historique de la Défense (SHD) du château de Vincennes pour faire ouvrir son dossier militaire. Le gardien du temple se nomme Michel Roucaud, historien et spécialiste de la période. Avec Mégane Chiecchi, jeune journaliste vidéaste du *Point*, nous sommes allés l'interviewer et filmer les archives – 11 cartons au total – qu'il nous avait ouvertes. Michel Roucaud le confirme : nulle trace de massacres, de viols, de pillages, ni de la moindre friponnerie durant la longue et exemplaire carrière du général.

Avec mes deux camarades, dès le lendemain de notre arrivée à Smolensk, notre premier réflexe a été de trouver un véritable hôtel. Nous sommes là pour plusieurs jours, il va falloir écrire de nombreux articles qui seront publiés dans le numéro du *Point* de la semaine suivante et sur le site internet du journal*. Non seulement le récit de cette aventure incroyable, mais aussi des papiers sur les méthodes employées par les archéologues et leurs trouvailles éventuelles, enfin sur ces journées de 1812 où la Grande Armée livra ses premières grandes batailles en Russie. Nous avons dû nous séparer, et je pousse la porte de l'hôtel Smolka,

* https://www.lepoint.fr/les-soldats-retrouves-de-napoleon-16-05-2019.

situé non loin de la place Lénine et juste à côté de la stèle de la Seconde Guerre mondiale dont l'interprète de l'équipe me traduira l'inscription à la gloire des habitants de Smolensk. À la réception, la jeune femme soignée saisit mon passeport sans me regarder, avant d'ouvrir de grands yeux ronds en le compulsant. Elle prononce quelques mots en russe, se lève, file vers des bureaux. Suis-je sur une mauvaise liste ? Elle revient rapidement avec une autre collègue blonde et outrageusement maquillée qui s'assied à sa place et me pose les questions ordinaires dans un anglais très approximatif avant de m'indiquer l'escalier qui mène à ma chambre, au troisième étage, le dernier de ce petit bâtiment qui tient du chalet. Situé en haut de la vieille ville, le Smolka offre un avantage précieux pour l'observateur. Une fois les rideaux tirés, la large baie vitrée de la grande chambre dévoile une vue panoramique sur le Dniepr, en contrebas, puis les constructions modernes et pas très belles de l'autre rive. Si la cité s'est beaucoup étendue, le théâtre où se déroulèrent tant de combats est là, sous mes yeux. Dans des lueurs d'incendie, après de furieux engagements, des hussards et des pièces d'artillerie attelées dévalèrent ces rues vers le fleuve ; plus tard, ce furent les tanks et les casques noirs à tête de mort des SS, poussant la misère devant eux. Je déballe rapidement mes affaires en enregistrant le ton gris des murs, la moquette épaisse, passe la tête dans la vaste salle de bains. L'essentiel du matériel de reportage est maintenant posé et connecté sur le bureau. Un ordinateur, que, méfiant comme un Occidental, j'ai pris la précaution de vider de ses données – on ne prête qu'aux riches –, un appareil photo et quelques objectifs, des carnets, stylos et une bonne pile de livres. J'en enfouis un dans l'une des poches de mon blouson et descends vers le Dniepr et l'hôtel de mes deux camarades pour y dîner. Le quartier est parfaitement tranquille et vide, un vieux monsieur promène son chien, j'emprunte une rue étroite et pentue faiblement éclairée où des cabanes en planches côtoient des demeures opulentes avec des 4 × 4 rutilants sommeillant derrière leurs portails électriques. Parvenu dans la cour de l'hôtel, j'aperçois plusieurs grosses cylindrées et deux types qui téléphonent, cheveux ras, torse puissant dans des tee-shirts moulants, regards peu amènes. J'apprendrai par la suite que l'établissement, avec son spectacle dansant en sous-sol, traîne une fort mauvaise réputation. Derrière la baie vitrée du restaurant, nous parlons avec animation de cette drôle d'aventure, de la première journée passée à tourner autour des remparts et des hasards du journalisme, l'un de ces rares métiers qui vous envoient dans des endroits où vous n'aviez jamais pensé vous rendre. J'apprends à mes deux jeunes amis que le reportage à caractère historique présente un autre avantage : il permet de s'extraire de l'actualité. Enfin, normalement. Car on apprendra bien vite qu'avec Pierre Malinowski, mais surtout avec la Russie, l'actualité n'est jamais loin.

Je sors de ma poche le livre de Sylvain Tesson, *Berezina,* récit de la folle aventure vécue par l'écrivain baroudeur et plusieurs de ses amis qui, en 2012, voulant rendre hommage aux hommes morts deux cents ans plus tôt, empruntèrent à nouveau le chemin de la retraite, à la même période, mais à moto. Et pas n'importe lesquelles. Trois Oural avec side-car, monstres de la mécanique soviétique lancés sur les routes boueuses de l'hiver avec arrêts obligés dans les différents lieux de mémoire, sur le champ de bataille de la Moskova, au bord de la Berezina et, entre les deux, dans la vieille cité où nous dînons ce soir. « Nous roulâmes jusque sous les fortifications de Smolensk. J'essayais de m'imaginer cette ville assoupie en proie aux flammes, au pillage, écrit Sylvain Tesson. Il était difficile de faire abstraction de ces babouchkas revenant du marché en portant leurs cabas et de ces étudiantes bottées de cuir et vêtues de renard qui, en Russie, confondent toujours les trottoirs avec les podiums de la *Fashion Week*. » Il suffit de lever les yeux. Dans la salle aux lumières tamisées, plusieurs beautés picorent dans leur plat, apprêtées mais surtout intriguées par le trio d'étrangers dont l'un pourrait être le père des deux autres.

Sylvain Tesson fait partie de ces Français qui ont toujours vénéré la Russie et admiré son chef. Avant de reconnaître son erreur dans les colonnes du *Point* après l'invasion de l'Ukraine, ce qui est tout à son honneur*. Il y explique les raisons de sa passion : « J'ai [...] découvert ce que j'aimais, en 1991, quand j'ai commencé à voyager en Russie. Je trouvais le territoire démesuré, les gens que je rencontrais entiers, les rapports violents, les conversations vraies, les gestes libres, les vies brutales, les nuits mortelles et les pensées absolues. Cela me changeait de mes compatriotes, qui avaient l'air toujours malades dans leur jardin potager. » Avant d'évoquer Vladimir Poutine : « On n'a pas voulu voir qu'il y avait un satrape sous le tsar, un spetsnaz** sous le starets***. S'il s'agit de faire contrition, je le fais. Oui j'ai été fasciné par le Poutine de décembre 1999, qui a redressé la Russie dépecée, oui je trouve inqualifiable, historiquement honteuse et humainement hideuse, la violence du Poutine de 2022, et oui je n'ai pas su voir que le Poutine de 2010 mènerait à ce qu'on voit : pillages, crimes, destructions, vandalisme. Je fais mon printemps de Prague, comme l'ont fait certains communistes en quittant le parti en 1968 et comme ne l'ont pas fait certains maoïstes qui continuent de rêver au grand timonier le soir, en tripotant leur boulier. »

---

* Sylvain Tesson : « Le slavophile que je suis est malheureux » https://www.lepoint.fr, 29 avril 2022.

** Membre des forces spéciales russes.

*** À l'origine, le starets est le patriarche d'un monastère orthodoxe.

Autour de la table du restaurant, chacun livre maintenant le fruit de son enquête sur ce brave général que nous sommes venus chercher à Smolensk. Né en 1768, un an avant Napoléon, Charles Gudin de la Sablonnière entre à l'école militaire de Brienne quelques mois après Bonaparte. Ce dernier, qui n'a pas encore 10 ans, s'isole très vite de ses camarades. Du soleil et des ruelles d'Ajaccio, il se retrouve esseulé dans le froid de la Champagne, moqué par ces jeunes aristocrates en raison de son accent italien et de son absence d'éducation. Il s'est construit une sorte d'abri flanqué de palissades où, un jour, des pétards qui y ont été cachés par ses camarades pour la fête de Saint-Louis explosent par erreur. « Le feu y prit par accident* », raconte Bourrienne, qui, après avoir été son camarade de classe, sera, jusqu'au Consulat, l'un des proches du futur empereur. « Bonaparte qui était tout près, n'eut aucun mal, poursuit-il. Le jeune Gudin qui était à côté de lui, fut tout noir de l'explosion. » C'est l'une des rares anecdotes laissées par un des 155 condisciples de cet enfant chagrin qui apprendra un jour au monde que « César et Alexandre avaient un successeur », comme l'écrit Stendhal. Les deux

*Louis Antoine Fauvelet de Bourrienne (1769-1834). Secrétaire particulier de Bonaparte à partir de la première campagne d'Italie (1796), conseiller d'État, écarté en 1801 car compromis dans des affaires financières douteuses.

gamins ont-ils été amis ? En tout cas, Napoléon ne cessera de combler Gudin d'honneurs. « Ce général fut un privilégié des affections de l'Empereur », écrit Georges Touchard-Lafosse, commissaire des guerres sous l'Empire, l'un des rares à porter un jugement sévère sur la personnalité du général : « Excellent courtisan à la cour des Tuileries, il était ailleurs d'une fierté dédaigneuse avec ses inférieurs, amateur de l'étiquette jusqu'à la puérilité, aristocrate, en un mot. [...] Il eut infiniment moins d'amis que d'admirateurs*. » Il en avait visiblement au moins un : Napoléon lui-même. Si celui-ci a pu émettre bien des jugements négatifs, y compris sur les meilleurs de ses lieutenants, cela n'a jamais été le cas au sujet de Gudin. Les nombreuses récompenses accordées, son attitude durant son agonie, le soin qu'il prendra de sa famille, ses obsèques étonnantes confirment qu'ils étaient proches. Ils seront condisciples durant deux années, jusqu'à ce que Charles Gudin, à 14 ans, intègre le corps des gendarmes de la maison du Roi en 1782. Il est issu d'une famille noble du Morvan, dans laquelle on fait souvent le choix des armes. Son oncle, Étienne Gudin, engagé volontaire dans les armées du Roi en 1752, s'est battu en Amérique et se hissera au grade de général de division au début des guerres de la Révolution avant d'être arrêté en 1793, victime de la tourmente révolutionnaire,

* François Houdecek, Napoléon.org, octobre 2019.

puis réintégré, comme tant d'autres. Son neveu le rejoindra à cette époque comme aide de camp après son retour de sa première campagne militaire outre-mer. Certains se sont bien interrogés sur cette dernière, car le jeune lieutenant du 48e régiment d'infanterie de ligne embarque le 28 janvier 1791 pour la campagne de Saint-Domingue afin de combattre « les nègres insurgés », selon le *Dictionnaire biographique des généraux* de Georges Six. Une de ces campagnes dans les îles qu'on préfère évacuer des manuels d'histoire. Mais il semble qu'il passa la majorité de son temps à l'hôpital avant de revenir en France le 5 juillet 1792. Michel Roucaud dodeline de la tête. Non, il n'y a rien à découvrir de ce côté-là. « C'était un général remarquable. Un homme de petite noblesse aux grands états de service. » Sous le soleil de l'hiver plongeant dans la vaste salle, les vieux parchemins sont alignés sur une table de bois épais. Première étape de sa carrière militaire : les campagnes de la Révolution. Il combat sous les ordres de Gouvion-Saint-Cyr, Lefebvre puis, général de brigade en 1799, sous ceux de Soult et de Lecourbe à l'armée d'Helvétie, avant d'accumuler les succès à l'armée du Rhin. Le général Moreau*,

*Jean Victor Moreau (1763-1813), chef de la légendaire armée du Rhin, accepte de participer au 18 Brumaire avant de devenir le principal opposant au Premier consul. Compromis dans une conspiration en 1804, il s'exile aux États-Unis, passe à l'ennemi en rejoignant la coalition des Alliés avant de finir

le rival de Bonaparte, demande sa nomination comme général de division « en considération de son mérite, de sa valeur, de ses connaissances militaires et de sa brillante conduite ». Après viendront les campagnes de l'Empire, où il va continuer à se distinguer. L'homme ne ménage pas sa peine. Il est intrépide, vigoureux dans l'attaque, pliant un temps s'il le faut pour mieux repartir à l'assaut. « Si c'est le général Gudin qui commande là-bas, l'ennemi recevra une bonne poussée », disent les soldats. Il est vrai qu'au physique, il a l'air déterminé. Son portrait montre un homme brun aux yeux noirs, une petite bouche aux lèvres minces surmontant un menton pointu. Dans les papiers épars du Service historique, on découvre également un document émouvant, une carte de la Russie dont, en transparence, les trous d'épingle tracent la route jusqu'à Moscou. Comme si le général comptait bien parvenir dans la métropole aux mille clochers, objet de tous les fantasmes. À l'Élysée, on respire. Gudin est le héros idéal. Oublié et donc comme une page vierge sur laquelle on peut écrire un épisode glorieux et consensuel du roman national. Le général est bien un de ces militaires exemplaires comme aime à les honorer le président Macron. Un personnage fédérateur pour l'histoire de France, soldat du roi avant

tué par un boulet français au soir de la bataille de Dresde, le 27 août 1813.

de servir dans les armées de la République puis de l'Empire, issu d'une rare dynastie de militaires qui a compté quatre généraux de division en trois générations, tous brillants soldats. Un modèle du genre qui devrait réconcilier tous les admirateurs de l'Empire, de gauche comme de droite.

Comme Paris par la Seine, Smolensk est coupée en deux parties égales par le Dniepr. La cité est située au sommet d'un plateau, sur les deux flancs de la vallée ravinée par le fleuve. La partie bâtie sur la rive gauche, ceinturée de murailles, dégringole brutalement par des rues pentues jusqu'au Borysthène, comme on appelle alors le Dniepr depuis Hérodote. Aujourd'hui, ce sont de larges avenues où déboulent les voitures, la vitesse étant la grande passion des Russes. Toutes leurs villes sont traversées de grandes artères polluées et bruyantes où les véhicules s'ébrouent en hurlant. Le Dniepr est un fleuve large, au débit lent; c'était une importante voie navigable entre la mer Baltique et le monde byzantin au Moyen Âge, avant d'être relié, plus tard, à d'autres fleuves par un complexe réseau de canaux, faisant de Smolensk un important nœud commercial. Son nom provient d'ailleurs du mot *smolit*, qui signifie « goudronner », les marchands y calfatant leurs barques et leurs navires le long des berges du Dniepr avant de le descendre jusqu'à Kiev, à 500 kilomètres de là. Comptant près de 50000 habitants au XIIIe siècle, il s'agit alors d'une principauté indépendante et d'une des plus importantes cités d'Europe. Ses malheurs débutent avec les incursions des Tatars et des Mongols en 1238, puis elle est annexée par la Lituanie en 1404. En 1410, trois régiments smoléniens combattent héroïquement lors de la première bataille de Tannenberg* aux côtés des troupes levées par la Pologne et la Lituanie qui défont les chevaliers Teutoniques. Leur présence permettra à la Russie de revendiquer plus tard une part de cette victoire historique, la défaite des croisés de l'Occident préfigurant celle des nazis. Smolensk repasse entre les mains des Moscovites en 1514 et, marche du royaume à l'ouest, est mise en défense. D'abord ceinturée d'une palissade de bois, le boyard Boris Godounov, qui exerce la régence de l'Empire, décide en 1596 d'y bâtir de puissantes fortifications en pierre afin de barrer la route de Moscou aux envahisseurs. Il en confie la construction à l'architecte Fiodor Kone, le chantier devenant une priorité impériale qui attire des milliers d'ouvriers et d'artisans. Le futur tsar interdit sous peine de mort toute autre construction en pierre dans le pays, méthode que reprendra Pierre le Grand quand il fera bâtir Saint-Pétersbourg. Achevée et armée en 1602, il s'agit d'une forteresse hors ligne pour l'époque : « La muraille de Smolensk sera désormais le collier précieux de

*Livrée le 15 juillet 1410, elle est également nommée bataille de Grunwald.

toute la Russie orthodoxe, l'orgueil de l'État moscovite, qui excitera l'envie de ses ennemis », dira Boris Godounov. Un devin, tant la cité attirera la foudre au fil des siècles qui vont suivre. Dix ans plus tard, en 1611, elle est conquise par les Polonais après vingt mois d'un siège infernal durant lequel elle résistera à tous les assauts. Il faudra une trahison pour que l'ennemi pénètre dans ses murs. Reprise par les Moscovites en 1654, elle connaît un nouvel âge d'or et s'arrime solidement à la Russie. Elle fait face aux dernières incursions suédoises avant que n'intervienne la régression, conséquence de la construction de Saint-Pétersbourg et de l'ouverture du port de Riga qui déroutent alors les routes commerciales vers le nord. En 1780, sa population ne s'élève plus qu'à 11 000 habitants. La forteresse vit en paix depuis cent cinquante ans quand les grognards arrivent sous ses murs à l'été 1812. Alors peuplée de 18 000 âmes, elle présente beaucoup moins d'intérêt et elle ne va être conquise que parce qu'elle se trouve sur le chemin de la Grande Armée. Certains pensent que la ville va se rendre, Napoléon que les Russes sortiront se battre pour défendre l'icône sacrée de Notre-Dame de Smolensk, l'une des plus vénérées du monde orthodoxe, qui se trouve dans la cathédrale de la Dormition* et que, bientôt, les soldats du tsar

*La fête de la Dormition est l'équivalent de l'Assomption, fêtée le 15 août par les catholiques. La première cathédrale de

emporteront « comme le Palladium de l'Empire », selon Thiers. Si l'*Hodigitria*, « celle qui montre la voie » en grec, où Marie est représentée portant le Christ enfant sur son bras gauche et le désignant de sa main droite, a disparu pendant le second conflit mondial, l'église est toujours là, juchée sur son promontoire, majestueuse avec ses façades bleu ciel et ses cinq dômes d'or qui dominent la cité. Les Allemands ne l'ont épargnée que parce qu'elle servait de point de repère à leurs bombardiers. Je l'ai visitée lors de mon deuxième séjour, un dimanche matin lors de l'office. Autour de sa haute iconostase ruisselante d'or atteignant presque la voûte, ses trois vastes nefs étaient remplies d'une foule pieuse et peu masquée malgré l'épidémie de Covid. Difficile d'imaginer ces jours de l'été 1812 quand les habitants et les soldats russes blessés s'y étaient réfugiés. « Il ne restait debout que les principaux édifices, entre autres une église qui me parut remarquable autant par sa grandeur que par son architecture orientale et qui était pleine de morts et de mourants », écrit l'un des nombreux témoins, le sergent Bertrand. « La légende veut que Napoléon, une fois la ville conquise, aurait puni de mort quiconque aurait porté atteinte à la cathédrale », m'expliquera mon guide de la bataille,

---

la Dormition de la mère de Dieu fut bâtie en briques en 1101. Incendiée en partie en 1611, lors de la conquête polonaise, détruite en 1674, elle ne sera rebâtie qu'en 1772.

Sacha, garçon souriant et rondouillard, lors de mon deuxième séjour. Déguisé en sergent français du 46e régiment de ligne, bonnet de police rouge sur la tête et fusil d'époque sur l'épaule, il avance au pas le long des remparts pour expliquer les combats et dresse le bilan de la campagne de Russie avec une concision remarquable : « Les Français ont gagné toutes les batailles, mais ils ont finalement perdu la guerre. »

Un autre général, Heinz Guderian, fait de l'église une description à la prussienne, loin de tout romantisme, en 1941, après la prise de Smolensk par ses panzers. « Elle était intacte. Le visiteur était surpris dès l'entrée par un musée des sans-Dieu disposé dans le porche et la moitié gauche de la maison de Dieu. À la porte se trouvait la statue d'un mendiant implorant les aumônes. À l'intérieur, des statues de cire grandeur nature d'une outrance tapageuse représentaient les classes bourgeoises en train d'opprimer le prolétariat et de le piller. Ce n'était pas beau. » Rien d'étonnant : les communistes qui livrent bataille à l'Église orthodoxe depuis vingt ans ont transformé en 1929 la cathédrale en musée… de l'Athéisme, la plupart des autres édifices religieux devenant des dépôts alimentaires, parfois des distilleries ou des fabriques de nouilles. Cent trente ans plus tôt, l'Empereur estimait que la prise de la place forte, la première cité vraiment russe conquise, aurait un effet moral incalculable. Mais ce sont surtout les armées ennemies qu'il voulait enfin piéger dans cette nasse et anéantir, au terme d'une magnifique manœuvre. Celles-ci, depuis le début de la campagne, n'avaient pas cessé de reculer. Mais elles convergent maintenant vers Smolensk. Napoléon va rater là la plus belle occasion de sa campagne.

La porte de Moscou

La 3e division du général Gudin* – au départ, 12 200 hommes, 370 officiers, 14 canons – se tient sur la rive gauche, face à la cité. Malgré sa bonne tenue, on estime qu'elle a déjà perdu le quart de ses effectifs depuis le passage du Niémen. Devant elle, au-delà de cinq grands faubourgs et d'un glacis s'élèvent la muraille, à l'époque blanchie à la chaux, et la masse de la cathédrale qui surplombe la ville. La légende veut qu'en 1611, quand les soldats du roi de Pologne Sigismond III pénétrèrent finalement dans Smolensk, ses derniers défenseurs, après de terribles combats de rue, s'y réfugièrent et la firent sauter. Une chose est sûre : l'édifice religieux brûla presque entièrement. On comprend mieux pourquoi sur le monument aux défenseurs de Smolensk érigé entre deux tronçons de

* Le 1er corps de la Grande Armée commandé par le maréchal Davout compte cinq divisions d'infanterie et une division de cavalerie, soit environ 70 000 hommes.

remparts, près de la tour Makhovaïa, aujourd'hui place de la Victoire, un soldat russe en armure de cette époque figure sur une face, les deux autres étant occupées par un fusilier de 1812 et un soldat de l'Armée rouge. Les Smoléniens ont fait le tri parmi leurs ennemis et gardé les trois principaux : les Polonais, les Français et les Allemands. Les vainqueurs statufiés brandissent un bouquet de fleurs symbolisant la résistance aux envahisseurs, acharnée autour de ce qui fut le principal point d'entrée de tous les conquérants et notamment, en ce mois d'août 1812, des divisions du 1er corps, celles des généraux Gudin, Morand et Friant. Contrairement aux visages hermétiques et durs de nos statues guerrières, les trois combattants sourient, moqueurs comme des gars contents d'avoir gagné la bagarre après une soirée bien arrosée. La large avenue qui passe entre les murailles et longe le monument aboutit à une grande place flanquée d'immeubles commerciaux et officiels où se croisent tramways bariolés et flot automobile. Comme partout dans les villes qui ont connu les destructions de la guerre, on a rebâti au plus vite en béton, sans âme, seules les couleurs de certains bâtiments – jaune pâle, vert amande, ocre – et les néons des panneaux lumineux mettent un peu de fantaisie dans le décor. Détail insolite, les câbles électriques et de téléphone ne sont pas enterrés et forment un peu partout un entrelacs de lignes sombres qui donnent au ciel de la cité un air négligé. Parfois, ils pendent même mollement du haut de leurs poteaux.

En 1812, les fortifications font six kilomètres de long, formant un demi-cercle qui ceinture la vieille ville et dont la base longe la rive gauche du fleuve. La hauteur des remparts, de pierre et de briques, sur 5 mètres d'épaisseur, peut atteindre jusqu'à 14 mètres. La muraille est crénelée et flanquée de 37 tours carrées ou pentagonales, la plupart couvertes de toits de bois. Il en reste 17 aujourd'hui, soigneusement mises en valeur, éclairées la nuit, saisissant vestige du passé relevé après chaque destruction. Des douves asséchées, profondes, entourent les fortifications qui menacent ruine par endroits. Enfin, à l'ouest, sur la partie la plus haute et faisant saillie dans les remparts, s'élève une petite citadelle de terre pentagonale nommée « le bastion du roi », car construite par Sigismond de Pologne au début du XVIIe siècle. L'endroit a été transformé en parc, le jardin Lopatinsky, avec son étang, ses manèges, ses bancs, au milieu duquel se dresse l'un des principaux monuments à la gloire des défenseurs de Smolensk, édifié en 1842 pour le trentième anniversaire de l'invasion française. Une haute flèche d'église slave noire, impressionnante et surmontée d'un bulbe et d'une croix d'or. Deux canons français montés sur des affûts fantaisistes l'entourent. On ne le sait pas encore, mais le général Gudin a été enterré ici, dans ce jardin bien tranquille. Entre les différents témoignages d'époque sur ses obsèques, il a fallu choisir. Et tout le monde s'est trompé, ce qui ne va pas manquer de faire monter la tension au fil des jours. L'équipe d'archéologues franco-russe s'apprête à piocher ailleurs, sur le tertre du bastion Sheinov, à quelques centaines de mètres à l'est, sous les drapeaux des deux nations hissés par Pierre Malinowski, amateur de symboles. On grimpe la pente raide qui mène sur le mamelon où on le retrouve, vibrionnant, avec à ses côtés sa compagne Maria, pantalon de treillis camouflage, rangers et, comme toute l'équipe, portant un blouson noir à capuche flanqué du logo de la Fondation et du nom de la ville dans les deux langues. Pour l'instant, les deux équipes examinent le terrain, les dalles qu'il va falloir soulever avant de creuser. On se flaire, le ciel est gris, menaçant. Tandis que les archéologues fourbissent leurs outils, on redescend jusqu'au square du Souvenir-des-Héros, allée qui longe le rempart et où s'élèvent une profusion de monuments et de statues rappelant la résistance des Smoléniens aux envahisseurs. On s'approche pour lire les inscriptions, mais, peine perdue, tout est écrit en cyrillique sans traduction dans d'autres langues. Au milieu, on découvre le monument dédié à la résistance de 1812. À son sommet, un Gaulois attaque un aigle, symbole de la Russie. Juste derrière, s'élève le musée de la Seconde Guerre mondiale avec sa belle façade rose qu'on a vue sur d'autres photos au lendemain de la conquête nazie, les embrasures de fenêtres noircies par les flammes échappées du bâtiment incendié.

Si l'on veut voir la rive droite, il faut traverser le fleuve. On l'appelait alors le faubourg de Saint-Pétersbourg ou la « Basse Ville ». Sur la colline en amphithéâtre qui la ferme et où se tenait l'artillerie russe, une série d'immeubles d'habitation, de grands cubes de béton multicolores, surplombent la voie de chemin de fer qui les longe. La gare de Smolensk fut un temps le centre du monde. En 1941, les Soviétiques s'y accrochèrent désespérément, combattant comme des possédés pour empêcher le plus longtemps possible les nazis de s'emparer de ce nœud ferroviaire capital. Trois mois plus tard, en octobre 1941, une fois la cité conquise, y débarquèrent deux bataillons d'une triste troupe, portant un écusson tricolore sur leur casque et leur uniforme allemand, les premiers combattants de la Légion des volontaires français*, qui durent faire honte à leurs ancêtres grognards. Mais on leur fit bien sentir qu'ils n'appartenaient pas à la race des seigneurs. Envoyés à pied, dans le froid glacial, combattre aux portes de Moscou, ils furent décimés par le climat et les soldats de l'Armée rouge.

---

* Créée le 8 juillet 1941 par les principaux partis collaborationnistes, la Légion des volontaires français contre le bolchevisme (LVF) ne comptera jamais plus de 6 500 combattants simultanément engagés.

Dans un petit froid vif, on descend par une rue raide jusqu'au Dniepr et on emprunte le large pont qui vibre sous le passage des voitures et des camions. En 1812, la rive droite n'était fortifiée qu'à son débouché, toute trace en ayant disparu aujourd'hui. À la place, il y a un marché aux allées étroites et aux échoppes peu engageantes où l'on vend de tout, quelques grands magasins aux articles désuets et surtout une boue qui colle aux pieds. C'était à l'époque un quartier cossu, résidentiel, dont les demeures étaient bâties en bois. Au retour, les phares éclairent furtivement la masse noire du Dniepr et, au-delà, la ligne de remparts soigneusement éclairés qui le longe.

Quand on évoque le nom de Smolensk en France, les gens tendent l'oreille et font répéter le mot à l'infini. Cela m'a vite fatigué. J'ai tranché en disant que j'écrivais un livre sur la Russie, ce qui s'est avéré de plus en plus chaque jour. Pourtant, la vieille cité est, par sa proximité, l'une des plus européennes du pays-empire. Mais seuls ceux qui connaissent la campagne de Napoléon ou le deuxième conflit mondial en savent l'importance. Il faut dire que Smolensk a été peu visitée par les grands voyageurs – Diderot, Germaine de Staël, Balzac, Alexandre Dumas, Théophile Gautier, Casanova – qui se sont rendus en Russie. Ces derniers allaient volontiers à Saint-Pétersbourg, la capitale, par le nord de l'Europe, puis à Moscou sans passer par l'intérieur du pays. D'autres ont voyagé dans les provinces exotiques de l'Empire. Heureusement, quelques Français ont quand même laissé des témoignages. Le 8 août 1775, l'ambassadeur de France, le marquis de Juigné, rejoint son poste à Moscou. L'un de ses attachés, Marie-Daniel Bourré, raconte leur arrivée à Smolensk, saluée par les coups de canons de la citadelle tandis qu'une escorte de 45 gardes les accompagne depuis les portes de la forteresse jusqu'à leur logis. « M. de Juigné nous accorda ici une nuit de repos, mais sans autre lit que du foin, parmi lequel il y avait de la vermine. Nous commençâmes par faire un assez mauvais repas, que la faim rendit excellent. Nous sortîmes ensuite [...] pour voir la ville. C'est un amas de maisons de bois et de jardins, entouré d'un grand fossé à sec, sur lequel est un pont de bois. » Huit ans plus tard, Louis Philippe de Ségur, fils du maréchal de Louis XVI et père du général qui accompagnera Napoléon en Russie, participe au voyage de Catherine II* dans son empire, de Saint-Pétersbourg jusqu'en Crimée, organisé par son favori Potemkine**. On accusera celui-ci

*Catherine II (1729-1796), impératrice de Russie à partir de 1762 et de son coup d'État contre son mari le tsar Pierre III. Durant son règne, la Russie connaît une importante extension de son territoire, annexant notamment la Crimée.

**Grigori Potemkine (1739-1791), président du conseil militaire de l'armée russe, prince de Tauride et amant de la tsarine.

d'avoir fait construire des décors sur le passage de l'impératrice, les fameux « villages Potemkine », pour lui faire croire que ses sujets vivaient un bonheur parfait dans un cadre idyllique. Un mensonge, le faste du voyage suffisant à lui seul à isoler la Grande Catherine de la population. Louis Philippe de Ségur évoque ainsi les villages autour de Smolensk, « qui devenaient, à leur grande surprise, le séjour momentané d'une cour pompeuse. [...] Leurs pauvres et rustiques habitants, rassemblés en foule malgré la rigueur du froid, restaient patiemment, avec leur barbe hérissée de glace, autour du petit palais bâti au milieu de leurs murs par une sorte de féerie, et dans lequel le cortège joyeux de l'impératrice, assis à une table somptueuse ou sur les coussins de vastes et commodes divans, ne s'apercevait ni de la dureté du climat ni de la pauvreté du pays, trouvait partout une douce chaleur, des vins exquis, des fruits rares et des mets recherchés. »

Mais l'événement qui, hors épisodes guerriers, fera un temps connaître Smolensk en France se produit le 13 mars 1886. Dix-neuf habitants de Beloï, une bourgade de 9000 âmes située à une trentaine de kilomètres de la cité, débarquent à la gare du Nord, à Paris. Atrocement mordus par un loup enragé, ces 17 hommes et deux femmes viennent se faire soigner par Louis Pasteur, 63 ans, savant mondialement connu, qui multiplie les expérimentations pour trouver un traitement contre la rage. Les Smoléniens sont vêtus d'épaisses fourrures, ce qui, en ce jour de printemps parisien, les fait vite remarquer, tout comme les linges qui entourent leur visage ou leurs mains. Ils sont accompagnés par un médecin russe, le docteur Davidoff, et accueillis par le baron Arthur Pavlovitch de Mohrenheim, ambassadeur de Russie à Paris, et monseigneur Andrieff, aumônier de l'ambassade. Cinq d'entre eux sont immédiatement hospitalisés à l'hôpital de l'Hôtel-Dieu sur l'île de la Cité. À l'origine de ce voyage humanitaire, le maire de Beloï, Feodor Reguinov, qui, informé des travaux de Pasteur, lui a télégraphié le 2 mars 1886. La réponse a été immédiate : « Envoyez à Paris les personnes mordues. » « J'attends mes amis de Smolensk », note aussitôt l'illustre scientifique dans ses carnets. Les patients seront soignés gratuitement, ils ont gagné la France grâce à une souscription et à une aide du tsar Alexandre III.

La presse quotidienne, alors foisonnante, répand dans le pays leur terrible histoire, l'attaque du loup au petit matin du 16 février, les horribles blessures, lèvres et nez arrachés pour beaucoup d'entre eux, morsures multiples aux bras et aux mains, et la mort de la bête folle qui finit tuée par l'un d'entre eux à coups de hache. Le journaliste du *Gaulois* les décrit alors qu'on refait leurs pansements au laboratoire de Pasteur, rue d'Ulm : « Ils sont de taille moyenne, plutôt petite avec des membres grêles, la peau blanche marquée par la petite vérole, des cheveux longs filasses. Ils portent un costume national misérable et, bien entendu, ne parlent pas le français. Ils ont l'air stupéfaits*. » Seize d'entre eux survivront au traitement du savant, ultime succès au moment où celui-ci lance le projet de ce qui deviendra l'Institut Pasteur. Le tsar y participe à hauteur de 300 000 francs, un geste qui n'est pas anodin. Il s'inscrit, au contraire, dans un bouleversement géopolitique : la naissance de la nouvelle alliance franco-russe qui débute en 1893 et s'achèvera en 1917. Jusqu'à ce renversement, la Russie était liée à l'Allemagne, et particulièrement à la Prusse.

Ce 16 août 1812, pour les troupes impériales qui se mettent en ordre de bataille sur la rive gauche, les faubourgs de la ville forment le premier obstacle à franchir avant de parvenir aux murailles. Ils sont constitués de maisons, de jardins, de potagers, de hangars, d'entrepôts, qui forment une première et profonde ligne de défense, fortifiée à la hâte. De la cité, les Français voient s'élever un grand nombre d'églises avec des beffrois aux dômes peints, l'un généralement au centre, entouré de quatre autres plus petits. Les premiers soldats qui l'aperçoivent sont stupéfaits. Ils découvrent

* *Le Gaulois,* 15 mars 1886.

l'Orient, l'Asie. Le plus incroyable est que des images existent de ces journées de l'été 1812 et, plus largement, de nombreux autres épisodes de la campagne de Russie. Elles sont l'œuvre d'un dessinateur de talent, reporter avant l'heure : le lieutenant Christian Wilhelm von Faber du Faur. Les membres de l'équipe d'archéologues français ont rassemblé les planches consacrées à la prise de Smolensk et à la bataille de Valoutina-Gora de cet officier wurtembergeois de 32 ans d'ascendance française, artilleur dans le contingent fourni à Napoléon par la Confédération du Rhin qui fait partie du 3e corps d'armée du maréchal Michel Ney. Il rédige un témoignage précis, mais réalise aussi à chaque étape des esquisses – une centaine au total – qu'il complétera plus tard, une fois la paix revenue et remis de ses graves blessures reçues à la bataille de Bautzen en 1813. Son ouvrage – un témoignage capital, selon l'historien Jean Tulard – sera publié à Stuttgart en 1831 sous le titre *Mit Napoléon in Russland*, puis chez Flammarion en 1895. Dans un autoportrait, on le voit négligemment assis de biais, uniforme bleu à parements jaunes, épais cheveux noirs bouclés, les joues mangées par des favoris. Difficile d'imaginer que cet homme à l'air un peu facétieux ait fait partie des rares rescapés parmi les 15 000 Wurtembergeois partis combattre en Russie. Seulement 300 reviendront et, miracle, Faber du Faur, tout au long de la débâcle, parviendra à conserver ses dessins.

Le premier d'entre eux concernant Smolensk montre Napoléon, à droite et de dos sur un tertre entouré d'un groupe d'officiers généraux, un mamelouk au premier plan regardant fixement le dessinateur. Monté sur un cheval blanc, l'Empereur lève le bras pour indiquer la direction de la ville, dont, au-delà de deux collines boisées, on ne voit émerger que les sommets de deux clochers. En contrebas, dans la plaine, des rangées de grenadiers de la Garde, reconnaissables à leur bonnet d'ourson. Enfin, à gauche au premier plan, deux corps allongés, morts sans doute, et plusieurs blessés. Un cavalier est secouru par un officier général portant un grand tablier blanc. Un soldat, une jambe en moins, est porté vers lui sur un fusil par deux de ses camarades. Il s'agit sans doute du baron Dominique Larrey, le chirurgien de la Garde impériale, génie médical qui inventera le « tri » des blessés, les ambulances volantes, et réalise une amputation de membre en moins de trois minutes. Il n'a pas chômé ces derniers jours. Le dernier contact avec les soldats du tsar a été rude. Ceux-ci se sont montrés combatifs et très habiles, se retirant sous le feu français dans un ordre parfait.

« Les Russes, il faut les fendre jusqu'à la ceinture pour qu'ils tombent », écrit Alexandre Dumas dans sa pièce de théâtre *Napoléon*. Cette solidité de l'ennemi sous le feu, les combattants de la Grande Armée l'éprouvent sur le terrain. « Il faut les tuer deux fois », entend-on dans les rangs. Austerlitz, Eylau, Friedland, les soldats du tsar ont jusque-là volé de défaite en défaite, forçant Alexandre Ier à signer en 1807 à Tilsit un traité auquel il ne croira jamais, l'entente cordiale cédant rapidement le pas à la guerre froide tant les exigences françaises deviendront inacceptables. Or, les soldats russes n'ont pas pour habitude de reculer, et surtout pas sur le sol de leur patrie, ce qu'ils font pourtant depuis le début de l'invasion. La grogne sourd dans les rangs de l'armée que dirige le ministre de la Guerre, le général Michel Barclay de Tolly, 51 ans, d'ascendance écossaise mais aussi allemande – précision d'importance on le verra –, auquel la prise de Smolensk par les Français sera fatale. Il sera destitué et remplacé le 29 août par le maréchal Koutouzov*, 67 ans, borgne et redoutable soldat. Celui-ci reprendra pourtant la stratégie de son prédécesseur, qui était la bonne : laisser les Français s'avancer de plus en plus à l'est, tout brûler avant leur passage et harceler leurs flancs pendant leur avancée. Mais Moscou sera prise, et la leçon de cette humiliation retenue. En 1941, quand les Allemands attaqueront, ils finiront

---

*Mikhaïl Koutouzov (1745-1813), commandant en chef des troupes russes. Soldat depuis l'âge de douze ans, blessé à de multiples reprises, tacticien hors pair, il est adoré de ses hommes, comme l'atteste notamment Léon Tolstoï. Ses succès lors des batailles de Dorogobouj et de Krasnoï du 15 au 18 novembre 1812 lui valent le titre de prince de Smolensk.

par marquer le pas à Smolensk. Un demi-million de soldats soviétiques seront sacrifiés dans cette furieuse bataille qui durera deux mois et donnera le temps à Staline de fortifier Moscou. Et les nazis ne prendront jamais la capitale russe.

Pas question de douter du courage et de l'habileté au combat de Barclay. À Eylau, il a eu le bras fracassé par un obus dont on a retiré à vif une quarantaine d'éclats, et à la Moskova, commandant le centre russe, il aura quatre chevaux tués sous lui, tandis qu'une dizaine de membres de son état-major seront, à ses côtés, frappés par des tirs. Il a été l'auteur de manœuvres brillantes dans plusieurs batailles. Mais il est détesté pour son attitude cassante, ses origines étrangères, et la nuée de conseillers dont l'a entouré le tsar aura bientôt raison de lui. Comme les Français, et en raison de la longueur du front – près de 650 kilomètres –, les Russes ont divisé leurs forces. Barclay de Tolly commande la 1re armée de l'Ouest (130 000 hommes), le prince géorgien Piotr Ivanovitch Bagration la 2e armée (60 000 hommes). Bagration, âgé de 47 ans, est aussi fougueux que Barclay est calme et réservé. Il a en horreur la mainmise des Allemands sur le haut commandement russe et une expérience militaire qui parle pour lui. Dans les défaites contre la France, de Marengo à Friedland, il a toujours eu le beau rôle. Autant dire qu'il déteste la pusillanimité de Barclay et cette retraite qui le révulse. Les courriers qu'il envoie au tsar sont d'une violence inouïe envers son chef. Il ne se calme que lorsque celui-ci lui ordonne de le rejoindre dans la région de Smolensk. Cette jonction, Napoléon l'espère, afin de détruire les Russes dans une bataille décisive et dicter sa paix. Comme Gudin, Bagration n'a plus très longtemps à vivre. Comme lui, il sera mortellement blessé aux jambes alors qu'il commande l'aile gauche à la bataille de la Moskova, le 7 septembre 1812. Il mourra deux semaines plus tard.

L'armée du tsar – 400 000 hommes au total en comptant les corps qui opèrent au sud et au nord – a été constituée à la hâte et mal équipée, sauf en artillerie. La Russie est alors un pays archaïque. On reconnaît facilement ses soldats : ils sont tous tondus – pour qu'on les reconnaisse s'ils désertent – et portent une icône sur la poitrine. Presque tous sont analphabètes, ce qui explique le peu de mémoires laissés, côté russe, sur la campagne. On y fonctionne à l'ancienne. Beaucoup d'officiers nobles ne connaissent rien à la guerre, ne se soucient même pas de nourrir leurs hommes, les châtiments corporels sont courants. Les choses n'ont guère changé depuis. Aujourd'hui, les conscrits russes sont toujours maltraités et, en retour, martyrisent les populations des territoires conquis, comme on a pu le voir à Boutcha ou Izioum en Ukraine. En 1812, la Grande Armée est certes à moitié constituée de contingents étrangers mais, pour l'autre, de soldats endurcis qui, durant de longues années, n'ont connu que des victoires éclatantes, même si leur étoile a commencé à pâlir en Espagne. Des vieilles moustaches grillées au feu des bivouacs, des hommes comme le sergent Bourgogne de la Garde impériale, qui débute en ces termes ses fameux mémoires sur la campagne de Russie : « Ce fut au mois de mars 1812 lorsque nous étions à Almeida en Portugal à nous battre contre l'armée anglaise dirigée par Wellington que nous reçûmes l'ordre de partir pour la Russie. Nous traversâmes l'Espagne où chaque jour de marche fut marqué par un combat et quelques fois deux. » Trois mois plus tard et 3450 kilomètres plus loin – la plupart du temps à pied –, le 25 juin, il passe le Niémen avec ses camarades, impatient d'en découdre mais déjà fourbu. Bourgogne a combattu à Pultusk, Eylau, Eilsberg, Friedland, Essling, Wagram, Somo-Sierra, Bénévent ; bientôt ce seront les champs de bataille de Smolensk, la Moskova, Krasnoï, la Berezina, Lutzen et Bautzen. « Ajouté à cela, précise son préfacier, plus de vingt combats et autres divertissements semblables. » Bref, l'expérience de la guerre, la force numérique et matérielle placent la domination militaire du côté français. Sans oublier la fascination qu'exerce Napoléon comme stratège, suscitant l'admiration de ses hommes et la crainte de ses adversaires. Jusqu'ici, il n'a jamais été battu.

Cette armée ennemie, l'Empereur a cru l'avoir à sa main à son arrivée à Vitebsk le 26 juillet. Mais il ne s'agit que d'un accrochage avec l'arrière-garde de Barclay de Tolly. Peu importe, cette fois, c'est certain : le lendemain, on se battra enfin. « 5 heures, le soleil d'Austerlitz », dit-il à Murat avant d'aller prendre du repos. Mais au jour levé, plus rien. Magicien de la manœuvre, Barclay s'est retiré, ne laissant rien sur le terrain, pas un fusil, pas un canon. De la prestidigitation. Excédé, Napoléon flaire le terrain, examine les traces des roues des chariots pour tenter de savoir par où son adversaire s'est enfui. Celui-ci avait une bonne raison pour filer à l'anglaise. Il a appris que trois jours plus tôt, le 23 juillet, Bagration avait été étrillé à Mohilev, au sud, par le maréchal Davout et repoussé.

À 42 ans, Louis Nicolas Davout, duc d'Auerstedt, prince d'Eckmühl, est le plus talentueux des maréchaux. Un prodige. Sur sa vocation militaire, aucun hasard, comme l'annonce l'adage familial : « Quand un d'Avout sort du berceau, une épée sort de son fourreau. » Le haut du crâne chauve, la figure encadrée de boucles brunes, portant de petites lunettes rondes à monture d'or et à lanière de cuir, « le maréchal de fer » a plus l'allure d'un administrateur sévère que d'un redoutable combattant. Il dirige le joyau de la Grande Armée, le 1er corps, l'ancienne armée d'Allemagne, 72 000 soldats au total. Cette arme d'élite, il l'a forgée depuis 1804. Entraînements intensifs, marches, manœuvres, son corps est le mieux tenu, le plus discipliné, et fait l'admiration de tous. Il devait envahir l'Angleterre et a finalement couru à Austerlitz, où il a repoussé tous les assauts. Ses divisions ont été victorieuses à Auerstaedt, Eylau, Wagram, jouant à chaque fois un rôle déterminant, avec à la clé des pertes élevées. Ses soldats lui pardonnent. S'il est sévère avec eux, le maréchal les soigne. Pour cette campagne, il a prévu une nuée de petites voitures qui emportent du ravitaillement, menées par des bœufs qui sont consommés par les soldats au fur et à mesure de leur avancée. Il a aussi, au fil des ans, soigneusement choisi ses divisionnaires – Gudin, Morand, Friant, « le brelan » – pour mener ses trois divisions qu'on a surnommées « les immortelles ». Mais le vainqueur d'Auerstaedt est aussi le plus désagréable, le plus rugueux et parmi les plus durs des maréchaux. Tolstoï l'exécute d'une phrase dans l'index historique de *Guerre et Paix* : « homme de confiance de Napoléon, connu pour sa cruauté envers ses subordonnés », et d'ajouter que son corps « était celui où l'on mangeait le mieux et où l'on fusillait le plus ». Les exemples de sa sévérité ne manquent pas. Sur la route de Minsk, Davout a ramassé les traînards épuisés d'un régiment hollandais, et, furieux, les a fait défiler devant lui la crosse en l'air, ce qui a scandalisé certains de ses officiers. Sur le champ de bataille de Mohilev, voyant un bataillon français faire feu puis reculer en bon ordre, il se place devant lui, l'arrête et, face à l'ennemi, lui commande le maniement d'armes comme à l'exercice, ignorant les Russes qui approchent, et ce d'autant qu'il voit assez mal. Avec Jérôme, le dernier frère de Bonaparte, qui mène l'aile droite de la Grande Armée, les rapports ont été tels que ce dernier, aussi « suffisant qu'insuffisant », selon un mot de Talleyrand, vient de planter là ses soldats pour s'en retourner en son royaume d'opérette. Il sera remplacé par Junot, erreur lourde de conséquences.

Mais si, dans son roman, Tolstoï insiste sur la cruauté de Davout, il évoque aussi son humanité. Quand Pierre Bezoukhov, héros du roman, est capturé par les troupes françaises dans Moscou en flammes, porteur d'un poignard dans le projet d'assassiner Napoléon, il est interrogé par le maréchal, qui fait défiler tous les suspects attrapés par la troupe et dont la plupart sont destinés à être fusillés. Il lui parle à voix basse avec « cette figure dure et froide rappelant celle d'un pédagogue sévère » et puis soudain, « en dépit de la guerre et de la position où ils se trouvaient l'un à l'égard de l'autre, il s'établit entre les deux hommes des rapports humains ». Ce Davout qui l'avait regardé « avec tant d'humanité », ce guerrier que rien ne semblait émouvoir, ne cherchera même pas à cacher sa douleur quand il sortira de la chambre où son ami Gudin agonise. « Je versais des larmes comme un enfant », écrit-il à sa femme. C'était « le fils spirituel de son chef, son vrai double », écrit l'un des biographes du maréchal. Un témoin direct, le général baron hollandais Antoine Van Dedem, témoigne également de la sincérité de sa peine : « Je vis dans cette occasion que le prince d'Eckmühl n'a pas le cœur aussi insensible qu'on a bien voulu le débiter. Il m'apprit la mort du général Gudin, les larmes aux yeux, et me parla de tous les regrets qu'elle lui causait. Ce dernier était son adjoint préféré. » Une scène rapportée par le général de Trobriand après Wagram le confirme. Murat veut subtiliser Gudin à Davout et le faire remplacer par le général Puthod. Devant 300 personnes rassemblées dans la galerie de la chapelle du château de Brünn, « le terrible » laisse éclater sa colère quand Puthod fait son entrée. « "C'est vous, monsieur, qui prétendez remplacer le général Gudin ? Vous croyez y parvenir ? Mais, plutôt que de laisser enlever à cet héroïque général le commandement des braves divisions qu'il a vingt fois menées à la victoire, je briserais mon bâton de maréchal !" Le pauvre général Puthod, innocent d'ailleurs, se prit à pleurer et s'en alla. Il ne connaissait pas même l'ordre ; Davout détrompé s'excusa le soir, mais il garda le général Gudin. »

On peut le comprendre. Durant ces années où son corps d'armée a accumulé les victoires, Gudin, chef exigeant lui aussi mais qui s'efforce de ménager ses hommes, en a toujours été l'un des acteurs principaux. À Auerstaedt, le 14 octobre 1806, bataille jumelle d'Iéna, entre Erfurt et

Leipzig, livrée le même jour, et qui a valu son titre de duc au maréchal, celui-ci se retrouve face à l'avant-garde et au gros des Prussiens que croit combattre Napoléon alors que celui-ci n'est aux prises qu'avec l'arrière-garde ennemie. Vingt-six mille Français font face à 66 000 Prussiens, dont l'élite de leur armée. La disproportion des forces n'inquiète pas Davout. Au contraire, elle semble le stimuler. La division Gudin marche alors en tête, comme souvent, et entre sur le champ de bataille au petit jour où, profitant du brouillard, elle attaque les Prussiens. Puis, elle s'établit dans le village d'Hassenhausen, seul point d'appui sur le terrain, aussitôt prise à partie par la cavalerie de Blücher. Gudin fait former ses quatre régiments en carrés et repousse l'assaut. Blessé, il se cramponne dans le village et y lutte, pied à pied, quatre heures durant. L'arrivée des troupes de Morand et de Friant permet à Davout de lancer une large contre-attaque et de mettre les Prussiens en déroute. À 17 heures, la défaite ennemie est consommée. Les Français ont battu près du triple de Prussiens et les poursuivent, leur prenant armes et bagages. Le duc Charles-Guillaume de Brunswick, celui qui, en 1792, voulait livrer Paris « à une exécution militaire et à une subversion totale » a été mortellement blessé dans la bataille. Les pertes sont lourdes : un tiers du corps de Davout est mis hors de combat, 252 officiers et 6 581 sous-officiers et soldats sont tués ou blessés. Mais les pertes de l'ennemi sont bien plus considérables. En allant d'un carré à l'autre, en encourageant ses soldats, le maréchal a eu son chapeau crevé par un éclat, son uniforme criblé de balles. En 1807, contre les Russes à Eylau, les actions de la division Gudin sont à nouveau décisives. À Wagram, le 6 juillet 1809, le général se cramponne au terrain et est touché de quatre balles avant d'être évacué. Les Autrichiens ne sont pas passés. Un mois plus tard, il est décoré du grand aigle de la Légion d'honneur. Il n'est pas présent à Mohilev où Davout met en déroute les forces deux fois supérieures de Bagration. Il est resté à Vitebsk auprès de l'Empereur, qui tient à lui faire effectuer le mouvement tournant qui, le lendemain, sera fatal à l'ennemi. Et à lui promettre le bâton de maréchal s'il remporte la victoire. Mais la retraite de Barclay de Tolly a annulé ces plans. Le malheur commence à resserrer ses filets autour de Charles Gudin.

Autour de son mausolée présumé, les archéologues vont creuser durant plusieurs jours, soulevant la curiosité des habitants qui passent par là. Côté français, leur chef se nomme Frédéric Lemaire. Archéologue à l'Institut national de recherches archéologiques préventives (l'Inrap), il est spécialiste des fouilles napoléoniennes dans le cadre d'un vaste travail qu'il mène sur les conditions de vie et de mort du soldat de l'Empire. Ces Bourgogne,

Faber du Faur, Pion des Loches*, qui étaient-ils ? Comment vivaient-ils, comment sont-ils morts ? Telle est la quête de Frédéric Lemaire, vif, petites lunettes, souriant, enthousiasmé par son sujet. Il a déjà effectué des fouilles au camp de Boulogne, à la Berezina, et a décidé de suivre Pierre Malinowski avec une partie de ses troupes, spécialistes confirmés et étudiants, en prenant un congé sans solde, car « la mission n'est pas financée », nous explique-t-il quand nous le rencontrons avec Marc à Arras, siège de l'INRAP, dans un petit bistro de la grande place. Car, évidemment, pour une structure officielle, Pierre Malinowski est l'Antéchrist. Plusieurs fois poursuivi à la suite de ses fouilles sauvages, il représente tout ce que l'archéologie d'État déteste : hâbleur, sans passé scientifique, bref, un aventurier à la réputation sulfureuse. Beaucoup d'archéologues dans le passé n'ont pas été des anges, mais les temps ont changé. Aujourd'hui, les tombes sont fouillées au cordeau, font l'objet de multiples études scientifiques, tout en respectant les dépouilles et la mémoire des soldats. Même provenant d'univers politiques diamétralement opposés, les deux hommes se sont pourtant entendus. La passion de Napoléon a eu raison de leur querelle. Notre rencontre avec Frédéric Lemaire

---

*Antoine Augustin Pion des Loches, colonel d'artillerie, a laissé d'excellents mémoires : *Mes campagnes, 1792-1815*, Wagram Press, 2013.

avait un but simple, lui demander si, une fois son chef de file mis de côté, le projet tenait la route : « L'opportunité est extraordinaire », répond-il, sans être dupe des appuis de l'ancien légionnaire et des arrière-pensées idéologiques de son projet. D'autant qu'il s'agit de fouiller aussi le champ de bataille de Valoutina-Gora, combat lui aussi méconnu et théâtre d'un terrible carnage.

De toute façon, tant que la tombe du général n'aura pas été découverte, et il y a de fortes chances pour qu'elle ne le soit pas, rien de fâcheux ne peut se produire. Avec lui partent des scientifiques de haute volée : Frédéric Adam, anthropologue plutôt taiseux, lui aussi de l'Inrap et qui a déjà mis au jour un millier de cadavres dans sa carrière et identifié, en particulier, celui de l'écrivain Alain-Fournier, l'auteur du *Grand Meaulnes*, tué en septembre 1914. Vincent Bourgeot, barbe noire, chapeau et anneau d'or à l'oreille comme les grognards, est un historien, spécialiste reconnu de l'uniforme, dont il possède l'une des plus importantes collections privées. Tous ont travaillé sur cet épisode de l'histoire, sur l'assaut de la forteresse, ils ont épluché la biographie du général, menant un travail de documentation impressionnant. « En deux jours de fouilles, on saura s'il est là », estime Frédéric Lemaire.

Certains, en France, avaient déjà pris des renseignements auprès des autorités alors soviétiques. À la suite des fouilles relatées par *Le Point*, une publication d'histoire locale* rapportera qu'en 1972, le général Nizard, commandant de l'école d'application des transmissions à Montargis, située dans la caserne Gudin, et qui avait la charge de l'entretien des sépultures de la famille du général à Saint-Maurice-sur-Aveyron (Loiret), avait entrepris son enquête pour déterminer le lieu exact où se trouvait sa tombe. Dans le dernier bulletin de l'école était publiée une réponse du général de Boissieu, chef d'état-major de l'armée de terre – le gendre du général de Gaulle : « Vous m'avez demandé d'obtenir des autorités militaires soviétiques une photographie du tombeau du général Charles Gudin. J'ai l'honneur de vous faire connaître qu'en réponse à cette requête, le ministre de la Défense de l'URSS vient de m'informer que la tombe du général Gudin, tué au combat le 19 août 1812, et enterré dans la forteresse de Smolensk, n'a pas été conservée et que les archives n'ont pas permis de situer l'emplacement de la sépulture de cet officier général. »

Tombeau inconnu d'un général héroïque, le mystère obsède l'équipe qui pioche sous la pluie fine. Les archéologues ont beau être des gens calmes, capables d'endurer le froid, la pluie, pour fouiller dans la boue à la recherche du moindre

* *Bulletin de la Société d'émulation de l'arrondissement de Montargis*, n° 178, octobre 2019.

artefact, le torchon brûle avec l'équipe soviétique. Celle-ci est dirigée par Aleksandr Kholkov, petit bonhomme à la barbe blanche, au début visiblement dépassé par l'ampleur de l'affaire et par l'intrusion de cette équipe de Français qu'on lui a recommandée en haut lieu. Or les deux jours fixés par Frédéric Lemaire sont maintenant dépassés. Nous piétinons dans la gadoue autour de la fosse carrée qui s'approfondit, creusée par les Français et leurs homologues russes, gros costauds en treillis qui, d'un coup d'épaule, évacuent prestement les déblais. Pourquoi chercher au sommet du bastion Sheïnov plutôt que dans la citadelle ? Deux témoignages principaux existent sur les obsèques grandioses que l'Empereur a voulues pour le fidèle Gudin. Elles se déroulent le 22 août 1812, trois jours après sa blessure mortelle sur le champ de bataille de Valoutina-Gora. Le général et artiste – il est peintre – Louis François Lejeune, alors colonel et aide de camp du maréchal Berthier, est chargé de les organiser. « Le général Gudin, celui peut-être de nos généraux dont le mérite et le caractère donnaient alors à l'armée les plus hautes espérances, avait été tué dans cette bataille. Ses obsèques eurent lieu dans la journée du 21, et je fus chargé de les diriger, décrit-il dans ses passionnants mémoires*. Le faubourg, sur la rive

* Lejeune, si l'on en croit l'extrait de l'acte de décès du général, se trompe de jour. « César Charles Étienne Gudin [...] est

droite du Dniepr, était complètement incendié ; les deux tiers de la ville de Smolensk étaient encore en flammes ; et, tandis que l'on cherchait à arracher au feu le reste des énormes approvisionnements des Russes ; tandis que mes camarades du génie rétablissaient le grand pont brûlé, je dirigeais le convoi funèbre sur le grand bastion, au sud-est de la ville ; et c'est au milieu de cette grande construction, que je considérais comme un mausolée digne de cet illustre guerrier, que je fis creuser sa tombe. Je fis placer sur le corps du défunt une vingtaine de fusils brisés dans le combat et arrangés en étoile, pour qu'un jour, lorsque le temps qui détruit tout mettrait à découvert ces ossements d'un héros, ce trophée d'armes puisse appeler sur eux les mêmes sentiments d'attention et de respect que nous portons aux restes des vaillants Gaulois déposés sous leurs antiques tumuli. » L'autre témoin est le comte de Ségur. « Ses restes furent enterrés dans la citadelle de la ville, qu'ils honorent. Digne tombeau de cet homme de guerre, bon citoyen, bon époux, bon père, général intrépide, juste et doux, et à la fois probe et habile : rare assemblage, dans un siècle où, trop souvent, les hommes de bonnes mœurs sont inhabiles, et les habiles sans mœurs. » Le cœur du général est rapporté en France pour être déposé au Père-Lachaise. Sur la pierre de cette

---

décédé à Smolensk le 22 du mois d'août, dans les deux heures de l'après-midi des suites de ses blessures. »

tombe, abîmée par des dégradations, on peut lire : « Le cœur seul est inhumé. Son corps a été inhumé dans la citadelle de Smolensk. Son cœur, rapporté en France par ordre de l'empereur Napoléon Ier, repose ici. »

La bataille

Les deux géants de la Grande Armée sont parvenus les premiers devant Smolensk et lancent aussitôt leurs hommes à l'assaut. Il s'agit, en attendant l'arrivée du gros des troupes impériales et leur déploiement, de balayer les forces ennemies qui se tiennent autour de la cité et d'éprouver la défense de celle-ci. Chef de l'avant-garde, le maréchal Joachim Murat n'est pas du genre à mûrir longuement un plan. Il opère sans cartes, au flair, puis charge. Tous lui reprochent d'avoir crevé sa cavalerie dans une course folle depuis le Niémen. Il s'en moque. Dernier des onze enfants d'un couple d'aubergistes du Lot, renvoyé de l'armée en 1789 pour insubordination et revenu s'installer comme épicier dans sa ville de Saint-Céré, il est aujourd'hui roi de Naples et beau-frère de l'Empereur après avoir épousé sa sœur Caroline. Bonaparte et lui se sont connus un jour d'émeute parisienne, le 13 vendémiaire – le 5 octobre 1795 –, où sur l'ordre de Barras, le président de la Convention thermidorienne, le jeune général a pu canonner les royalistes révoltés grâce aux 40 pièces d'artillerie prestement rapportées de la plaine des Sablons par ce militaire alors en rupture de ban en raison de ses sympathies révolutionnaires. L'ami et complice fait partie de la famille, si couvert d'honneurs que les énumérer serait fastidieux et un peu ridicule. Murat a même été nommé grand amiral de l'Empire. À la ville comme à la guerre, c'est un personnage de carnaval aux longues boucles noires, arborant tenues multicolores, panaches, perles et diamants, un « roi Franconi » dont on se moque, tandis que l'Empereur ne voit plus en lui qu'un « coq vaniteux » car, au fil des ans, les relations sont devenues exécrables entre les deux hommes. S'il est instruit, car on voulait en faire un prêtre, Murat n'est pas très malin et, surtout, il est très imbu de sa personne. Mais voilà, comme le dira Napoléon à Sainte-Hélène, « jamais, à la tête d'une cavalerie, on ne vit quelqu'un de plus déterminé, de plus brave, d'aussi brillant ». D'Aboukir à Austerlitz, ses exploits sont légendaires ; à Eylau, cinq ans plus tôt, il sauve la bataille à la tête d'un rouleau compresseur de 12 000 cuirassiers, dragons, hussards, mamelouks, la plus grande charge de l'Histoire, celle au cours de laquelle aurait dû périr le colonel Chabert de Balzac. Incroyablement courageux aussi : « Sa bravoure était tellement reconnue dans l'armée et on était si accoutumé à le voir au milieu du feu le plus épais que les aides de camp ou officiers d'ordonnance qui avaient des ordres à lui transmettre ou des informations à lui donner, se dirigeaient toujours sur le point où l'on se battait et du côté où l'attaque paraissait la plus vive ; ils étaient sûrs de l'y trouver. C'était le bel idéal du courage », écrit le général Lubin Griois qui, ce 16 août 1812, commande l'artillerie du 3e corps et se trouve à ses côtés. Et de décrire la tenue extravagante du roi de Naples ce jour-là devant les murailles d'où partent les coups de canon et les tirs de mousqueterie : « Il portait un chapeau retroussé, garni de plumes et d'aigrettes, ou bien un bonnet polonais surmonté d'un vaste panache, une soubreveste chamois à la chevalière, un pantalon cramoisi et des bottines jaunes. Un manteau court de velours vert brodé en or, ou une fourrure élégante, ornée de ganses et de torsades d'or, était jetée sur ses épaules. » Tout un chatoiement qui le désigne aux coups de l'ennemi, mais de cela aussi il se moque. Ce qui l'intéresse exclusivement, ce sont ces escadrons de dragons russes qui occupent les hauteurs devant les remparts. Il les fait aussitôt charger par sa division de cavalerie légère, qui les éparpille brutalement jusque sous les murailles, et félicite les artilleurs de Griois qui ont appuyé leurs mouvements : « Bravo mes enfants ! Culbutez cette canaille. Vous tirez comme des anges ! »

Napoléon, pourtant toujours avide de renseignements, ne dispose que de peu d'informations sur les mouvements de ses adversaires. Où sont

Barclay et Bagration? Livreront-ils bataille ou continueront-ils leur fuite sans défendre la ville? Ces renseignements, on les obtient d'ordinaire en battant la campagne pour faire des prisonniers. Difficile quand les chevaux de l'avant-garde, épuisés et mal nourris, peinent à porter leurs cavaliers, à la merci de la moindre contre-attaque des cosaques. On croit encore que la vieille cité est à prendre d'un coup de main rapide, personne ne sait que près de 30 000 combattants y ont été regroupés pour la défendre. Le combat débute. D'abord par des escarmouches de détail. Il va durer deux jours et causer, de part et d'autre, des pertes considérables.

L'autre géant qui presse ses troupes est Michel Ney, surnommé le « Rougeaud », ou le « Rouquin », fils de tonnelier lorrain devenu maréchal et qui mène les 37 000 soldats du 3e corps. Avec lui, la mèche est toujours près du baril. Impulsif, coléreux, il ignore la peur, s'anime tant au feu que son maître l'a surnommé « le brave des braves ». Au retour de la campagne de Russie, il le fera prince de la Moskova pour la force d'âme dont il a fait preuve à la tête de l'arrière-garde de la Grande Armée pendant la retraite. Dans un froid polaire, il n'a cessé de se battre, de faire le coup de feu, se jetant dans les marais et les bois à la tête d'une poignée d'hommes, sauvant tous ceux qu'il pouvait. Le sergent Bourgogne raconte comment, encerclé par les partisans et les cosaques, il s'apprête à vendre chèrement sa peau quand il entend derrière lui un grand bruit, puis des cris : « En avant, à la baïonnette ! » Et il aperçoit Ney, un fusil à la main, qui accourt à la tête d'une partie de l'arrière-garde. Les Russes fuient en tous sens tandis qu'il rallie les éclopés et les traînards. « Je n'oublierai jamais l'air imposant qu'avait le Maréchal dans cette circonstance, son attitude menaçante en regardant l'ennemi, et la confiance qu'il inspirait aux malheureux malades et blessés qui l'entouraient. Il était, dans ce moment, tel que l'on dépeint les héros de l'Antiquité. L'on peut dire qu'il fut, dans les derniers jours de cette désastreuse retraite, le sauveur des débris de l'armée. » Quand on apprend qu'il est sauf, revenu à la tête de 2000 hommes, Napoléon et l'état-major exultent. Pour le reste, comme Murat, bon avec ses soldats qui le vénèrent. Les deux maréchaux ne s'aiment pas. Le cavalier roi toise le « Rougeaud », qui le méprise en retour pour sa forfanterie et son goût du luxe. Mais ils ont un point commun, fatal. Ils verront venir la mort de la même façon, jaillissant de la gueule des fusils des pelotons d'exécution quand ils seront fusillés tous les deux, à deux mois d'intervalle, à la fin de l'incroyable année 1815, celle des Cent-Jours et de Waterloo. Il fallait bien cela pour se débarrasser de ces dieux de la guerre. J'avoue faire partie de ceux qui ont un pincement au cœur en passant devant la statue de François Rude représentant Michel Ney, sabre à la main, qui s'élève devant le restaurant La Closerie des Lilas à Paris, non loin de l'endroit où il fut exécuté le 7 décembre*. Pour relativiser les malheurs qui nous accablent, il suffit de relire la longue liste des 22 grandes batailles, de Fleurus à Waterloo, et des 70 combats et autres prises de ville auxquels il a participé. Et aussi de se souvenir de son ordre préféré lorsqu'il lançait ses hommes au combat : « Direction, le trou du cul de mon cheval, chargez ! »

Il ne faut pas pousser les soldats français, qui brûlent d'en découdre après 500 kilomètres de marches forcées à la poursuite de ces maudits Russes qui fuient la bataille. Les combats qu'ils ont livrés la veille à la division du général Neverovski en train de retraiter vers Smolensk n'ont rien arrangé. La cavalerie de Murat n'a cessé de gêner les mouvements de l'infanterie, et les soldats du tsar, décimés quand même, sont parvenus à s'échapper. « Une retraite de lion », selon Ségur. La veille, l'armée française a parcouru d'immenses plaines fertiles en grains où les moissons ont été abandonnées, des espaces quasiment inhabités, troués d'étangs et de marais. On a pu nourrir les chevaux, et les maraudes se sont révélées plus fructueuses. « Le pays, ici, est le plus beau que

*Murat est fusillé le 13 octobre au château de Pizzo après avoir tenté de reconquérir le royaume de Naples.

nous ayons vu ; la récolte est très belle », signale Napoléon à Cambacérès. Mais la dysenterie fait des ravages, et la température qui s'était rafraîchie est d'un coup devenue accablante. Les soldats, qui manquent d'eau potable, meurent de soif. Ils se sont pourtant précipités vers la ville, dans une poussière à couper au couteau « On voyait marcher de front et d'un pas accéléré plusieurs colonnes d'infanterie, de cavalerie et d'artillerie ; aussi les grains étaient-ils foulés à trois cents pas de chaque côté de la route, comme si elle eût été le cours d'un torrent dévastateur », écrit le capitaine d'artillerie Georges de Chambray, l'un des premiers historiens de la campagne. Parvenus en vue de Smolensk, tous ont été saisis par sa beauté. « Ses hautes murailles, l'irrégularité de son site, la grande quantité de ses clochers entremêlés de verdure, lui donnaient un aspect à la fois singulier et pittoresque », poursuit-il. Surtout, il s'agit là d'une vraie cité, la première depuis que les soldats de la Grande Armée sont entrés en Russie, pas une de ces bourgades misérables traversées jusque-là. Une promesse de repos, de ravitaillement, d'un peu de pillage et de bon temps. Et ne serait-ce pas la bataille décisive, la dernière de cette folle équipée en cas de victoire ? S'ils savaient…

Les fusiliers de Ney fourbissent leurs armes, leur fusil modèle 1777, revu et modifié en l'an IX, lourd de 4,4 kg et de 1,52 m de long. Il se charge en 12 temps et 18 mouvements, réduits à quatre temps au combat. Il s'agit d'une manœuvre complexe, la première qu'ont apprise les soldats avant même d'évoluer sur le terrain. Un véritable cérémonial qui, au mieux, dans la frénésie du combat, aboutit à un coup de feu tiré par minute. Le soldat doit ensuite puiser une nouvelle cartouche parmi les 35 que contient sa giberne, la déchirer avec les dents, en verser la poudre dans le bassinet et le canon, introduire la balle et la bourrer avec la baguette du fusil, enfin placer l'amorce et armer le chien. Le tout sous les tirs ennemis, dans l'effroyable bruit des explosions et les cris des morts et des blessés. La balle tirée, de gros calibre – 17,5 mm –, est efficace jusqu'à 200 mètres, la doctrine française étant qu'il faut tirer le plus de coups possible au détriment de la précision. Les spécialistes qui se sont intéressés à la cadence de tir des combattants de l'époque ont estimé qu'ils atteignaient de 1 à 4 % de leurs cibles, entre 100 et 400 coups de fusil étant donc nécessaires pour mettre un adversaire hors de combat. Mais dans cette terrible campagne qui restera comme l'aube de la guerre moderne où, à chaque bataille, s'affrontent des masses d'hommes et de feu de plus en plus gigantesques, c'est encore la bonne vieille baïonnette qui fait la loi. Selon l'un des adages du général Souvorov*, « la balle est

* Généralissime russe (1730-1800), l'un des rares à n'avoir jamais été battus sur le terrain, célèbre pour son ouvrage *La*

folle, la baïonnette sait ce qu'elle fait ». Apparue au début du XVIIIe siècle, celle des grognards est longue de 43 centimètres et, ajoutée à la taille du fusil, lui donne une allonge identique à celle que peut avoir une lance ou une hallebarde. Bien avant que les poilus ne la surnomment affectueusement « Rosalie », les soldats lui ont donné de multiples surnoms. Les grognards l'appellent la « fourchette ». Et pour débusquer les Russes des faubourgs, elle sera indispensable, le corps à corps demeurant inévitable à l'apogée du combat.

À Ney l'attaque de la ville par l'ouest, la gauche de son corps d'armée longeant les berges du Dniepr, le centre et son aile droite enveloppant le faubourg de Krasnoï qu'il faut prendre avant d'arriver à l'enceinte sur laquelle des canons ont été placés et tirent sur les fantassins qui s'avancent. Les bâtiments extérieurs fortifiés sont défendus par trois régiments et truffés de canons. À la droite de Ney, une division d'infanterie ennemie et ses 18 bouches à feu sont retranchées dans le bastion du roi, l'ouvrage de fortification pentagonal en terre. Tandis que le duel d'artillerie s'engage, l'infanterie légère se déploie devant les lignes ennemies. Coupé de ravins et de fossés, couvert d'épaisses broussailles, le terrain est difficile. Voltigeurs et tirailleurs, par nuées, s'infiltrent en profitant des abris et harcèlent de leur feu les

---

Science de la victoire.

soldats ennemis, visant de préférence les officiers. Ney arrive au milieu d'eux. « C'est le dieu Mars ; son aspect, son regard, son assurance entraîneraient le plus timide », écrit le baron Denniée, commissaire aux armées qui parvient à ce moment sur le champ de bataille aux côtés du général Auguste Caulaincourt, frère du grand écuyer de l'Empereur. Soudain, 800 cosaques, masqués par les accidents du terrain et les broussailles, chargent en criant « Hourra ! » et enveloppent Ney et Caulaincourt. Mêlée confuse, le Rougeaud prend une balle à bout portant qui déchire le col brodé d'or de son uniforme et le blesse légèrement. Il est dégagé à grand-peine par la 3e brigade de cavalerie légère du général Dommanget, qui culbute les Russes à grands coups de sabre. Fou de rage, Ney lance un bataillon du 46e régiment de ligne entre les faubourgs, à l'assaut du bastion du roi. Une unité solide, l'un des meilleurs régiments, celui de la Tour d'Auvergne, vieilles bandes du camp de Boulogne, 500 hommes qui sont accueillis par une grêle de balles, de boulets et de mitraille. Le baron Fain rapporte que Ney s'écriera ensuite que « cette attaque d'un seul bataillon contre une forteresse est le fait d'armes le plus valeureux que j'ai vu depuis que je fais la guerre ». Ségur se montre beaucoup moins enthousiaste : « Quelques-uns seulement en revinrent [...]. On parla peu de l'effort héroïque qu'ils venaient de tenter parce qu'il était faute de leur général et qu'il avait été inutile. » Il estime que les deux tiers du bataillon du 46e ont été mis hors de combat. Aucun n'a laissé de témoignage. Il faut dire qu'après avoir été passés au tamis de cet assaut, de la bataille de la Moskova et de la retraite, 104 seulement des 3 200 membres du régiment qui avaient passé le Niémen reverront la France. Trois jours plus tard, l'impétuosité de Ney aura sa part dans la mort de Charles Gudin.

Aujourd'hui, malgré l'incroyable état de conservation d'une cité maintes fois détruite, il n'y a bien sûr plus aucune trace des faubourgs de l'époque, de ces maisons et cabanes en bois bordées de vergers et de jardins potagers. Toute cette partie de la ville a été avalée par le béton. La voie rapide qui longe le Dniepr passe sous un pont haut perché qui n'existait pas alors. Restent de nombreux espaces verts ponctués de longues barres de bâtiments pâles coiffés de toits de tuiles rouges. Les remparts qui protégeaient le faubourg de Krasnoï ont également disparu. Ils s'arrêtent au bastion du roi et ne reprennent que le long du Dniepr. Quant au terrain sur lequel le 46e a chargé en premier, il abrite aujourd'hui le Spartak, le stade du Football club de Smolensk qui, après avoir été racheté par des financiers douteux, n'a plus accueilli de matchs depuis longtemps, à la grande colère des supporters locaux. Un abandon de plus. Quand on se tient sur le bastion, juste au-dessus du stade désert, on mesure mieux la stupidité de l'ordre de Ney. Il est impossible de parvenir jusque-là.

Une vingtaine de mètres d'une pente très raide donnent sur les dernières rangées de sièges des travées. Et il faut en ajouter autant pour atteindre le terrain. Un véritable à-pic qu'il faut gravir sous les coups de fusil, si l'on a réchappé aux boulets et à la mitraille pendant la traversée du glacis. Sacha, mon guide de la bataille de 1812, qui porte justement la tenue de sergent du 46e et connaît le régiment sur le bout des doigts – « des Bretons », précise-t-il d'un air entendu –, dit la même chose en montrant la carte des défenses du bastion. La tenue de Sacha détonne déjà dans le paysage, les passants se retournant sur son passage en riant ou en lui lançant des questions que je ne comprends pas plus que ses réponses. Mais Sacha devient vraiment inquiétant quand, après avoir simulé au geste près comment on charge un fusil de l'époque, il décide de passer à la leçon de sabre. Il dégaine, se met à hacher l'air furieusement, puis explique qu'il ne s'agit pas d'embrocher son adversaire, avec lequel on reste entremêlé au risque d'un mauvais coup. Non, il faut frapper aux épaules, aux bras, aux cuisses pour le mettre hors de combat. Un autre l'achèvera tandis qu'on continuera de progresser. J'ai tenté d'imaginer la scène, Sacha me pourfendant après avoir gravi la pente abrupte. J'ai préféré tourner le dos et retrouver le calme du jardin Lopatinsky. Sur les vieilles photos en noir et blanc du début du XXe siècle, il abrite des buvettes en bois ; de larges bancs dans ses allées permettent aux Smoléniens en promenade d'y faire une pause. Rien ne semble avoir changé. Ce haut lieu de la violence est devenu un havre de paix. Outre le monument à la gloire des défenseurs de 1812, un autre est consacré au régiment Sainte-Sophie, qui défendit âprement les lieux sous les ordres du général Raïevski. Une petite tombe au fond du bastion célèbre la mémoire du général Anton Skalon*, tué aux environs et que Napoléon donnera l'ordre d'enterrer ici avec les honneurs militaires dus à son rang, à deux pas de la tombe du général Gudin.

Il est midi quand l'Empereur, couvert de poussière, retrouve Ney sur le champ de bataille. Il monte le Roitelet, l'un des 30 chevaux qui le suivent depuis le début de la campagne, et parcourt la ligne de feu d'où les soldats se rangent précipitamment à son passage en lançant des cris d'enthousiasme. Malgré les tirs qui fusent de partout, les boulets qui labourent le sol, la fanfare du 4e de ligne joue *On va leur percer le flanc***, ce qui

*Anton Skalon (1770-1812), major général de l'armée russe, tué le 18 août lors d'un assaut de cavalerie devant Smolensk.

**« On va leur percer le flanc Rantanplan, tirelire en plan ! On va leur percer le flanc ! Que nous allons rire ! » Chant militaire immortalisé par la garde consulaire puis impériale, entonné lors de l'assaut du plateau du Pratzen à Austerlitz, le 2 décembre 1805. « Les tambours battaient à rompre les caisses, la musique se mêlait aux tambours. C'était à entraîner un paralytique », écrit le capitaine Coignet.

déclenche l'hilarité dans les rangs. L'Empereur, la veille, a envoyé balader ceux de ses officiers qui voulaient fêter la Saint-Napoléon. Depuis le décret du 19 février 1806, la fête de la Vierge a été chassée du calendrier pour être remplacée par une journée à sa gloire, le jour de son anniversaire. Ses adjoints ont quand même fait tirer 101 coups de canon, « avec de la poudre russe prise la veille », lui précisent-ils quand il s'emporte en entendant la longue salve. Le conquérant a préféré interroger des prisonniers et éplucher les dépêches de ses informateurs pour se convaincre finalement que la ville de Smolensk était en cours d'évacuation. Quand il retrouve Ney sur le champ de bataille, celui-ci le guide dans les fossés jusqu'à un tertre sablonneux, à l'abri des tirs, et lui explique que la situation est bien différente. Peu après, on commence à distinguer des colonnes de poussière au loin sur la rive droite. L'armée de Barclay de Tolly revient à marche forcée vers Smolensk et va s'établir de l'autre côté du Dniepr, son artillerie couronnant l'amphithéâtre des collines de la rive droite. Son feu va s'ajouter à celui des troupes qui y sont solidement installées et prennent à partie les bataillons de Ney avançant le long du fleuve. Arrive Gudin, la première division du corps de Davout à parvenir sur le champ de bataille, dont les soldats se déploient rapidement à la droite du futur prince de la Moskova. Côté russe, lors de la conférence tenue par les deux généraux en fin de journée, décision est prise de défendre la ville – ce sera le rôle de Barclay de Tolly, qui ensuite l'abandonnera et assurera l'arrière-garde tandis que Bagration le précédera en prenant la route de Moscou. Napoléon, lui, espère toujours la bataille décisive qu'il livrerait devant la cité. Le reste de la journée se passe à faire massacrer des hommes, inutilement lancés dans des assauts qui ne peuvent aboutir, car les murailles, faute de brèches, sont infranchissables et la résistance des défenseurs, opiniâtre. Le coup de main que voulait tenter l'Empereur est un échec qui s'avérera, par les rebondissements inattendus de l'Histoire, décisif dans sa défaite finale. Il lui faut maintenant attendre les renforts des autres divisions. Il se retranche dans son camp, sur une colline ombragée de bouleaux, près du château d'Ivanovskaïa. Les dix bataillons de la Garde se sont formés en carré autour des tentes impériales. Tout se jouera donc le lendemain, le lundi 17 août 1812, de bon matin.

Tolstoï, dans *Guerre et Paix*, décrit l'ambiance qui règne dans Smolensk ce jour-là. Dans son roman, le vieux et acariâtre prince Nicolas Bolkonsky, qui vit dans son domaine de Lyssya Gori, à une soixantaine de kilomètres, a envoyé son valet Alpatitch prendre des nouvelles de l'invasion des Français. « Il était midi passé. Tout à coup un sifflement lointain et étrange, suivi d'un coup sec, fendit l'air, et un roulement ininterrompu fit trembler les vitres. Alpatitch quitta la fenêtre, et descendit dans la rue, au moment où deux hommes passaient en courant dans la direction du pont. On n'entendait de tous côtés que des sifflets stridents, le bruit sourd des boulets qui tombaient, et l'explosion des grenades qui pleuvaient en masse sur la ville; mais les habitants n'y prêtaient qu'une mince attention, la fusillade en dehors des murs les intéressait davantage… C'était le bombardement de la ville, ordonné par Napoléon! Depuis cinq heures du matin, cent trente bouches à feu tiraient sans relâche. »

Toute la ligne française s'est ébranlée. Les Polonais du maréchal Poniatowski, protégés par la cavalerie de Murat, attaquent les faubourgs de Nikolskoï et Ratschenka, à l'est. Revenus sur le champ de bataille de leurs ancêtres, ils chargent comme des furieux, au point qu'ils aligneront les plus lourdes pertes de la bataille : 11 % de leurs effectifs, dont deux généraux. Au sud-ouest, Gudin, à la tête de deux de ses régiments, le 21e et le 127e, part à l'assaut du bastion du roi, qui est difficilement abordable parce que entouré de hautes broussailles. « Les artilleurs du général Tsybulsky ont chassé l'ennemi à plusieurs reprises. J'en ai été le témoin, car on m'avait demandé d'apporter la confession et la communion à nos soldats et officiers blessés », rapporte Nikifor Mourzakevitch, prêtre issu d'une famille de Crimée, un observateur essentiel de la prise de Smolensk et de son occupation. Tous les Smoléniens qui s'intéressent au passé de leur ville le connaissent. Son portrait, barbe fournie et chevelure noire, regard fixe, figure au musée d'Histoire. À 43 ans – l'âge de Napoléon qu'il aperçoit au loin sur son cheval blanc –, il est déjà célèbre pour avoir publié en 1803 le premier ouvrage imprimé sur l'histoire de la cité. Dans sa quatrième réédition, un siècle plus tard, sera ajouté son *Journal de Smolensk*, dix-sept années de notes, dont une trentaine de pages sont consacrées à l'irruption de l'envahisseur français. Nikifor Mourzakevitch est d'abord au cœur de la bataille. « J'ai eu le temps de faire le tour des fossés de l'enceinte de la ville pour apporter des encouragements, la confession et la communion [...]. Mon fils Kostya a aspergé les défenseurs d'eau bénite, cela nous a valu la gratitude du général Paskevitch*, qui a inscrit mon nom dans son livre. »

Les soldats de Gudin se replient rapidement tant le feu des Russes est vif. La journée entière se passe à repousser leurs sorties et à les presser pour leur faire évacuer les abords de la forteresse. Au fil des heures, Gudin chasse à la baïonnette les soldats ennemis du faubourg Mstislav, les poursuivant de rue en rue jusqu'au fossé sous les remparts. À sa droite, Morand et Friant prennent

---

*Le général Ivan Paskevitch (1782-1856) a participé pendant six ans à la guerre russo-turque (1806-1812). À Smolensk, il dirige la 26e division d'infanterie sous les ordres de Bagration. Il a deux chevaux tués sous lui lors de la bataille. Il « s'illustrera » enfin par la sévère répression de l'insurrection polonaise de 1830.

le faubourg Roslav et attaquent la muraille. Les combats sont acharnés, terriblement coûteux en hommes de part et d'autre. On s'égorge dans les jardins, d'une maison à l'autre, dans les entrelacs de petites rues, au coin des bâtiments en flammes, les défenseurs incendiant systématiquement les positions qu'ils abandonnent, on se fusille à bout portant sous les boulets qui trouent les rangs. « Tout le jour, la fusillade et la canonnade ont roulé comme un tonnerre sans fin, écrit le général Fantin des Odoards, alors capitaine, tout le jour la lutte s'est ainsi prolongée sans autre résultat que beaucoup de sang répandu. À la nuit, nous étions maîtres de quelques ouvrages extérieurs et des faubourgs, mais la place tenait, et, sans brèche praticable et sans échelles, l'assaut n'était guère à tenter. »

Napoléon réunit une batterie d'artillerie de 36 pièces de 12 qui bat les remparts, mais sans parvenir à les entamer. « À 3 heures, les pièces sont établies sur toute la ligne et font un feu d'enfer », se souviendra le capitaine Charles François, vétéran de 37 ans, surnommé « le Dromadaire », car ancien de la campagne d'Égypte. « À 4 heures, commence une vive fusillade sur les faubourgs. À 5 heures, nous repoussons l'ennemi, à la baïonnette, jusqu'à un chemin couvert. Alors la bataille devient horrible. Malgré le feu terrible de l'artillerie russe, nous nous emparons des faubourgs retranchés, toujours à la baïonnette, en parvenant jusqu'à la bouche même des canons. » Le sergent Vincent Bertrand, du 7e régiment d'infanterie légère, confirme : « À cinq heures, nous prenons le faubourg à l'arme blanche. La lame de mon sabre, rouge de sang, est ébréchée. » Un autre ancien résume sobrement les combats. « La bataille fut des plus sanglantes et ne cessa qu'à la fin du jour. » Le capitaine Jean-Roch Coignet, de la garde impériale, sait de quoi il parle : à 36 ans, de Montebello à Wagram en passant par l'Espagne, il a servi dans toutes les campagnes du Consulat et de l'Empire. Les pertes sont très élevées dans la division Gudin. Les Polonais et les Wurtembergeois de Ney ont eux aussi beaucoup souffert.

Le sergent Charles Bénard a 19 ans. Soldat du 4e régiment de ligne, il revient à la nuit venue d'une maraude sur le champ de bataille avec un camarade : « Nous eûmes un spectacle magnifique et sinistre. Les remparts furent illuminés à l'intérieur par une éclatante lueur rouge sur laquelle, avec une intensité diabolique, la muraille crénelée ressortait comme un diadème noir. L'incendie commençait ses ravages : c'était la première explosion de cette longue traînée de feu de village en village, le fusil d'une main et de l'autre la torche sur toute leur ligne de retraite. Nous ne pouvions concevoir encore l'idée de cette politique de désespérés. » Même stupéfaction du sous-lieutenant Paul-Charles de Bourgoing, futur pair de France, qui sert alors dans la Garde : « Quand notre division arriva devant Smolensk, cette ville, jadis polonaise, était embrasée; l'horizon tout entier était en feu. » Mourzakevitch regagne son logis sous une pluie de projectiles; il égrène une longue liste de maisons qui brûlent, comme celle du vice-gouverneur, « dans laquelle jusqu'à deux cents de nos soldats blessés étaient parqués qui cependant furent sauvés ».

Pour le grand écuyer Armand de Caulaincourt, « c'était un spectacle affreux et le prélude de ce que nous devions voir à Moscou ». Il est deux heures du matin et l'ancien ambassadeur de France en Russie ne parvient pas à dormir. Dans la nuit froide, il s'assied devant le feu d'un bivouac en avant des tentes impériales et commence à s'assoupir quand Napoléon, flanqué des maréchaux Berthier et Bessières, survient et contemple l'incendie. « C'est une éruption du Vésuve! », s'exclame-t-il en réveillant Caulaincourt d'une tape amicale sur l'épaule. « N'est-ce pas un beau spectacle monsieur le grand écuyer?

« — Horrible, Sire.

« — Bah, n'oubliez pas cet adage d'un empereur romain, messieurs : "Le cadavre d'un ennemi sent toujours bon."

« Chacun fut suffoqué de cette réflexion. » D'autant que la veille, Caulaincourt et son maître ont eu une discussion durant laquelle le grand écuyer a estimé que les Russes allaient abandonner la cité. La réaction de Napoléon lui a alors paru sage. « Si c'est ainsi, me répondit l'Empereur, avec l'accent d'un homme qui prend soudainement son parti, en m'abandonnant Smolensk, une de leurs villes saintes, les généraux russes déshonorent leurs armes aux yeux de leurs propres sujets. Cela me donnera une bonne position. Nous les éloignerons un peu pour être tranquilles. Je me fortifierai. Nous nous reposerons et, sous ce point d'appui, le pays s'organisera et nous verrons comme Alexandre se trouvera de ce parti-là. Je m'occuperai des corps de la Dvina*, qui ne font rien, et mon armée sera plus formidable, ma position plus menaçante pour la Russie que si j'avais gagné deux batailles. Je mettrai la Pologne sous les armes et je choisirai, plus tard, s'il le faut, entre Moscou et Pétersbourg. »

Au petit matin, des éclaireurs polonais pénètrent dans Smolensk et constatent que l'ennemi l'a en partie évacuée. « La ville était en feu par la plus belle nuit du mois d'août, écrit Coignet. Pour y arriver, il fallait passer par un bas-fond et remonter jusqu'à une porte barricadée par des sacs de sel ; des milliers de sacs fermaient cette belle entrée. Quant à la rue, on la traversait entre des fournaises ; tous ces beaux magasins étaient en braise, surtout un entrepôt de sucre. On ne peut se figurer un pareil embrasement de feux de toutes

---

*Deuxième corps de la Grande Armée, commandé par le maréchal Oudinot, chargé de prendre Riga et de marcher vers Saint-Pétersbourg.

couleurs. C'est le cas de dire que Smolensk nous coûta cher, et aux Russes davantage ; les pertes de part et d'autre furent considérables. » Environ 3 000 tués ou blessés pour les assaillants, le double pour leurs adversaires. Maîtres de la rive gauche, les troupes françaises doivent encore déloger les combattants ennemis retranchés sur la rive droite. Le major d'artillerie Jean-François Boulard se dirige vers la porte des remparts qui donne sur le Dniepr. « Elle est fermée, des coups de fusil se font entendre au-dehors. Je monte dans un logement qui est établi au-dessus de cette porte, et de-là, par des croisées ou plutôt des lucarnes qu'on n'aborde qu'avec précaution, je découvre et le cours du fleuve et le pont dont il ne reste que des débris, et l'autre partie de la ville qui est bâtie sur le penchant d'une colline. Elle est encore en proie aux flammes et les ravages de l'incendie y sont plus grands que sur la rive gauche. Quelques tirailleurs, postés derrière les ruines ou dans les jardins, tirent et ripostent à des soldats français qui sont sur notre rive. Dans la chambre même où je suis, un officier, à épaulettes de colonel, se poste à une lucarne, fait le coup de fusil et décharge successivement les fusils du poste sur les tirailleurs ennemis. [...] Je demande quel est ce tireur. C'est le maréchal Davout lui-même. J'en suis tout saisi. » Faber du Faur est l'un des meilleurs conteurs des combats qui vont se dérouler sur la rive droite tandis que la Grande Armée investit le reste de la cité. L'artillerie à laquelle appartient notre témoin est envoyée pour appuyer les troupes françaises coincées sous le feu ennemi. « Nous nous hâtâmes, autant que nos chevaux harassés nous le permettaient, de traverser, au milieu de la fusillade de l'ennemi, le faubourg situé sur la rive gauche, pour gagner péniblement, par-dessus les cadavres entassés dans les rues étroites, une colline joignant Smolensk, où nous pussions braquer nos canons contre les Russes. » Ils sont menés par le maréchal Ney. Les artilleurs prennent position « sur le vieux rempart délabré, entre les deux grandes tours de figure polygone ».

Celles-ci ont disparu, comme une bonne partie des remparts longeant le Dniepr. En restent deux beaux tronçons de brique rouge entre lesquels se croisent des flots de voitures et de camions, pour emprunter le pont principal menant à la rive droite ou, à l'inverse, s'engouffrer afin de monter dans la vieille ville. La berge au pied des remparts est aujourd'hui aménagée en une agréable esplanade le long de laquelle, avec mes camarades, nous avons flâné après notre premier dîner, surpris par un aménagement aussi réussi. La belle promenade, flanquée de carrés de bancs, débute avec la statue de Vladimir Ier, le Clovis slave. Fondateur de la Rus' de Kiev au IXe siècle, il reçoit le baptême selon le rite byzantin en 988 et fait entrer son peuple dans la chrétienté. Son royaume se désintégrera sous les coups des invasions mongoles au

XIIIe siècle, mais il est le berceau des trois États slaves orientaux : la Russie, la Biélorussie et l'Ukraine. En envahissant celle-ci, en bombardant Kiev, sa capitale, située à 500 kilomètres plus bas sur le Dniepr, Vladimir Poutine cherche à se réapproprier ce qu'il estime être, comme beaucoup de ses concitoyens, une région appartenant historiquement à l'Empire*. Le soir, les murailles sont brillamment éclairées tandis que, derrière elles, la masse de la cathédrale illuminée, énorme cube flanquée de ses clochers en forme de moulins à poivre, semble écraser la ville. D'ici, on peut imaginer sans peine ce que voyait Faber du Faur au-delà du fleuve calme et noir, cette nuit du 18 août 1812. « De ce point nos regards découvraient toute la partie de la ville qui se trouve sur la rive droite du Dniepr, et nous pouvions enfiler dans toute sa longueur une des rues principales, où l'affluence des Russes était la plus grande. » L'artillerie « fixe le combat », mais impossible de déloger l'ennemi des maisons et des jardins. Embusqués dans les saules de la rive droite, ses tirailleurs font beaucoup de mal à leurs adversaires, mais le gigantesque incendie va les chasser peu à peu.

*L'Ukraine est sous domination du grand-duché de Lituanie jusqu'en 1654, date à laquelle elle est intégrée à l'Empire russe. Elle quitte ce dernier en 1917 au moment de la révolution pour une brève indépendance de six ans, avant de devenir une république de l'Union soviétique. Elle obtient son indépendance en 1991, à la suite de la dislocation de l'URSS.

Tandis que Barclay de Tolly décroche et amorce sa périlleuse retraite vers Moscou, les sapeurs français sont déjà à l'œuvre pour jeter des ponts sur le Dniepr. Ils vont travailler toute la nuit pour que les hommes de Ney le traversent avant le jour, lancés à la poursuite des Russes. Le reste de la troupe prend difficilement ses quartiers au milieu des flammes, dans une puanteur atroce due à la chaleur et à la masse des cadavres entremêlés. Au matin, Napoléon, chevauchant l'Émir, est entré dans Smolensk par l'est où se sont battus les Polonais. Il traverse la cité morte pour en ressortir du côté du faubourg de Krasnoï, où l'on ramasse les blessés de Ney. La Grande Armée s'installe vaille que vaille. « Le roi de Naples fut le premier à entrer dans la cathédrale avec sa suite, écrit Nikifor Mourzakevitch. [...] Leurs soldats grimpèrent dans le clocher en s'émerveillant de la taille des cloches. Ils les firent sonner comme s'il s'agissait de sonnettes d'alarme. » Napoléon passe la journée à faire presser les travaux des pontonniers, diriger les troupes, reconnaître les positions ennemies, visiter leurs magasins d'artillerie avant, à huit heures du soir, de retourner, épuisé, au palais du gouverneur où il loge. Il ne dicte que deux dépêches, dont la principale n'est pas signée. « Sa Majesté s'étant jetée sur son lit immédiatement après avoir dicté cette lettre, et l'estafette étant partie sans retard », est-il précisé. À Maret, ministre des Relations extérieures et éminence grise du régime, l'Empereur fait le récit des derniers jours : « Je rentre à l'instant; la chaleur est excessive et il y a beaucoup de poussière, ce qui nous fatigue un peu. Nous avons eu ici toute l'armée ennemie; elle avait ordre de donner ici bataille, et ne l'a pas osé. Nous avons pris Smolensk de vive force. C'est une très grande ville, ayant des murailles et des fortifications respectables. Nous avons tué à l'ennemi 3 à 4000 hommes, [en avons] blessé le triple et [avons] trouvé ici beaucoup de pièces de canon. » L'autre courrier est destiné à l'impératrice Marie-Louise. Le ton est laconique, l'optimisme de façade : « Mon amie, je suis à Smolensk depuis ce matin. J'ai pris cette ville aux Russes, après leur avoir tué 3000 hommes et blessé plus du triple. Ma santé est fort bonne, la chaleur excessive. Mes affaires vont bien. »

Le champ sacré

La fougue du général Gudin durant l'attaque de Smolensk passera à la postérité comme l'un de ses nombreux faits d'armes. Les pertes de sa division en attestent : 60 officiers ont été tués ou blessés et 1 700 soldats mis hors de combat*. Ce n'est rien à côté de ce qui les attend durant cette journée du 19 août 1812. Le matin, Gudin aide l'Empereur à déchiffrer une inscription dans une église de la rive droite quand un aide de camp surgit. Ney est aux prises avec l'arrière-garde ennemie depuis le matin et ne parvient pas à prendre le dessus. « Voyez la situation et concertez-vous avec lui sur les mesures à prendre », dit Napoléon à son ancien camarade de Brienne en lui ordonnant d'emmener ses hommes au plus vite sur le champ de bataille.

Celui-ci est situé à huit kilomètres de la ville. Gudin et ses régiments passent le Dniepr vers

* http://frederic.berjaud.free.fr/Articles_de_Didier_Davin/012edeligne/12e_de_ligne.htm

midi. Pour effectuer leur retraite, les troupes de Barclay, séparées en deux longues colonnes, n'ont pu emprunter la route de Moscou qui longe le fleuve à portée des batteries françaises. Elles ont dû partir vers le nord avant d'effectuer un demi-cercle qui les ramènera sur le chemin de la capitale historique. Une marche très dangereuse sur des voies difficiles où un chariot embourbé suffirait à bloquer leur progression. Derrière, le corps de Ney les talonne ; à l'extrême droite, les cavaliers de Murat cherchent à passer le fleuve ; enfin, plus loin encore, se profile le corps de Junot, qui a pour mission de les envelopper et de refermer le piège. Les troupes de Ney sont à la peine. Elles doivent franchir sous le feu ennemi des affluents du Dniepr qui gênent leur marche. Fidèles à leurs habitudes, les Russes se défendent avec acharnement. Arrivés au plateau de Valoutina-Gora, les hommes du « Rougeaud » ont dû affronter un mur de feu. Pour protéger l'écoulement des colonnes de Barclay de Tolly, 36 000 soldats menés par le général Toutchkov vont affronter jusqu'à la nuit environ 20 000 Français avant de finir par décrocher et continuer leur retraite.

Pour gagner les positions où se tenaient les soldats du tsar, on se fait déposer par le vieux bus gris de l'expédition. Nous sommes une quinzaine à l'intérieur, et pendant le trajet, on s'est contenté de deviner le paysage environnant tant le ciel gris égoutte une pluie fine et tenace depuis le matin.

Chuintement de l'ouverture des portes, une vague d'air frais bienvenue envahit le véhicule qui sent le chien mouillé. Les bas-côtés de la route sont déjà de véritables fondrières. La fameuse boue, la *raspoutitsa*, décrite par tous ceux qui ont pu témoigner sur les campagnes de Russie. Ensuite, on endure un bon kilomètre de marche, en longeant une profonde forêt avant de parvenir à la ligne de crête que tenaient artilleurs et fantassins du tsar. En contrebas, la Stragan, petite rivière où Gudin va être touché. Rien n'a changé, si l'on excepte la ligne de chemin de fer qui file là où se tenaient les troupes de Junot, à l'époque au milieu de marais. Un site exceptionnel pour les archéologues, qui fourbissent leur matériel au pied des fosses creusées les jours précédents aux abords de la forêt toute proche. Les détecteurs font entendre leurs sonneries aigres quand une colonne d'une quinzaine de Russes en treillis, matériel de fouille dernier cri sur les épaules, passe devant nous en saluant d'un grognement. Peu importent à ces archéologues amateurs les vestiges de 1812, trop profondément enfouis ou déjà pillés depuis longtemps. Ce sont ceux de la Grande Guerre patriotique qu'ils recherchent. Matériel, armes, casques, insignes de la Wehrmacht ou de l'Armée rouge sont plus faciles à exhumer et se vendent bien sur Internet. On comprend mieux pourquoi le plateau est criblé de monticules de terre. Ce sont leurs coups de bêche qui le font ressembler à un champ de patates ou à une immense taupinière. Igor Yasinski, 60 ans, enfonce les mains dans les poches de son épaisse parka en leur rendant leur salut. Il a été l'un des premiers contacts de Pierre Malinowski en Russie par l'intermédiaire de sa page Facebook où il racontait ses fouilles du champ de bataille de Valoutina. Ce dernier l'a aussitôt harponné, le *bad boy* français le décrivant comme son *alter ego*. Igor est lui aussi un ancien militaire, vétéran d'Afghanistan mais aussi de Tchernobyl. Grand et massif, voix grave, poignard à la ceinture, il est vêtu d'un treillis de camouflage, très à la mode ici. Hommes, femmes et enfants en portent dans une variété de tons qui donne aux rues de Smolensk un petit aspect de guerre en couleurs. Igor marche d'un bon pas en évitant les flaques de boue et raconte qu'en prenant sa retraite, en 1997, il s'est installé non loin du champ de bataille avant de voir arriver de nombreux pillards. Une partie des « clandés » se sont organisés au sein d'une association au nom évocateur : « Le Bataillon ». Ceux-là sont tolérés dans la région, les lois y étant évidemment moins rigoureuses qu'en France. On discute avec eux deux minutes avant qu'ils ne s'enfoncent dans les bois. D'abord méfiant, un grand gaillard barbu exhibe finalement son portefeuille, fièrement orné au recto de boutons de l'Armée rouge et au verso d'un insigne SS.

On est ici sur le « champ sacré ». Le plateau oublié de Valoutina a vu les Russes combattre les Polonais, puis les grognards de Napoléon, enfin les nazis. D'un doigt tendu, Igor désigne les bois en haut de la butte : « Là-haut, on a trouvé 15 SS », explique-t-il nonchalamment. À la fin des années 1990, lui aussi se met à fouiller et comprend que les morts du deuxième conflit mondial en côtoient bien d'autres. De cet humus humain, un autre passé remonte à la surface. Igor déterre alors sa première pièce, une icône de saint Nicolas en bronze comme en portaient sur leur poitrine les grenadiers, les restes d'un shako, les boutons d'un uniforme, enfin les os du soldat. Lui qui ne connaissait pas du tout la bataille de Valoutina en est devenu un spécialiste, puisqu'il a déterré près de 250 corps de soldats russes, français et même de Portugais enrôlés dans la Grande Armée. Hasard de l'Histoire, son aïeul, polonais, était capitaine et interprète au sein de l'état-major de Michel Ney. Après avoir participé à la bataille de la Moskova et être parvenu à Moscou, il a disparu dans la tourmente de la retraite. Les archéologues français se servent aujourd'hui de l'expérience d'Igor pour guider leurs fouilles, tout en regrettant qu'il ait pu déterrer autant de squelettes sans en tirer d'enseignements. « Le mode d'exhumation et la disposition des corps dans les charniers peuvent nous en apprendre beaucoup sur le conflit », déplore Frédéric Adam. Une perte d'informations immense. Le colosse russe a fabriqué lui-même la croix et le petit mémorial qu'on distingue depuis les marécages d'où l'assaut décisif a été lancé, un kilomètre plus bas, au niveau de la Sdragan. Avec Frédéric Lemaire et Vincent Bourgeot, il nous emmène ensuite chez lui en 4 × 4, à fond sur la mauvaise piste. Premier arrêt devant un petit tertre boueux, au bord de la route, où se dressent plusieurs grandes croix. Le terrain appartient à Igor, et il explique avoir inhumé ici, en hommage, les restes de sept soldats de la Grande Armée. Les scientifiques français ne tiquent même pas, alors qu'il est pour eux inimaginable de déplacer des ossements ainsi. Ils me font discrètement signe et m'expliqueront ensuite qu'ils sont habitués aux méthodes russes et ne voulaient pas vexer Igor. On remonte dans le véhicule maculé de boue et bientôt nous stoppons devant une curieuse maison de rondins montée sur pilotis que l'ancien militaire a construite de ses mains. Il nous fait pénétrer dans un petit salon où, après avoir ôté sa casquette, dévoilant ses cheveux gris, il nous montre des tableaux naïfs consacrés à la campagne de Russie. Puis il nous entraîne à l'étage, dans une petite pièce aménagée en musée miniature de la guerre patriotique. On y trouve boutons d'uniformes, balles, boulets, ferrures, ossements, débris d'armes que les archéologues examinent avec soin, étonnés par l'état de conservation de certaines pièces.

De retour sur le champ de bataille, on découvre avec plaisir que les équipes des deux pays ont appris à se connaître. Elles se restaurent d'un déjeuner servi sur une table branlante, sous une toile de tente tendue afin de s'abriter de la pluie que déversent à fines gouttes les nuages spongieux, noyant le paysage dans un brouillard d'eau. Marc Leplongeon se régale d'une barquette de saucisses baignant dans leur jus. Pourtant longiligne, Marc mange beaucoup. Dans l'avion nous menant à Moscou, il a fini mon repas et même ici, au bord d'un des charniers les plus fournis de l'Histoire, il dévore. « Ça m'ouvre l'appétit », dit-il en riant, avec sa tête de personnage de bande dessinée. Julien, notre photographe, dès son arrivée, a sorti un drone pliable de son sac à dos. Il l'a ensuite envoyé dans les airs afin de filmer le champ de bataille. Marc, débarrassé de sa barquette, jongle en permanence avec ses deux téléphones portables. Le journalisme a bien changé. Je repense à mes débuts dans la carrière, il y a quelques décennies. L'immense immeuble de *France Soir* rue Réaumur à Paris, celui qui avait abrité *L'Intransigeant* et *Combat*, les chauffeurs lustrant les carrosseries noires des voitures dans le vaste garage en attendant d'emmener les journalistes en reportage, les poches gonflées de billets sortis des coffres de la comptabilité. À l'époque, peu de distributeurs bancaires, l'obsession de trouver un téléphone pour rester en contact avec la rédaction, qu'il s'agisse de cabines publiques ou alors en pénétrant chez les commerçants qui s'effaçaient dès qu'on s'annonçait journaliste. Aujourd'hui, *France Soir* n'est plus qu'un site Internet complotiste. Mais nous sommes trois reporters du *Point* sur place, contents d'être arrivés à Smolensk sans aucun problème. Toute l'organisation mise en place par Malinowski a parfaitement fonctionné. Les visas ont été obtenus en un rien de temps, nos noms figuraient sur la liste visée par les autorités à l'aéroport de Moscou. Et ce matin, en pataugeant dans les herbes hautes gorgées de pluie, nous avons le sentiment de tenir ce qu'on appelle dans le jargon du métier « une bonne affaire. »

À 17 heures, les régiments de Gudin parviennent sur le champ de bataille. Napoléon a vu de loin les lignes de front de Ney et des troupes russes. Croyant à un simple engagement, il retourne à Smolensk. L'Empereur a l'Europe sur les épaules et tant de lettres à dicter. Ney ordonne alors à Gudin d'enlever le plateau. On dit qu'une vive algarade opposa les deux hommes : le général conseillant de tourner la position plutôt que de l'attaquer de face, le maréchal ordonnant quand même l'assaut après avoir, injure suprême, émis des doutes sur son courage. « Vous allez voir comment ma division sait enlever la position qu'elle a mission d'attaquer ! », lui aurait rétorqué Gudin, furieux. Et il va le prouver. Ce qui reste de sa troupe va en grande partie être massacré par le feu ennemi. Du haut de la colline, les Russes font un carnage dans cette masse qui peine à monter la pente. Le sergent Bertrand est à ses côtés lorsque

Gudin se met à la tête du 7e régiment d'infanterie légère pour charger. « Éprouvés par la mitraille » dès qu'ils débouchent des bois, ils discernent alors « le plateau, escarpé et très élevé », et à ses pieds un ruisseau de 10 à 12 mètres de large. Les chefs sautent à l'eau, huit bataillons du 7e léger et du 12e de ligne avancent en tirailleurs sur tout le front, gênés par de hautes broussailles qui les forcent à se dérouter sous un feu d'enfer. Le général a mis pied à terre et cherche à faire rétablir un petit pont brisé quand soudain, « au milieu de ces difficultés notre brave général Gudin vient tomber près de moi, frappé par un boulet. Transporté à Smolensk, il y mourut le même jour ». Bertrand se trompe : Gudin mourra trois jours plus tard, au terme d'une agonie cruelle. Le boulet qui filait à ras de terre lui a arraché la jambe droite et toute la chair du mollet gauche. Sur la gravure qui représente sa blessure, on le voit passer le commandement au général Gérard, son adjoint, tandis que quatre soldats le soulèvent du sol, les autres continuant leur charge. Il en faudra neuf pour enlever le plateau où les soldats du tsar livrent une résistance farouche. Une folle attaque frontale, car il suffit de refaire leur chemin en montant la pente, longue d'un bon kilomètre, pour imaginer le carnage parmi les colonnes d'attaque françaises, d'abord à coups de boulets qui creusent les rangs puis à la mitraille pour les éclaircir. L'infanterie légère qui les a précédées a littéralement été hachée par les canons postés en surplomb.

« Les Russes se défendirent pour tout défendre, canons, bagages, blessés. Les Français se battirent pour tout prendre », résume Ségur. La nuit tombe. Le colonel Rome, du 7e léger, parvenu enfin sur le plateau, ordonne à ses hommes d'en finir et de débusquer les défenseurs des bois. « Mais nous n'avons plus de cartouches », clament-ils. « Alors, à la baïonnette ! » Les tambours battent, le sergent Bertrand et son camarade poursuivent deux soldats ennemis. « Je fonçais tête baissée dans le bois. Je lançai au mien un coup de baïonnette qui lui fit sortir l'œil de l'orbite. » Un épouvantable carnage. Les pertes sont terribles. Outre Gudin, son général, le 12e de ligne perd son colonel, son major, trois chefs de bataillon et 17 officiers. Sur 3 683 combattants au passage du Niémen, il n'en reste déjà plus que la moitié : 1 862. Le régiment, réduit à une poignée de survivants, n'existera plus à l'issue de la campagne. À la fin de la bataille, qui ne cessera que vers dix heures du soir, près de la moitié des attaquants ont été mis hors de combat. Sur les 162 officiers français tués ou blessés ce jour-là, la moitié appartiennent à la division menée par Gudin. Pour le général, c'est l'ambulance ou ce qui en tient lieu, puis l'évacuation vers Smolensk.

Le lendemain, selon son habitude, Napoléon visite le champ de bataille. Il a été choqué comme tout l'état-major par la blessure de Gudin et l'ampleur des pertes qu'on ne lui annonce qu'à demi-mot. Celles-ci lui sont en partie cachées, les chefs de la Grande Armée, Murat en tête, comme lors de la prise de Smolensk, prenant bien soin d'évacuer le maximum de corps de soldats français pour ne laisser que ceux de soldats russes, nus car dépouillés par leurs camarades ou les maraudeurs. Il ne faut pas offenser la vue de l'Empereur. Le bilan des pertes est difficile à établir, mais on estime que 5000 à 6000 soldats des troupes impériales ont été mis hors de combat lors de ces quatorze heures de lutte, bien plus chez l'ennemi. La troisième journée d'affrontements autour de Smolensk est une véritable saignée : « Quand le jour vint éclairer le champ de bataille, on eut un horrible spectacle : les morts étaient amoncelés en si grand nombre qu'à notre retour de Moscou l'air en était encore infecté », témoigne le général Berthezène. Napoléon et sa suite sont obligés de détourner leurs chevaux afin d'éviter des monceaux de cadavres. L'Empereur passe devant les rangs des soldats aux visages noircis de poudre, il distribue décorations et même un aigle au 127e régiment de ligne qui, récemment formé, n'en possédait pas encore, car celui-ci doit être gagné au combat. Il s'entoure d'eux, leur demande quels ont été les plus braves pendant l'assaut. « Il sentait qu'il était temps de soutenir ses soldats de ses paroles et de ses récompenses, écrit Ségur. Jamais aussi son regard ne fut plus affectueux, quant à son langage ce combat était le plus beau fait d'armes de notre histoire militaire; les soldats qui l'entendaient des hommes avec qui l'on pouvait conquérir le monde; ceux tués, des guerriers morts d'une mort immortelle. » « Immortelle » aussi était la division Gudin, dont les bataillons ne sont plus que des pelotons. Bourgoin parcourt lui aussi le théâtre du carnage avec son frère, aide de camp du maréchal Ney. « Nous arrivâmes bientôt à une position que les Russes nous avaient longtemps disputée. Les flancs de ces collines étaient couverts de corps de fantassins portugais, reconnaissables à leurs uniformes bruns. » Que sont-ils venus faire dans cette galère? Levés par Junot quand il envahit le pays en 1807*, trois régiments formant la Légion portugaise ont suivi le périple napoléonien en Russie, dont deux se battront vaillamment lors de la prise de la rive droite de Smolensk avant d'être décimés à Valoutina. « Mon frère [...] me désigna entre autres l'endroit où deux colonnes d'infanterie, l'une russe, l'autre française, s'étaient abordées à la baïonnette avec une vive ardeur, poursuit Bourgoin. Ces deux masses ennemies s'étaient confondues dans toute

* En décembre 1807, Andoche Junot s'empare de Lisbonne après avoir pénétré au Portugal. La décision d'envahir le pays a été prise par Napoléon parce que le Portugal, allié commercial historique des Anglais, n'applique pas le blocus continental. La conquête s'étendra à l'Espagne dans les mois qui suivront, la guerre ne prenant fin qu'en 1814.

leur profondeur ; entremêlées ainsi, plutôt par hasard que par le commandement de leurs chefs respectifs, elles avaient combattu ensuite corps à corps, s'étaient fusillées à bout portant, à droite, à gauche, en avant, en arrière, par grands et petits détachements, ne pouvant se dépêtrer d'une confusion prolongée. » C'est finalement un simple grognard qui va livrer à Napoléon la seule vérité de la bataille : « Il passa près d'un grenadier, occupé à panser une blessure qu'il avait au pied : “Ah ! Mon Empereur ! dit ce brave homme, pourquoi n'étiez-vous hier à notre tête ? Nous aurions écrasé les Russes !” »

Derrière ces embrassades avec sa troupe décimée, Napoléon rumine sa rage contre l'un de ses plus vieux amis, le général Andoche Junot, dont il faut dire deux mots. Alors qu'avec son corps de Westphaliens, il aurait pu couper la retraite de l'armée ennemie, il n'a pas bougé malgré les injonctions de Murat. « Mais, vas-y, ton bâton de maréchal est ici », lui crie le roi de Naples, mais rien n'y fait. Junot n'est plus le brillant cavalier de la campagne d'Égypte. Vingt-six blessures au combat, la plupart à la tête, la boisson, une vie de satrape, la folie qui l'a gagné peu à peu. Il se suicidera moins d'un an plus tard après avoir été ramené de force de son dernier lointain royaume d'opérette, l'Illyrie, où il a multiplié les farces délirantes. Comme d'apparaître entièrement nu à un bal ou de conduire son carrosse à tombeau ouvert dans les rues de Raguse (aujourd'hui Dubrovnik) en fouettant les habitants au passage. Napoléon veut le remplacer par le général Rapp, puis se ravise. Sa faiblesse envers ses proches, sa famille, est notoire. « Il humilie trop, mais ne punit pas assez », dit Hortense de Beauharnais, sa belle-fille.

On ne sait pas où agonisera le général. Dans la cité où s'entassent plus de 10 000 blessés, les chirurgiens français en sont réduits à confectionner des pansements avec les papiers arrachés aux archives. Le lendemain, 20 août, l'Empereur se rend au chevet de Gudin. Beaucoup diront que sa visite au général agonisant en rappelle une autre, celle qu'il a rendue au maréchal Jean Lannes, auquel il était très attaché, après que celui-ci avait eu les jambes fauchées par un boulet à Essling le 22 juillet 1809 et qui mourra de ses blessures au bout de neuf jours. « Ton ambition te perdra », lui aurait dit le maréchal dans un dernier souffle. Trois ans plus tard, c'est une autre agonie qui s'annonce. Napoléon demande au chirurgien Dominique Larrey de procéder à l'amputation. « Je fis panser les blessés de ce combat, écrit Larrey. Le général Gudin était du nombre ; mais j'étais arrivé trop tard pour lui faire l'opération que ses blessures nécessitaient. Il avait eu l'une des jambes emportée par un boulet de canon, et le mollet de l'autre détruit dans toute son épaisseur jusqu'aux os ; des accidents d'une inflammation très intense se déclarèrent promptement dans les deux membres ;

l'éréthisme et la gangrène se manifestèrent rapidement dans les plaies, et la mort termina, le troisième jour, les tourments de ce digne et brave général, qui avait enlevé à la baïonnette la position presque inexpugnable de la montagne de Valutina, quoiqu'elle fût défendue par les grenadiers de la garde impériale russe. »

Le même jour, Davout écrit à sa femme : « J'ai à te donner, ma chère aimée, une bien mauvaise commission, celle de préparer Madame la comtesse Gudin à apprendre le malheur qui vient d'arriver à son bien estimable mari, dans un combat où sa division s'est couverte de gloire. Il a eu une cuisse emportée et le gras de l'autre jambe fracassé par un obus qui a éclaté près de lui : il est peu vraisemblable qu'il en revienne. Il a supporté l'amputation avec une fermeté bien rare : je l'ai vu peu d'heures après son malheur, et c'était lui qui cherchait à me consoler. On ne me remue pas facilement le cœur, mais lorsque, une fois, on m'a inspiré de l'estime et de l'amitié, il est tout de feu. Je versais des larmes comme un enfant. Gudin a observé que je ne devais pas pleurer ; il m'a parlé de sa femme et de ses enfants, dit qu'il mourait tranquille sur leur sort, parce qu'il connaissait toute la bienveillance de l'Empereur envers ses serviteurs, et qu'il emportait avec lui la certitude que je ferais ce qu'il dépendrait de moi pour sa famille. Tu peux assurer Madame Gudin, si elle a le malheur de perdre son mari, que je justifierai dans toutes les occasions les sentiments de la confiance de son mari. » Charles Étienne Gudin meurt deux jours plus tard à deux heures de l'après-midi. Il est enterré le même jour, lors de la cérémonie menée par le maréchal Mortier à la lumière des flambeaux, devant tous les états-majors réunis. Sinistre présage que cette mort d'un des favoris du maître dans une bataille mal menée ayant abouti à une fausse victoire. « Il était facile de voir, dans ce silence morne et religieux, qu'une grande pensée se rapportant à l'avenir préoccupait tous les esprits, indépendamment des regrets donnés à l'illustre défunt, écrit le baron Boulard. Effectivement, c'était pour tout le monde assez de fatigues, de chances et de gloire, pour une campagne. Personne ne se souciait d'aller plus loin ; le besoin et le vœu de s'arrêter étaient sentis et exprimés franchement par tous. Que déciderait l'Empereur dans cette grave circonstance ? C'était le motif de l'anxiété générale que je partageais moi-même très vivement. » Le lendemain, dans son 14e bulletin, Napoléon rend un hommage solennel à son ancien condisciple de Brienne : « Le général Gudin était un des officiers les plus distingués de l'armée ; il était recommandable par ses qualités morales autant que par sa bravoure et son intrépidité. »

Sa dépouille est retrouvée le 9 juillet 2019, d'un ultime coup de pelle dans un petit carré de pelouse du jardin Lopatinski, à 1,60 mètre de profondeur, dans les débris d'un cercueil fait de différentes espèces de bois. Une zone sur laquelle se sont pourtant acharnés les artilleurs et les pilotes des bombardiers allemands durant la terrible bataille qu'a connue la ville en 1941. La tombe a été creusée à l'endroit même où, dans les années soixante, une discothèque sera construite, et les archéologues constatent qu'un pylône électrique a frôlé, à moins de 30 centimètres, le crâne du défunt. Dans cette sépulture abîmée par les écoulements d'eau et à l'état de conservation médiocre, les spécialistes dénombrent également six trous ronds, formant des cercles dans le sol qui correspondent au monument dont la construction avait débuté. « Le colonel d'artillerie Marion avait commencé à lui ériger un mausolée composé de quatre canons de fer supportant la toiture de métal. » L'issue de la campagne enterre le projet. Pierre Malinowski s'est battu comme un beau diable pendant trois mois avant d'obtenir l'autorisation de creuser à un autre endroit de la citadelle. Les équipes françaises, un peu dépitées, sont rentrées depuis belle lurette, après trois semaines de fouilles infructueuses. Un peu malheureuses d'avoir pelleté au mauvais endroit, mais tout de même contentes de l'aventure. Quand les archéologues ouvrent la fosse, ils ne découvrent ni armes, ni décorations, pas le moindre bout d'uniforme. La tombe a été pillée, mais au fur et à mesure, sous les petits coups de brosse des spécialistes, le squelette se révèle. Et il lui manque une jambe.

Ce jour-là, dans la chaleur de l'été, averti de la découverte depuis quelques jours, je roule vers la demeure du descendant du général, Albéric d'Orléans, le château familial de Rère, en Sologne, où il attend confirmation de la nouvelle. Petit homme barbu et sympathique de 47 ans, Albéric d'Orléans est marié avec Maria, une Russe née à Iekaterinbourg, mère de leurs trois enfants. Quand Pierre Malinowski téléphone et annonce qu'il a trouvé le squelette d'un soldat amputé dans le bastion du roi, l'émotion est palpable. Albéric ne rompt le silence que quand on l'interroge sur ses intentions : « Je demande que l'on rende honneur à la mémoire de mon aïeul comme à tous ceux qui sont morts pour la France. En raison de son grade et de ses états de service, une cérémonie aux Invalides me paraît légitime. » Autour de la table de bois massive du vaste salon aux murs rouge et gris, où alternent miroirs et tableaux, le reste de la famille garde le silence, comme si l'on y était habitué aux coups du destin. Les trois adolescents sont les descendants d'une famille française recomposée après les divorces de la Révolution et de l'Empire, qui a donné des généraux et des hommes d'État en pagaille à la nation. Dans la salle de billard, aux côtés du tableau du général Gudin, figure le portrait du maréchal Édouard Mortier, duc de Trévise, celui qui, sur ordre de l'Empereur, fit sauter le Kremlin de Moscou, puis fut nommé ensuite ambassadeur en Russie avant de tomber, avec 17 Parisiens, sous les balles de la machine infernale de Fieschi, le 28 juillet 1835, en voulant protéger le roi Louis-Philippe. Sa fille Ève épousa César Gudin, le fils du général. Après la mort de son père à Valoutina, César est engagé par Napoléon comme page. Il a 14 ans. À Waterloo, il se trouve à ses côtés quand le dernier carré français tombe, mais parvient à s'enfuir. D'une défaite à l'autre, il finira sa carrière militaire après Sedan, en 1870. Sa fille, Louise, épousera Albéric, comte d'Orléans, issu d'une vieille famille de chevalerie française, qui n'a rien à voir avec la famille prétendante au trône.

Le château situé en Sologne, avec sa chapelle et ses portraits d'ancêtres, est l'une des plus vieilles maisons de famille de France, propriété des Orléans depuis vingt-deux générations. Mais elle vient de se résoudre à le vendre. Dans les vastes pièces, argenterie et vaisselle armoriées sont prêtes pour l'emballage. Albéric et Maria ont tenu dix années après avoir transformé le château en chambres d'hôtes et en lieu d'événements, mais ont dû se décider, la mort dans l'âme, à l'abandonner. À ce choc vient aujourd'hui s'ajouter la découverte du corps de leur ancêtre dans des circonstances rocambolesques. « Je ne veux pas jeter d'huile sur le feu, car je sais que cette affaire est éminemment politique et qu'elle va déranger un certain nombre de personnes, poursuit Albéric. Mais il a droit à cet hommage. Il a tout donné à la France. Il fait partie de l'identité de ma famille, mais aussi de celle de notre pays. » Dit autrement, depuis que Jacques Chirac a décidé en 2005 de fêter la défaite de Trafalgar aux côtés des Anglais plutôt que de célébrer la victoire d'Austerlitz, l'épopée napoléonienne est loin de faire recette chez les politiques, qui fuient autant qu'ils le peuvent la grande ombre de l'homme au bicorne.

« Avoir retrouvé la dépouille du général Gudin est exceptionnel, juge Frédéric Lemaire, qui menait la mission scientifique française en mai. On n'a jamais découvert de sépulture d'un officier de ce rang-là tué au combat, et ce, quel que soit le conflit. » En me faisant visiter le château, Albéric me montre quelques reliques de l'époque. Parmi elles, dans un cadre doré, la lettre qu'envoya, depuis Moscou, Napoléon à Jeanne Caroline Creutzer, l'épouse du général. Dans une étude passionnante, Patrick Le Carvèse montre que de tous les officiers supérieurs tués pendant la campagne de Russie, c'est à elle et à la veuve du général Montbrun, fauché par un boulet à la bataille de la Moskova, qu'il accordera les plus grosses dotations. Mais elle sera la seule à recevoir une telle missive : « Madame la Comtesse Gudin, je prends part à vos regrets; la perte est grande pour vous; elle l'est aussi pour moi. Vous et vos enfants aurez toujours des droits auprès de moi. Le ministre secrétaire d'État vous expédie le brevet d'une pension de douze mille francs que je vous ai accordée sur le Trésor de France, et l'intendant du domaine extraordinaire vous fera parvenir le décret par lequel j'accorde une dotation de quatre mille francs à chacun de vos enfants cadets avec le titre de baron. Élevez-les dans des sentiments qui les rendent dignes de leur père » (Moscou, le 15 octobre 1812). S'il ne devait y avoir qu'une preuve de l'attachement particulier de l'Empereur pour le général mort à Smolensk, ce serait celle-ci.

À l'Élysée, branle-bas de combat. On croyait l'affaire enterrée, la voilà qui, soudain, surgit à nouveau. Le spectre de Gudin est de retour et l'écho médiatique, mondial. Juste au moment où Emmanuel Macron s'apprête à recevoir Vladimir Poutine au fort de Brégançon. Le sujet y sera abordé, on le saura plus tard, même si l'on se doute que ce n'était pas l'objet essentiel des discussions. Mais au Château, on ne veut laisser aucune chance de côté dans le difficile exercice de domptage auquel s'essaie le président avec son homologue russe. Et puis, même si peu de doutes subsistent, il reste à authentifier formellement la dépouille. Pierre Malinowski passe à l'action et rapporte de Russie quelques ossements du général pour les confier au professeur Michel Signoli, anthropologue à l'université d'Aix-Marseille, entre autres spécialiste de la peste. Il faut maintenant en comparer l'ADN à celui de membres de la famille, Albéric en ayant fait la demande officielle. Le 16 octobre 2019, celui du frère et de la mère du général est prélevé sur leurs dépouilles dans le cimetière de Saint-Maurice-sur-Aveyron dans le Loiret. Le 5 novembre, la confirmation tombe. C'est bien la dépouille du général Charles Gudin qui a été découverte dans le bastion du roi à Smolensk. L'incroyable trouvaille fait à nouveau le tour du monde. Mais pour Pierre Malinowski, le boulet est passé près. Car l'actualité aurait pu lui être volée par l'incroyable fait divers qui survient quatre jours plus tard et va stupéfier l'univers napoléonien.

Ce samedi 9 novembre 2019 dans la nuit, les policiers repêchent dans la rivière Moïka, à Saint-Pétersbourg, un homme ivre, en état d'hypothermie, qui s'accroche désespérément à son sac à dos. Une fois à l'hôpital, les secouristes l'ouvrent et font une macabre découverte. À l'intérieur, deux mains de femme et un pistolet pneumatique. Oleg Sokolov, 63 ans, est l'historien de Napoléon le plus réputé de Russie. Il occupe une chaire d'histoire à l'université de Saint-Pétersbourg, parle parfaitement français, est décoré de la Légion d'honneur. Chez lui, la police retrouve le corps démembré de sa jeune compagne, Anastasia Yeshchenko, 24 ans, une de ses anciennes étudiantes, qu'il avouera avoir tuée d'un coup de pistolet pneumatique lors d'une dispute « pour mettre fin à un déluge d'insultes ». Il lui avait ensuite coupé les membres et la tête avec l'intention de s'en débarrasser dans la rivière avant d'aller se suicider publiquement devant la forteresse Pierre-et-Paul vêtu… de son uniforme de Napoléon. Car Oleg Sokolov est aussi la figure tutélaire de la communauté européenne des amateurs de reconstitutions historiques, domaine dans lequel les Russes sont des experts. Chaque année, par exemple, des milliers de figurants rejouent la bataille de Borodino, Sokolov y incarnant souvent l'Empereur, ou certains de ses maréchaux. Dans son ouvrage *Outre-Terre*, portant notamment sur la bataille d'Eylau, l'écrivain Jean-Paul Kaufmann raconte sa prestation dans le rôle du maréchal Augereau lors de la reconstitution du bicentenaire en 2007. « Mais où est le chef? Il vient d'arriver de Moscou. Le fameux Sokolov. C'est lui l'organisateur. Apparemment tout le monde l'attend. » Son arrivée? « Un coup de tonnerre. […] Il a suffi qu'il apparaisse avec son escorte pour que le champ de bataille se réanime. » Dans un long article paru dans *Le Monde* et consacré à ceux que Napoléon a rendus fous*, Marie-Béatrice Baudet rapporte les propos de l'avocat français Frank Samson, lui aussi grand reconstituteur et sosie officiel côté français, qui sabre ainsi son rival : « C'était une

* Marie-Béatrice Baudet, « De l'exil à l'asile, les toqués de Napoléon », *Le Monde*, 4 mai 2021.

sorte de cosaque qui hurlait dans les couloirs d'hôtel à 3 heures du matin, une bouteille de vodka à la main. Un homme exubérant obsédé par l'Empereur. Il rêvait de faire défiler les grognards sur les Champs-Élysées. » David Chanteranne, rédacteur en chef du magazine *Napoléon Ier. Revue du souvenir napoléonien*, se souvient d'avoir croisé le phénomène lors du bicentenaire de la bataille d'Austerlitz en 2005. « Sokolov perdait le sens des réalités dès qu'il revêtait un uniforme impérial. Un véritable dédoublement de personnalité s'opérait. Je l'ai vu achever d'un coup de pistolet un cheval qu'il avait blessé. » Les anecdotes fusent sur celui qui demandait à sa compagne de l'appeler « Sire », elle-même se déguisant en Joséphine pour aller au bal. Sokolov était également très proche des milieux les plus conservateurs. Il enseignait à l'Issep, Institut de sciences politiques fondé par Marion Maréchal Le Pen, et était l'un des membres de son conseil scientifique. La petite-fille de Jean-Marie Le Pen, aussitôt « cet acte odieux » connu, le démet de ses fonctions. En 2008, une de ses étudiantes avec laquelle il avait eu une liaison avait déjà porté plainte contre lui, expliquant qu'il l'avait attachée à une chaise et menacée de la marquer au fer rouge si elle le quittait. Le 25 décembre 2020, l'historien tortionnaire est condamné à douze ans et demi de prison. L'affaire a fait grand bruit en Russie, où les violences intrafamiliales et conjugales sont un fléau – 10000 femmes décèdent chaque année sous les coups de leurs compagnons –, mais où la loi qui les réprime a été allégée en 2017. Les violences conjugales n'entraînant pas d'hospitalisation ont été dépénalisées et commuées en sanctions administratives, sous forme de simples amendes. Une réforme portée par l'Église orthodoxe et appuyée par Vladimir Poutine. « C'est un vote historique car, dans certains pays, le rôle de l'État dans la vie familiale dépasse toutes les bornes », se réjouit alors le député Andreï Issaïev. Vera Nikolaevna, la secrétaire de l'Organisation de soutien aux parents, estime le changement de loi nécessaire car sinon, on aurait « envoyé les parents en prison pour une fessée, comme c'est le cas en Europe. Puis nos enfants auraient été adoptés par des couples gays européens ». En juillet 2021, la Russie a été condamnée par la Cour européenne des droits de l'homme. Une peccadille. Presque un honneur, puisque, dans tous les domaines, il faut ouvrir une autre voie que celle de l'Occident décadent.

« Un si beau spectacle »

Le 18 août 1812, Henri Beyle, dit Stendhal, fit son entrée dans Smolensk, à la suite de cette Grande Armée qui venait de prendre la cité et croyait encore à la victoire. « L'incendie nous parut un si beau spectacle que, quoiqu'il fût sept heures, malgré la crainte de manquer le dîner (chose unique dans une telle ville), et celle des obus que les Russes lançaient, à travers les flammes, sur les Français qui pouvaient être sur le bord du Borysthène (le Dniéper), nous descendîmes par la porte qui se trouve près de la jolie chapelle ; un obus venait d'y éclater, tout fumait encore. » Stendhal écrit à son ami Félix Faure* et à Mme Daru, la femme de son chef, Pierre Daru, grand ordonnateur des armées napoléoniennes. Deux solutions. L'église qu'évoque Stendhal pourrait être Saint-Jean-l'Évangéliste,

* Félix Faure (1780-1859), futur magistrat, député et pair de France. Ami d'enfance de Stendhal, qui le surnomme « Happy » ou « Best friend ».

juchée sur un petit promontoire, à l'ouest, où les troupes de Ney, aux premières heures de la bataille, se heurtèrent à la garnison solidement retranchée derrière les murailles aujourd'hui disparues. On fait le tour de la petite église blanche. À l'intérieur, tout sent le neuf. Bâtie en 1173, reconstruite au fil des siècles et des ravages des guerres, c'est un monument classé de l'Héritage culturel de la Russie, l'équivalent de nos Monuments historiques. Il s'agit de l'un des plus vieux édifices religieux de la ville, devenu ensuite, en 1933, une bibliothèque et un musée sous l'ordre stalinien. Sur des cartes postales en noir et blanc datant d'avant le second conflit mondial, la chapelle est entourée de vastes dépendances et, à ses pieds, des maisons en bois s'étalent en pente douce jusqu'à la berge du fleuve. Tout cela a disparu, détruit par les nazis. L'autre possibilité est l'ancienne église Notre-Dame de l'Hodiguitria, en pleins travaux aujourd'hui et qu'on ne peut visiter. L'édifice à la façade jaune et aux toits vert et bleu se trouve encastré dans la muraille, effectivement près de l'ancienne porte du Dniepr où s'élevait la tour Frolovskaya, aujourd'hui détruite. C'est de là que Davout faisait le coup de feu et que, du curieux balcon situé au-dessus de son arcade, Napoléon a contemplé leur retraite, certains allant même jusqu'à assurer qu'il y avait aidé les artilleurs à pointer leurs canons, son arme d'origine. L'église, transformée en dépôt de pain par les troupes françaises, sera fermée par les bolcheviks en 1928 pour la transformer en club ouvrier, puis, après la Seconde Guerre mondiale… en théâtre de marionnettes. En 1992, elle est restituée à l'Église orthodoxe. Aujourd'hui, une école y a été installée. L'édifice se situe presque en face du grand pont qui relie les deux rives de la cité : « Nous fîmes en courant bravement une vingtaine de pas, poursuit Stendhal dans sa première lettre de Smolensk. Nous traversâmes le fleuve sur un pont que le général Kirgener faisait construire en toute hâte. »

Ses biographes évoquent peu les quatre mois passés dans l'enfer russe par l'écrivain. Stendhal incarne à jamais le soleil d'Italie, *La Chartreuse de Parme*, pas l'écrasante chaleur puis le cauchemar glacé de la Russie. L'épisode, pourtant capital dans sa vie, reste donc méconnu. « Beaucoup d'hommes et de femmes de culture, fort attachés au "beylisme" et aux chefs-d'œuvre des années trente, ignorent que, pour un peu, le futur auteur de la *Chartreuse* se serait abîmé dans les eaux glacées de la Bérézina », résume Jean Lacouture. Et d'ajouter : « Beyle-Stendhal écrira qu'il a rapporté des expériences que nul écrivain depuis Cervantès, combattant de Lépante et esclave des Barbaresques, n'aura vécues, n'aurait même imaginées. » Version de l'auteur du *Rouge et le Noir* à l'issue de la campagne : « Ce voyage seul me paie ma sortie de Paris en ce que j'y ai vu et senti des choses qu'un homme de lettres sédentaire ne devinerait pas en mille ans. » Mais Stendhal lui-même, en n'écrivant pas de livre sur la Russie, a été l'acteur principal de cet oubli. Sur cette abominable aventure, il a laissé, épars, plusieurs courts récits, d'abord quelques pages qu'il intitulera « Journal de ma campagne de Russie en 1812 » et surtout des lettres, dont certaines qu'on croyait perdues ont été retrouvées au fil du temps. Dix-huit, dont la moitié ont été écrites depuis Smolensk, les autres à Moscou et durant les étapes qui jalonnent la retraite. Elles dressent en quelques épisodes un témoignage éblouissant sur l'épopée tragique qui sera le tombeau de l'armée impériale. Un cinéaste qui voudrait la retracer n'aurait qu'à filmer ces « Choses vues », sans même se soucier des autres témoignages. Quelles que soient leurs qualités, Stendhal les surclasse. Et de si haut. Pas d'emphase, de gloriole, de récits d'horreurs, mais une chronique au scalpel où frappent le sens du détail, la mesure pour décrire cette « immense épreuve sur le cœur de l'homme », cette « déplorable catastrophe » qu'a été la campagne de Russie. Avec lui, le requiem devient concerto. Les exégètes de l'écrivain évoquent souvent le récit d'un reporter avant l'heure. Mais Stendhal n'écrit pas pour un journal et ses lecteurs. Seul point commun, il rédige sur l'instant, première qualité d'un témoignage, loin des nombreux autres souvent passés au rouleau des « teinturiers » qui réécrivaient, des décennies plus tard, les mémoires des grognards rencontrés au fond des tavernes. Je ne suis pas un « beyliste », mais j'ai toujours ressenti comme une injustice cet oubli de la présence de l'écrivain dans l'une des pires tragédies qu'ait vécues la France. Exactement comme Gudin, passé à la trappe de l'Histoire. J'apprécie aussi l'ironie avec laquelle Stendhal balaie les événements, seul moyen de survivre aux incroyables souffrances qu'il connaîtra et à la médiocrité de ceux qui l'entourent. « L'ironie demeure une arme sans précédent contre les trop puissants », persifle Albert Camus en 1939 quand on censure le journal dont il est le rédacteur en chef, *Le Soir républicain.*

Depuis qu'il est entré, à l'âge de dix-sept ans, au ministère à la Guerre, tenu d'une main de fer par son cousin Pierre Daru, le Grenoblois, bon gros garçon timide qui était monté à Paris pour y vivre dans la capitale en « philosophe », séduire les femmes et écrire des comédies, a suivi le futur Empereur dans plusieurs campagnes. La première, en 1800, le marquera à jamais. Il arrive en Italie trois mois après la victoire de Marengo et tombe amoureux fou de Milan, des Milanaises, de la musique et de la peinture italiennes. L'un de ses drames en Russie sera de perdre durant la retraite plusieurs manuscrits, dont le plus précieux, l'« Histoire de la peinture en Italie », rédigé sur de grands cahiers vert pomme*. L'enthousiasme le pousse même à s'engager comme sous-lieutenant dans le 6e régiment de dragons, magnifiques

*L'ouvrage est finalement publié en 1817. Seul un cahier initial a pu être sauvé par Stendhal.

cavaliers « avec leurs longs manteaux blancs, et la tête couverte de casques aux longs crins noirs ». Mais s'il caracole d'une caserne à l'autre, il ne combat pas, la paix étant revenue sur le Vieux Continent. Il quitte l'armée en 1803, « ennuyé à l'excès de ses camarades », puis, revenu dans l'administration militaire avec l'Empire, sillonne l'Europe et ses champs de bataille. De 1806 à 1808, il suit la campagne puis l'occupation de l'Allemagne avant, en 1809, de contempler, du haut des murs de Vienne, les combats d'Essling où il aidera à ramasser les blessés.

Nommé auditeur au Conseil d'État l'année suivante, il est chargé, le 23 juillet 1812, comme commissionnaire, de porter des lettres et des paquets à Napoléon parti envahir la Russie un mois plus tôt. Tout commence dans un décor de comédie Grand Siècle : « Je pars ce soir, à sept heures, pour les bords de la Dvina, écrit-il à sa sœur Pauline. Je suis venu prendre les ordres de Sa Majesté l'Impératrice. Cette princesse vient de m'honorer d'une conversation de plusieurs minutes sur la route que je dois prendre, la durée du voyage, etc. ; en sortant de chez Sa Majesté, je suis allé chez Sa Majesté le roi de Rome ; mais il dormait, et Mme la comtesse de Montesquiou [sa gouvernante, NdA] vient de me dire qu'il était impossible de le voir avant trois heures ; j'ai donc deux heures à attendre. Ça n'est pas commode, en grand uniforme et en dentelles. » L'enfant, l'Aiglon et futur duc de Reichstadt, est âgé de quatorze mois. Pas question de le réveiller pour babiller avec celui qui sera l'un des plus grands écrivains français du siècle. Stendhal emporte avec lui « deux énormes portefeuilles et 50 paquets particuliers, entre autres, une lettre que SM l'Impératrice vient de me remettre en me recommandant de la porter vite à l'Empereur ».

« Nous allâmes tout à fait au bord de l'incendie, où nous trouvâmes beaucoup de chiens et quelques chevaux chassés de la ville par l'embrasement général », poursuit Stendhal dans sa première lettre. S'ensuit une conversation entre l'un de ses compagnons et un chef de bataillon de sa connaissance qui conte d'abord ses batailles de la journée avant d'évoquer une douzaine de femmes russes de Rostock qu'ils ont eu la chance de fréquenter tous les deux. « La crainte d'interrompre un homme si pénétré de son sujet et l'envie de rire nous retinrent auprès de lui jusqu'à dix heures, au moment où les boulets recommencèrent de plus belle. Nous déplorions la perte du dîner et je convenais avec Marignier* qu'il entrerait le premier pour essuyer la réprimande de la part de M. Daru quand nous aperçûmes dans la haute ville une

*Augustin-André Marignier de la Creuzardière, ancien commissaire de guerre, sous-inspecteur aux revues, ami de longue date de Beyle qui l'appelait « le charmant Marignier ».

clarté extraordinaire. Nous approchons, nous trouvons toutes nos calèches au milieu de la rue, huit grandes maisons voisines de la nôtre jetant aussi des flammes à soixante pieds de hauteur et couvrant de charbons ardents, larges comme la main, la maison qui était à nous depuis quelques heures; nous en fîmes percer le toit en cinq ou six endroits et nous y plaçâmes, comme dans des chaires à prêcher, une demi-douzaine de grenadiers de la garde armés de longues perches pour battre les étincelles et les faire tomber; ils firent très bien leur office. » Mais la nuit est difficile. « M. Daru prenait soin de tout. Activité, fatigue, tapage jusqu'à minuit. Le feu avait pris trois fois à notre maison et nous l'avions éteint. Notre quartier général était dans la cour d'où, assis sur la paille, nous regardions les toits de la maison et des dépendances, indiquant par nos cris les points les plus chargés d'étincelles à nos grenadiers. Nous étions là, le comte Dumas*, Besnard, Jacqueminot, le général Kirgener, tous tellement harassés que nous nous endormions en nous parlant; le maître de maison seul (M. Daru) résistait au sommeil. Enfin parut ce dîner si désiré; mais, quelque appétit

*Général Mathieu Dumas (1753-1837), intendant de la Grande Armée. Jean-Baptiste François Jacqueminot (1781-1861), ordonnateur des guerres. Général du génie François Joseph Kirgener, le premier à avoir posé le pied en Russie après la traversée du Niémen à la nage la veille de celle de l'armée, tué le 22 mai 1813 à Markersdorf par le même boulet qui emporta Duroc, duc de Frioul.

que nous eussions, n'ayant rien pris depuis dix heures du matin, il était très plaisant de voir chacun s'endormir sur sa chaise, la fourchette à la main. »

Il ne faut pas se fier au ton sarcastique de cette première lettre. Elle sent l'adrénaline des vingt jours de voyage depuis Paris, l'excitation de rejoindre l'incroyable machine de guerre lancée sur les terres russes et la stupéfaction devant la tragédie, vue et sentie de loin, ce gigantesque incendie qui ravage l'une des plus vieilles cités du continent. Surtout, il ne faut pas croire que Stendhal aime les militaires. Il déteste la bêtise, la grossièreté de la soldatesque, quel que soit son grade. « Les intérieurs d'âme que j'ai vus dans la retraite de Russie m'ont à jamais dégoûté des observations que je puis faire sur les êtres grossiers, sur ces manches à sabre qui composent une armée », écrira-t-il une fois sauvé en 1813. Quant à Napoléon, il le jugera sévèrement, sans pouvoir s'empêcher de l'admirer. Heureusement qu'il avait d'abord été Bonaparte. Mais l'Empereur poursuivra Stendhal toute sa vie. Il est partout dans ses romans, il écrira sans cesse sur lui, reconnaissant, en 1836, six ans avant sa mort : « Ma passion pour Napoléon est la seule qui me reste ; elle ne m'empêche pas de voir les erreurs et les petitesses qui peuvent lui être reprochées. » Ou encore : « C'était un homme dont les qualités étaient extraordinaires et l'ambition redoutable ; par ses talents, il a été l'un des plus grands depuis César, et dans mon opinion il l'a même surpassé. »

La mélancolie s'insinue dans la deuxième lettre, écrite cinq jours plus tard. « À Félix Faure, à Grenoble. Smolensk, à quatre-vingts lieues de Moscou. 24 août 1812. » Stendhal ne rit plus, surtout quand il s'essaye à parler du bonheur : « Le mien n'est pas grand d'être ici. Comme l'homme change ! Cette soif de voir que j'avais autrefois s'est tout à fait éteinte ; depuis que j'ai vu Milan et l'Italie, tout ce que je touche me rebute par la grossièreté. Croirais-tu que, sans rien qui me touche plus qu'un autre, sans rien de personnel, je suis quelquefois sur le point de verser des larmes ? Dans cet océan de barbarie, pas un son qui réponde à mon âme ! Tout est grossier, sale, puant au physique et au moral. Je n'ai eu un peu de plaisir qu'en me faisant faire de la musique sur un petit piano discord, par un être qui sent la musique comme moi la messe. » Camper au milieu des ruines ne doit pas remonter le moral. Des 2250 maisons particulières que comptait Smolensk, il n'en reste que 350. Trois cents magasins et 200 entrepôts sont partis en fumée. Il a fallu plusieurs jours pour évacuer les rues jonchées de morts et de blessés qu'on a installés dans ce qui reste de bâtiments improvisés en hôpital. Tout manque. Le général Lariboisière a dû céder de l'étoupe de son artillerie pour panser les blessés. Les Français dorment sur des lits rembourrés de documents d'archives, se servent des cartes comme rideaux aux fenêtres pour faire obstacle aux rayons du soleil. La population qui n'a pas fui se terre dans les églises et les caves. « Le pain est rare et cher, nous mangeons des pommes de terre et toutes sortes d'herbes », écrit le prêtre Nikifor Mourzakevitch, avant de noter que si « les Français ne font pas de mal aux gens, les Polonais et Bavarois battent et volent les habitants ».

Quatre jours plus tard, le moral baisse encore, comme en témoigne cet extrait de son journal, daté du 28 août, « à 4 lieues de Slawkowo et 8 de Viazma, 60 de Moscou » – il est à la traîne de l'armée qui se dirige vers la capitale russe : « Je suis au pied d'un bouleau mort dans un petit bois plein de poussière, vexé depuis neuf heures que nous sommes arrivés par la poussière, le manque d'eau, de livres, la saleté du sol composé d'anciennes feuilles, de branches sèches et de fourmis. Je n'ai pas de linge pour me changer, de livres et ne puis parler qu'avec des sots. [...] Voilà un mal-être complet. Je n'écris pas de journal quand je suis heureux ; cette analyse indiscrète nuit au bonheur, mais aujourd'hui je n'ai rien à perdre. Depuis 9 heures j'ai froid. » Le 7 septembre, se déroule l'immense bataille de la Moskova*, Borodino pour les Russes, qui jouent là leur dernière chance de sauver Moscou. Le plus grand affrontement qu'ait connu la Grande Armée,

* La bataille de la Moskova se déroule le 7 septembre 1812, à 125 kilomètres de Moscou. Surnommée « la bataille des géants » et considérée comme une victoire par les Français, elle ouvre la route de la capitale russe.

120 000 combattants de part et d'autre, une terrible boucherie. Entrée sur le champ d'honneur du capitaine Bertrand : « Un boulet emporte la tête de mon capitaine, tue ou blesse mortellement quatre hommes du premier rang. Le lieutenant remplace le capitaine, à peine cet officier est-il à son nouveau poste qu'il est lui-même frappé d'une mitraille qui lui brise la cuisse. Au même moment le sous-lieutenant a le pied fracassé par un biscaïen (ils mourront tous les deux à la suite de l'amputation). » Bertrand, alors sergent, se retrouve chef de sa compagnie qui a perdu 37 hommes dans la journée. Onze généraux de l'armée impériale sont tués, 28 000 soldats mis hors de combat, dont 7 000 tués ; 45 000 morts et blessés côté russe. Tolstoï, dans *Guerre et Paix*, raconte comment, avant la bataille, on a apporté devant les troupes russes l'icône sacrée de Smolensk, « grande image à visage noircie, enchâssée dans l'argent », tous se prosternant à son passage, quand soudain apparaît le maréchal Koutouzov : « Vêtu d'une capote, le dos voûté, son œil blanc sans regard ressortant sur sa figure aux joues pleines, il entra en se balançant dans le cercle, s'arrêta derrière le prêtre, fit machinalement un signe de croix, abaissa la main jusqu'à terre, soupira profondément et inclina sa tête grise. [...] Il avança les lèvres comme font les enfants et baisa l'image. »

Pourtant, pas une ligne de Stendhal sur la bataille dans ses lettres ou son journal de la campagne de Russie alors que certains de ses biographes sont tombés d'accord pour estimer qu'il était présent. Plus tard, il racontera qu'il a vu l'Empereur apprenant les chiffres des pertes, assis, l'air sombre, pianotant sur un tambour. La victoire française ouvre certes les portes de Moscou, « le terme de nos misères », veut croire le futur écrivain. On est le 14 septembre 1812. Stendhal y reste jusqu'au 16 octobre, date de son départ pour… Smolensk, où on lui a imposé une promotion un peu loufoque. Petit administrateur de la grande machine de guerre napoléonienne, le voilà bombardé à la tête de la direction générale des approvisionnements de réserve pour la région de Smolensk, Mohilev et Vitebsk. « J'ai résisté comme un beau diable. J'ai dit que c'était la besogne des intendants », écrit-il, furieux, au chevalier de Noue, son collègue de Kovno. « On m'a fait une réponse que ma plume refuse d'écrire; enfin après avoir refusé pendant huit jours et fait tout ce que le respect permettait, j'ai été affublé de ladite mission à Smolensk. […] Je suis donc acculé de toutes les manières. » Entre ces deux dates, Beyle assiste à l'un des plus grands événements de l'Histoire : l'incendie de Moscou, dont la beauté a subjugué tous les Français à leur arrivée : « 400 ou 500 palais ornés avec une volupté charmante, inconnue à Paris, et qu'on ne voit que dans l'heureuse Italie », écrit-il à Mme Daru, « maisons dont nous avons joui pendant trente-six heures » avant que les flammes ne les dévorent. Les conquérants s'installent dans de magnifiques palais abandonnés tandis que leurs domestiques filent tout de suite vers les caves : « La violente diarrhée faisait craindre à tout le monde le manque de vin », l'eau étant trop corrompue pour être bue. Dans les rues enfumées par l'incendie qui débute – « En cinq jours, nous avons été chassés de cinq palais » –, Stendhal arrête un soldat qui vient de donner deux coups de baïonnette à un homme. « J'allai jusqu'à tirer l'épée, je fus même sur le point d'en percer ce coquin. » Il voit un grognard, pillard, s'enfoncer dans une rue en flammes, « où probablement il rôtit ». L'écrivain fait comme les autres, il « pillole », dans la bibliothèque d'une maison où il ne fait que passer, « un volume de Voltaire, celui qui a pour titre *Facéties* ». L'armée se délite, ivre d'alcool et de pillages dans une cité aux trois quarts détruite. « Nous sortîmes de la ville, éclairée par le plus bel incendie du monde, qui formait une pyramide immense qui avait, comme les prières des fidèles, sa base sur la terre et son sommet au ciel. La lune paraissait au-dessus de cette atmosphère de flammes et de fumée. C'était un spectacle imposant, mais il aurait fallu être seul ou entouré de gens d'esprit pour en jouir. Ce qui a gâté pour moi la campagne de Russie, c'est de l'avoir faite avec des gens qui auraient rapetissé le Colisée et la Mer de Naples. » Le 16 octobre, son convoi quitte Moscou, deux jours avant la Grande Armée. Il a 3 millions en poche.

La retraite de Russie débute. Le tsar ayant refusé la paix, préférant sacrifier sa capitale, Napoléon n'a d'autre choix que de la quitter après plusieurs semaines perdues. Désormais, l'Aigle n'a plus l'initiative. Cent quatre mille combattants, suivis d'une longue cohorte de civils, français et étrangers, fuient Moscou dévastée. Quarante-deux mille soldats seulement parviendront à Smolensk trois semaines plus tard, le 9 novembre. Ils sont d'abord sévèrement accrochés à plusieurs reprises par les troupes russes. Le 24 octobre, à Maloïaroslavets, l'avant-garde du vice-roi d'Italie Eugène de Beauharnais, commandée par le général Delzons, est attaquée par le corps de Dokhtourov : 4000 morts côté français, dont Delzons. « Il est bien fâcheux que cette victoire ait un nom si baroque », commentera Stendhal. L'Empereur, qui n'a plus de temps à perdre, décide de prendre la même route qu'à l'aller, même si celle-ci et ses alentours ont été ravagés par le passage de l'armée impériale quelques semaines plus tôt. Le 1er novembre, Davout, qui fait l'arrière-garde, est surpris à Viazma. Ses troupes si solides manquent de se débander : « C'est de là que datent la désorganisation et nos malheurs. Ce 1er corps qui était le plus nombreux, le plus beau, l'émule de la Garde en entrant en campagne, était alors le plus défait, et le mal ne fit que s'accroître », juge Armand de Caulaincourt, l'un des meilleurs témoins de la débâcle. Plusieurs milliers de morts à nouveau. Mais la Grande Armée passe. Ce sont la faim puis le froid qui vont la décimer jour après jour, nuit noire après nuit noire. Le 9 novembre, il fait – 8 degrés. Cinq jours plus tard, – 21°. « Jamais je n'ai autant souffert, écrit le baron Larrey. Les campagnes d'Égypte et d'Espagne n'ont rien été en comparaison de celle-ci et encore, il s'en faut, nous ne sommes pas au terme de nos maux. » « Nous mourions par milliers, les routes étaient couvertes de nos cadavres, et nos bivouacs étaient de vrais charniers », témoigne le général Berthezène. Le prologue de l'horreur consistera à repasser par le champ de bataille de la Moskova le 29 octobre, encore jonché de morts et de cadavres de chevaux qui n'ont pas été enterrés. Ensuite, il y aura des scènes abominables, des hommes poussés par la faim au cannibalisme, la peur constante d'être pris par les partisans qui mettent nus les prisonniers dans le froid mortel avant de les faire périr, le plus souvent dans de terribles supplices. Quand ils parviennent enfin à Smolensk, un espoir les porte encore. Ils y trouveront de quoi manger, être soignés, se refaire. Pas de chance. « Leurs figures hâves, noircies de terre et de fumée, leurs uniformes en lambeaux, les vêtements bizarres par lesquels ils y ont suppléé, enfin leur aspect étrange, hideux, et leur ardeur effrayante ont épouvanté, écrit Ségur. On a cru que si l'on ne repoussait l'irruption de cette multitude enragée de faim, elle mettrait tout au pillage, et les portes lui ont été fermées. » Des centaines d'entre eux meurent au pied des murailles de la ville, dans la neige et le froid, affamés. Le ravitaillement n'est donné qu'aux unités constituées. Les portes s'ouvrent donc pour la Garde, encore fière, « toujours les mieux servis », grogne la troupe. Pour les abandonnés, il n'y a plus qu'à monter à grand-peine les pentes gelées de la vieille cité au milieu des cadavres recouverts de neige et dépouillés. Bourgogne la décrit ainsi : « La ville où nous étions n'existait pour ainsi dire que de nom. Partout l'on ne voyait plus que les murailles des maisons qui étaient bâties en pierre car celles qui l'étaient en bois, et qui formaient la plus grande partie de la ville, avaient disparu ; enfin la ville n'était plus qu'un vrai squelette. » Il y a pourtant des vivres à Smolensk, mais bien moins qu'attendu. À l'arrivée des Français en août, Arnaud de Villeblanche, auditeur au Conseil d'État, avait été chargé de mettre en place un nouveau conseil municipal. Il nomme d'office un maire, un notable, Mikhaïl Yaroslavtsey, avec N.G. Efremov, professeur de français, comme adjoint. La région fait l'objet de lourdes réquisitions, mais celles-ci ne donneront pas grand-chose. Quant aux convois tentant de rallier Smolensk, ils sont souvent interceptés par les cosaques. Mais l'ordre règne. Le 15 octobre 1812, Nikifor Mourzakevitch assiste à l'exécution du chef d'un groupe de partisans : « J'ai été appelé par les Français à l'église du Sauveur, où divers prisonniers russes étaient gardés, dont le colonel à la retraite Pavel Ivanovitch Engelhardt. Je lui ai administré le saint sacrement et l'ai accompagné jusque devant la porte Molokhov où, à droite, dans le fossé, il a été fusillé et enterré. Un service commémoratif a été autorisé. » Aujourd'hui, dans le square du souvenir des Héros, où se succèdent les monuments en bronze à leur gloire, mêlant toutes les guerres qu'a connues la cité, de la statue d'un garde-frontière avec son chien à celle du maréchal Koutouzov, l'endroit de l'exécution est soigneusement signalé. Le 24 octobre, un autre chef de partisans, Semyon Ivanovitch Shubin, est fusillé au même endroit.

Le 9 novembre, l'Empereur parvient à Smolensk. Mourzakevitch le croise dès son arrivée. « J'allais, avec une hostie rassie, chez un petit-bourgeois malade, Ivan Korotkiy, près de la porte du Dniepr à côté de la maison d'Ivan Kokcharov. Près du pont Troitsky, j'ai entendu par hasard le gouverneur Jomini* me dire en latin : "Voilà Napoléon !" Moi, ne le connaissant pas, je me suis écarté, mais Napoléon m'a demandé : "Pope ?" J'ai dit oui. Et quand il s'est approché, j'ai sorti, déconcerté et effrayé, l'hostie ; il a dit à l'un des généraux de la

*Antoine de Jomini (1779-1869), citoyen suisse, engagé dans l'armée française en 1803, grimpe rapidement les échelons en raison de ses écrits novateurs sur les campagnes militaires et la stratégie. Appelé à l'état-major impérial, il est nommé gouverneur de Vilnius, puis de Smolensk durant la campagne de Russie. Il est célèbre pour son *Précis de l'art de la guerre* et l'ensemble de ses écrits sur les campagnes napoléoniennes. Il passe en 1813 au service de l'armée russe.

prendre. Personne n'a vu tout ça. Napoléon était suivi par une voiture à quatre chevaux, avec des gerbes de seigle attachées derrière et devant. Il était lui-même vêtu d'une redingote de frise gris et d'un chapeau de zibeline avec un haut en velours bleu avec un gland. Les généraux portaient également des redingotes de frise, tous à pied. Napoléon logeait au Blognié [le parc Glinka, NdA] dans la maison du gouverneur, il ne laissait entrer personne. Le froid était devenu sensible. Nuit et jour, les régiments ennemis reculaient, ils avaient besoin de provisions, ils ont commencé à manger de la viande de cheval. Les malades restaient partout sans surveillance. »

Ce même jour, Stendhal écrit deux lettres dans lesquelles il témoigne de son épopée. Celle adressée à Mme Daru débute avec une pointe d'ironie : « Me voici de nouveau, Madame, dans ce joli Smolensk, qui, cette fois, est un peu gâté par la neige. » Même tonalité auprès de Félix Faure : « Me revoilà dans cette ville pittoresque et qui, sous ce rapport, me semble toujours unique. La neige augmente l'effet des ravins garnis d'arbres au milieu desquels elle est bâtie. Il ne fait qu'un froid léger de deux ou trois degrés, mais comme on est en Russie, chacun se croit gelé. » Suit un résumé, en quelques mots, de sa retraite pour son ami : « Parti de Moscou le 16 octobre, je suis arrivé ici le 2 novembre, après le voyage le plus intéressant qui vaut seul d'être venu en Russie. Deux belles attaques de Cosaques, la ferme croyance, pendant une nuit, d'être tué ou pris le lendemain. Pas le temps d'écrire. » Bien plus détaillé est le récit qu'il en fait à Mme Daru : « Je viens de faire un voyage charmant ; trois ou quatre fois par jour, je passais de l'extrême ennui au plaisir extrême. Il faut avouer que ces plaisirs n'étaient pas délicats ; un des plus vifs, par exemple, a été de trouver un soir quelques pommes de terre à manger sans sel, avec du pain de munition moisi. Vous voyez notre misère profonde. Cet état a duré dix-huit jours ; parti le 16 octobre de Moscou, je suis arrivé le 2 novembre. M. le comte Dumas m'avait donné l'ordre de partir avec un convoi de 1 500 blessés, escorté par deux ou trois cents hommes. Vous voyez le nombre immense de petites voitures, les jurements, les disputes continuelles, toutes ces voitures se coupant les unes les autres, tombant dans des abîmes de boue. Régulièrement, chaque jour nous passions deux ou trois heures dans un ruisseau boueux, et manquant de tout. C'était alors que je donnais au diable la sotte idée de venir en Russie. Arrivé le soir, après avoir marché toute la journée et fait trois ou quatre lieues, nous bivouaquions et dormions un peu en gelant. »

Mais bientôt, il va falloir se battre. « Le 24 octobre, comme nous faisions nos feux, nous avons été environnés d'une nuée d'hommes qui se sont mis à nous fusiller. Désordre complet, jurements des blessés ; nous avons eu toutes les peines du monde à leur faire prendre leurs fusils. Nous repoussons l'ennemi, mais nous croyons être destinés aux grandes aventures. Nous avions un brave général blessé, nommé Mourier, qui nous explique notre cas. Attaqués le soir à cette heure par une grande horde d'infanterie, il était probable que nous avions devant nous 4 ou 5000 Russes, partie troupes de ligne, partie paysans révoltés. Nous étions enveloppés, il n'y avait pas plus de sûreté à reculer qu'à avancer. Nous décidons de passer la nuit sur pied, et, le lendemain, à la petite pointe du jour, de former un bataillon carré, de mettre nos blessés au milieu, et de tâcher de percer les Russes; si nous étions poussés, d'abandonner nos voitures, de nous former encore en un petit bataillon carré, et de nous faire tuer jusqu'au dernier plutôt que de nous laisser prendre par des paysans qui nous tueraient lentement à coups de couteau ou de toute autre manière aimable. Après cette belle résolution, nous fîmes un arrangement. On voyait chacun faire un paquet des effets les moins nécessaires, qu'on voulait jeter à la première attaque, pour alléger la voiture. Je faisais chambre avec cinq ou six colonels blessés, que je ne connaissais pas huit jours auparavant et qui étaient devenus mes amis intimes depuis la route. […] Tous ces gens-là convenaient que nous étions flambés. On distribuait ses napoléons à ses domestiques, pour tâcher d'en sauvegarder quelques-uns. Nous étions tous devenus intimes amis. Nous bûmes le peu de vin qui nous restait. Le lendemain, qui devait être un si grand jour, nous nous embarquons tous à pied, à côté de nos calèches, garnis de pistolets de la tête aux pieds. Il faisait un brouillard à ne pas voir à quatre pas. Nous nous arrêtions sans cesse. J'avais un volume de Mme Du Deffand*, que je lus presque en entier. Les ennemis ne nous jugèrent pas dignes de leurs colères, nous ne fûmes attaqués que le soir par quelques Cosaques qui donnèrent des coups de lance à quinze ou vingt blessés. Voilà, Madame, le plus bel incident de notre voyage. Il était bien juste que je vous en rendisse compte. Quoique j'aie toujours conservé beaucoup d'espoir, pendant la nuit je faisais, je crois, comme tout le monde le bilan de ma vie, je me reprochais amèrement de ne pas avoir eu l'esprit de vous dire à quel point je vous étais dévoué. » Et d'ajouter : « Vous ne nous reconnaîtriez pas, ma chère cousine. [...] Nous sommes tous à faire peur. Nous avons l'air de nos laquais. C'est à la lettre, le premier d'entre nous qui est arrivé à Smolensk a été pris pour un laquais insolent, parce qu'il s'avançait pour toucher la main au maître de la maison. »

Sa dernière missive écrite depuis la vieille cité date du 20 novembre et est adressée à Pauline, sa sœur, à laquelle il demande de faire passer un autre courrier à « Madame Z... », en réalité à sa maîtresse la comtesse Beugnot** : « Nous n'avons

* Célèbre écrivaine et épistolière dont le salon, dans la deuxième partie du XVIIIe siècle, était l'un des plus courus de Paris.

** Clémentine Curial (1788-1840), née comtesse Beugnot.

plus d'encre ; je viens d'en fabriquer soixante-quinze gouttes que ma grande lettre a épuisées. » Napoléon reste cinq jours, dans un bâtiment de « la place neuve », un de ces édifices autour du palais du gouverneur parmi les rares à avoir échappé à la destruction. Il réorganise l'armée qui, à son départ, le 14 novembre à cinq heures du matin, ne compte plus qu'environ 36 000 combattants. La jeune et la vieille garde alignent encore 10 000 baïonnettes, le 1er corps de Davout 11 000, celui de Ney 5 000 ; le prince Eugène est à la tête des 6 000 soldats italiens. Il reste aussi 600 Polonais, 1 000 combattants sous les ordres de Junot, et les débris de la cavalerie, 500 hommes, dont le commandement est donné au général de La Tour Maubourg. Trois cent cinquante canons ont été perdus. La deuxième partie de la retraite commence. Direction la Berezina. Pas un mot de Stendhal sur le passage de la rivière et ces terribles journées des 26 et 27 novembre 1812. Son ami Prosper Mérimée les évoquera pour lui en rapportant le témoignage du conseiller Bergogné, auditeur au Conseil d'État : « Monsieur Bergogné m'a raconté qu'il devait la vie à Beyle, qui, prévoyant l'encombrement des ponts au passage de la Bérézina, l'obligea de passer sur l'autre rive le soir qui précéda la déroute. Il fallut presque employer la force pour décider monsieur Bergogné à faire quelques centaines de pas. Il faisait le plus grand éloge du sang-froid de Beyle et du bon sens qui ne l'abandonna jamais au moment où les plus résolus perdaient la tête. »

Le passage de la Berezina n'est qu'une étape. Pour les débris de la Grande Armée, la marche est encore longue avant de rejoindre Vilnius où, comme à Smolensk, elle compte trouver secours et ravitaillement. Le 5 décembre, à Smogorni, par – 30°, Napoléon décide de remettre le commandement à Murat, puis file vers Paris, dans une course folle en calèche puis en traîneau, accompagné par Caulaincourt*. Les survivants parviennent le 9 décembre à Vilnius. Il fait – 26°. « Je n'avais plus de respiration, écrit Bourgogne, des glaces s'étaient formées dans mon nez ; mes lèvres se collaient ; mes yeux, éblouis par la neige et la faiblesse, pleuraient ; les larmes se gelaient et je n'y voyais plus. » Mais sous la pression des cosaques, il faut quitter la ville et repasser coûte que coûte le Niémen.

Le 28 décembre 1812, Stendhal est à Königsberg, d'où il écrit à sa sœur Pauline : « Je me suis sauvé à force de résolution ; j'ai souvent vu de près le manque total de forces et la mort. » La Grande Armée a disparu. L'historien Thierry Lentz estime que des 450 000 hommes qui ont franchi en juin

*L'Empereur a appris qu'à Paris s'était déroulée, le 23 octobre 1812, la conspiration du général Malet, un illuminé qui, avec plusieurs complices, avait pris le pouvoir durant quelques heures, révélant l'extrême fragilité du régime impérial. Malet et ses principaux complices seront fusillés six jours plus tard.

le Niémen, 30 000 seulement le repasseront; 200 000 sont morts au combat ou de privations, de 150 000 à 190 000 ont été fait prisonniers; enfin, 50 000 ont disparu pendant la débâcle. L'exemple le plus frappant de cet anéantissement est celui de la Garde impériale, son joyau, qui n'a pourtant été engagée dans aucune bataille. Elle comptait 10 000 soldats d'élite au départ; arrivée à Königsberg le 20 décembre, il n'y en a plus que 1 471 et, selon Thiers, 500 seulement « capables de tirer un coup de fusil ». Il ajoute : « C'était le seul corps auquel il eût été fait des distributions régulières! De la jeune garde il ne restait rien. » Napoléon aurait décidément mieux fait de ne pas dépasser Smolensk. Comme si la cité portait malheur à ses conquérants.

SECONDE PARTIE

La « Petite Russie »

Encore un peu plus de cinq heures de train, mais cette fois en France, sous un soleil limpide, afin de rejoindre la ville de Tulle. La préfecture du département de la Corrèze est jumelée avec Smolensk depuis 1978, amitié scellée autour de la barbarie nazie dont les deux cités ont été les victimes. En cette fin d'octobre 2021, le vieux train Corail, déjà peu fréquenté, est quasiment vide en raison de l'épidémie de Covid. On passe d'un wagon à l'autre en franchissant les antiques soufflets bruyants qui rappellent l'enfance. Au passage, le masque porté sous le nez n'échappe pas à un contrôleur qui demande d'une voix ferme de rectifier sa position. Une fois seul dans le wagon de ce train fantôme, on a le temps de lire l'histoire de cette petite localité de 14 000 habitants bâtie dans une vallée encaissée le long de la rivière Corrèze, charnière entre le sud-ouest de la France et le Massif central, terre de résistance durant la Seconde Guerre mondiale – les Allemands l'ont surnommée la « Petite Russie » – et fief du Parti communiste pendant plusieurs décennies. Ce sont les maquis du FTP, organisation dépendant du parti, qui vont, en amont du débarquement allié du 6 juin 1944, multiplier les attaques pour empêcher les troupes allemandes de remonter vers la Normandie. Tulle va le payer cher.

À la terrasse ensoleillée d'un des cafés de la place de la Gare, j'attends Jacques Souletie, le président du comité de jumelage Tulle/Smolensk, association dont les membres ont déjà effectué plusieurs voyages dans la ville russe, le dernier en septembre 2018. « Nous comptons une cinquantaine d'adhérents », explique-t-il, un peu essoufflé. Le crâne dégarni, tout en rondeurs, très affable, on se tutoie vite. Jacques s'excuse pour son retard : la veille, il a fêté son départ à la retraite après trente années passées à travailler dans le monde bancaire. « Tous ont été frappés par l'hospitalité des Russes et leur grande culture. Ils se sont tout de suite entendus. On a reçu une première délégation en 2016, 16 habitants de Smolensk qui sont restés une semaine. En 2019, des étudiants, des danseurs sont venus donner des représentations ici et dans la région. Les membres de notre association ne demandaient qu'à retourner là-bas, poursuit-il. Nous pensions y aller en 2021. Mais avec l'épidémie, nous avons dû annuler nos projets. »

Il vaut mieux lui poser la question tout de suite. « Êtes-vous parent avec Pierre Souletie ? » Le regard rieur se voile d'un coup. « Oui, c'était mon oncle, l'adjoint de Martial Brigouleix*, le chef du maquis de l'Armée secrète. Quand il a été arrêté, mon oncle a repris ses activités. » Pierre Souletie, 34 ans, père de deux enfants, a été exécuté comme 98 autres hommes, le vendredi 9 juin 1944, par les SS de la 2e division blindée « Das Reich ». Pendus aux balcons, aux arbres et aux réverbères de la ville. Cent quarante-neuf autres seront déportés à Dachau, d'où 101 ne reviendront pas. « Cette nuit-là, mon oncle dormait chez mes grands-parents juste ici, poursuit Jacques en m'indiquant une maison toute proche. Mon père, qui était lui aussi résistant, travaillait pour la centrale électrique et lui a proposé de le cacher dans un transformateur. Il a refusé. Au petit matin, les SS ont frappé à la porte à coups de crosse de fusil et l'ont emmené jusqu'au tri. Il faisait partie du lot. » Cent vingt hommes doivent être exécutés selon l'ordre du chef des SS, le *Sturmbannführer* Kowatsch dont les soldats ont repris la ville après l'attaque des maquisards. Depuis mars 1944, ceux-ci sont harcelés par la sinistre division Brehmer** qui a ravagé plusieurs villages, arrêté 1 500 résistants et en a

*Arrêté par le Gestapo en avril 1943, Martial Brigouleix fait partie du groupe des 50 otages fusillés au mont Valérien le 2 octobre 1943 en représailles de l'assassinat d'un officier allemand à Paris.

**La division Brehmer, ou division B, a été créée en mars 1944 pour démanteler les maquis et traquer les Juifs dans massacré plusieurs centaines d'autres. La décision de s'emparer de Tulle a été prise par le commandant des FTP, Jacques Chapou*, dit Kléber, afin de soulager les maquis. Les représentants de l'Armée secrète s'y opposent, mais l'attaque est tout de même lancée le 7 juin par 400 maquisards alors que la cité compte 300 soldats allemands.

Le coup de main est d'abord une réussite, les miliciens s'enfuient même avec armes et bagages. Une quarantaine de soldats de la Wehrmacht sont tués, Tulle est prise. Mais le 8 juin au soir, tout bascule. Les premiers éléments de la division « Das Reich » y pénétrant, les résistants l'évacuent. La division SS s'est bâti une légende de fer et de feu depuis sa création en 1939. Elle traîne derrière elle une longue histoire de batailles impitoyables et de massacres sans fin. Dans les Balkans en 1941, puis lors de l'invasion de l'Union soviétique. Elle sera l'un des fers de lance du groupe Centre de l'armée allemande qui prendra Smolensk durant l'opération *Barbarossa*. En 1943, elle participe aux combats de Kharkiv et de Koursk et à la défense de l'Ukraine. Ayant connu de lourdes pertes, elle a été envoyée se reformer dans la région de Montauban. Au lendemain du Débarquement,

---

la région Centre-Ouest. D'un effectif total de 8 000 hommes, elle y sévit jusqu'à la fin avril 1944.

*Blessé le 16 juillet 1944 près de Bourganeuf (Creuse) dans une embuscade, il se défend, puis se suicide.

son chef, le *Gruppenführer* Heinz Lammerding, a reçu l'ordre de rejoindre la Normandie, mais en liquidant au passage les « bandes » des maquis. Et en employant les mêmes méthodes que dans les territoires occupés de l'Est.

Le 9 juin 1944 au matin, le *Sturmbannführer* Kowatsch annonce l'arrestation de tous les hommes de 16 à 60 ans. Les SS ratissent les quartiers de la ville, pénètrent dans les maisons, les fouillent. Cinq mille habitants sont rassemblés devant la Manufacture d'armes, là où se dresse aujourd'hui un monument massif à la mémoire des ouvriers de l'usine morts ce jour-là. La matinée se passe à les trier, en concertation avec les autorités françaises locales. Trois mille cinq cents d'entre eux, indispensables au fonctionnement de la cité et de ses équipements, sont relâchés au fil des heures, puis les SS font à leur tour leur sélection, jusqu'à en retenir 120. À midi, une affiche est apposée sur les murs. « Quarante soldats allemands ont été assassinés de la façon la plus abominable par les bandes communistes. [...] Pour les maquis et ceux qui les aident, il n'y a qu'une peine, le supplice de la pendaison. [...] Cent vingt maquis ou leurs complices seront pendus. Leurs corps seront jetés dans le fleuve. » Le préfet, Pierre Trouillé, qui a manqué être fusillé par les premiers éléments de la division, demande à être reçu par Kowatsch. Il supplie ce dernier de ne pas procéder aux exécutions par pendaison, une violence destinée à humilier et terrifiante pour les témoins, en particulier les enfants. La réponse est terrible : « Nous avons pris en Russie l'habitude de pendre, nous avons pendu plus de cent mille hommes à Kharkiv et à Kiev, ce n'est rien pour nous. » On pense à ces photos vues au musée de la Seconde Guerre mondiale à Smolensk. L'une d'elles, affichée en hauteur, me poursuit encore. Cinq gars solides, des partisans, sous une potence de fortune, la corde au cou, le soldat allemand venant de les fixer sautant au sol et ses camarades s'apprêtant à faire basculer en avant l'estrade sur laquelle ils se tiennent. Quelques minutes plus tard, ils seront morts. Comme les 99 suppliciés de Tulle. De la manufacture en contrebas, on remonte la rue vers la gare en contemplant les balcons des petites maisons où, tous les 9 juin, des gerbes sont déposées. C'est là que par groupes de dix, ils ont été exécutés. Une échelle pour chaque pendu, une autre à côté pour les bourreaux qui, une fois la corde passée au cou, retirent celle du supplicié. Les SS s'acharnent à coups de crosse contre ceux qui ne meurent pas assez vite, l'un casse même son arme en frappant l'un des martyrs. « Des sauvages, murmure Jacques Souletie. Ils ont pendu un jeune de 17 ans aux crocs de la boucherie de son père. » Pendant ce temps-là, un groupe de SS s'est installé au café Tivoli et assiste aux exécutions au son d'un phonographe en vidant la cave. Avec eux, l'interprète du directeur allemand de la manufacture, Paula Geissler. Celle-ci, 32 ans, née à Ulm-sur-Donau, était nurse à Paris et a rejoint la Wehrmacht victorieuse. Les habitants la surnommeront « la Chienne ». Antoine Soulier, instituteur dont le fils a été pendu et qui publiera le premier ouvrage consacré au massacre, en dresse ce portrait. « Vous paraissez 30 ou 40 ans, mais avec ce maquillage, on ne sait jamais : cheveux blonds ou châtains, visage rond d'aspect rugueux [...] Vous êtes venue jusqu'au milieu de la chaussée, en face de l'épicerie où pendaient déjà une dizaine de malheureux, et ces martyrs virent un monstre en corsage blanc qui leur lançait les bouffées de sa cigarette en riant. » Inexplicablement, Paula Geissler reviendra à Tulle en 1978, pour se recueillir, dira-t-on. Mais elle quittera la ville très vite quand les Tullistes, ivres de rage, apprendront sa présence. Pourquoi 99 pendus et non pas 120 ? On ne le sait pas. Certains historiens évoquent une pénurie de cordes. Le lendemain du massacre de Tulle, le 10 juin 1944, la « Das Reich » est à l'œuvre à Oradour-sur-Glane, à 80 kilomètres de là, dans le département de la Haute-Vienne : 642 habitants, hommes, femmes, enfants, vieillards, sont mitraillés ou brûlés vifs. Un autre détachement se livre à un massacre dans la bourgade d'Argenton-sur-Creuse : 53 morts. Le sillon sanglant de la division blindée SS remontant jusqu'en Normandie fera 4 000 victimes. Parmi elles, le 20 juillet 1944, un résistant de 24 ans abattu à Saint-Michel-en-Brenne dans l'Indre. Joachim Murat, prince de Pontecorvo, était le descendant direct du maréchal d'Empire, septième du nom.

On roule vers l'endroit où les corps des suppliciés ont été jetés, en dehors de la ville, à l'époque une décharge publique. Ici s'achève, tous les 9 juin, le défilé des habitants, parti de la gare et mené par le comité des Martyrs, une association qui œuvre au souvenir de ces hommes. Un monument y est dressé, dont Jacques Souletie caresse distraitement une pierre. Les yeux rougis, il peine à cacher son émotion. « On m'a tant parlé de mon oncle, mes parents m'ont fait vivre de près ces cinq années-là. Ils ont aussi tué son beau-frère et le beau-père de ma sœur. Ici, ça n'a pas disparu des mémoires. Impossible. Ma grand-mère pleurait tous les vendredis. Quand je demandais pourquoi à mon grand-père, il me disait juste : "C'est vendredi". »

Il était essentiel de venir ici. Pour évoquer Smolensk avec quelques-uns des rares Français qui la connaissent, mais surtout pour tenter de percevoir ce qu'ont vécu les Russes pendant le second conflit mondial. Immense tragédie dont l'échelle n'est pas perceptible pour un Français. Des Tulle, il y en eut des milliers à l'Est. La douleur qu'on ressent devant les noms qui s'égrènent sous le ciel gris, celle de Jacques Souletie comme de tous les Tullistes, est celle de millions de Russes qui ont vu leurs villes et villages ravagés par la fureur nazie. « Un abîme de douleurs et de crimes », écrit Jean Lopez dans son livre magistral *Barbarossa* sur l'invasion de la Russie, le 22 juin 1941, par les troupes allemandes, cent vingt-neuf ans presque jour pour jour après la Grande Armée. Souvent, quand la conversation roule sur l'histoire, en famille ou entre amis, il arrive que Napoléon soit comparé à Hitler, parfois même à Staline, par des convives un peu hâtifs et connaissant mal l'histoire. Concernant le maître du IIIe Reich, ce rapprochement inepte méconnaît notamment ce que fut la conquête de la Russie, une guerre d'anéantissement. Les Allemands avaient tout planifié : il y eut même un bureau dédié à l'organisation de la famine. « Si nous ne l'envisageons pas ainsi, nous battrons certes l'ennemi, mais dans trente ans le communiste sera de nouveau en face de nous. [...] Le communisme, terrible danger pour l'avenir. Nous devons écarter la camaraderie des soldats. Ni avant ni après la bataille, le communiste n'est un camarade. Il s'agit d'un combat d'extermination. » Ce sont quelques-unes des notes prises par le général Franz Halder, chef d'état-major de l'armée de terre lors de la réunion préparatoire tenue par le Führer le 30 mars 1941, deux mois avant l'invasion. Et d'ajouter : « Extermination des commissaires bolcheviques et de l'intelligentsia communiste. [...] Il n'est pas question de tribunaux de guerre. [...] Le combat sera très différent de ce qu'il a été à l'Ouest. À l'Est, la dureté est la clémence de demain. Les chefs doivent surmonter leurs scrupules. » Ils les surmonteront, et *Barbarossa* deviendra, toujours selon Jean Lopez, « le semestre le plus létal de la Seconde Guerre mondiale, et sans doute de toute l'histoire humaine. Combats, exécutions, exactions, famines délibérées, tuent en deux cents jours plus de 5 millions d'hommes, femmes et enfants, soldats et civils. L'enfer de Dante est une tiède géhenne comparée aux grands mouroirs à ciel ouvert qui s'égrènent le long de la ligne de front, dans Leningrad assiégé, dans les 200 camps de prisonniers de guerre soviétiques, dans les milliers de ravins et de fossés antichars où l'on assassine les Juifs, dans les villes occupées, ravagées par la faim ». Selon l'historien, l'invasion de la Russie « met aux prises les deux systèmes militaires les plus puissants et les deux régimes les plus brutaux. La Wehrmacht conjugue la logique exterminatrice du nazisme avec celle de sa propre culture militaire, qui pousse la terreur à son paroxysme. » L'Armée rouge? « Elle se vide de son sang, prise entre les feux d'un ennemi affranchi de toutes les normes humaines et la répression sauvage du bolchevisme stalinien. »

La Grande Armée de Napoléon était forte d'environ 500 000 combattants. Ce sont 3 millions de soldats allemands qui déferlent sur la Russie, flanqués de 700 000 alliés, Roumains, Italiens, Finlandais, Slovaques. Durant ces six premiers mois de guerre totale, 10 millions d'hommes vont s'affronter, appuyés par 6 000 avions et 25 000 chars. Et l'une des cibles prioritaires des troupes de l'Axe afin de prendre Moscou sera, bien sûr, la vieille cité de Smolensk, devant laquelle les blindés allemands parviennent le 15 juillet 1941. Hitler a lancé son armée sur la Russie en la divisant en trois branches. Le groupe Nord sous les ordres du maréchal Wilhelm von Leeb fonce à travers les pays Baltes vers Leningrad ; le groupe Sud mené par le maréchal Gerd von Rundstedt pique vers la riche Ukraine et sa capitale Kiev avant de s'assurer de ses ports, Odessa et Sébastopol. Enfin, la force principale, le groupe d'armées Centre, dirigé par le maréchal Fedor von Bock, doit progresser vers Moscou tout en flanquant les deux autres. Les conquérants sont persuadés de leur supériorité militaire et morale sur l'*Homo sovieticus*. « *Zwei Monate, Moskwa kaput** *!* », crient-ils quand ils pénètrent dans les premiers territoires russes. « Le plus pénible, c'était le mépris que les Allemands avaient pour nous. Pour la façon dont nous vivions... Pour notre mode de vie... Hitler traitait les Slaves de lapins », raconte un des témoins interrogés par Svetlana Alexievitch. Pour le dictateur et ses sbires, les Russes sont des *Untermenschen*, des sous-hommes. But de cette *Blitzkrieg* menée sur trois fronts : détruire l'Armée rouge et, en prenant Moscou, priver la Russie de son gouvernement et de son centre de commandement. Ensuite, on s'installera pour coloniser le pays, après s'être débarrassé de l'intelligentsia judéo-bolchevique, « oppresseur du peuple [qui] doit être éliminé [...]. Nécessité de neutraliser immédiatement les chefs

* « Deux mois, et Moscou sera brisé. »

bolcheviques et les commissaires », note le général Alfred Jodl, chef de l'état-major et, à ce titre, en charge de la conduite des opérations militaires, après un entretien avec le Führer en mars 1941. Leur autre obsession, ce sont les partisans. D'autant qu'ils le savent, ils n'auront jamais les forces suffisantes pour quadriller le plus grand pays du monde, une fois celui-ci occupé. Durant la guerre de 1870 contre la France ou lors du premier conflit mondial, leur répression a toujours été féroce. Les nazis ont réfléchi à cette question et décidé d'officialiser les massacres contre les civils, dont la Pologne a été le laboratoire. Ils édictent « le décret Barbarossa* » : il n'y aura plus de tribunaux pour les délits commis par les militaires « du fait de l'étendue du théâtre d'opérations à l'Est, de la forme du combat à y mener par nécessité, des particularités de l'adversaire [...] et du manque de personnel. Cette fonction ne pourra être remplie que si la troupe elle-même se défend sans pitié contre la population civile ennemie. [...] Les

* Celui-ci, diffusé au sein du haut commandement allemand le 13 mai 1941, comportait plusieurs ordres opérationnels concernant l'attaque contre l'Union soviétique, ainsi que ce qu'on allait appeler les « ordres criminels ». Il englobait l'élimination immédiate de tous les commissaires politiques de l'Armée rouge faits prisonniers, la réduction des compétences des tribunaux militaires, enfin d'impitoyables actions punitives à l'encontre des partisans et de quiconque leur apporterait une aide, des membres du Parti communiste et des Juifs.

francs-tireurs doivent être liquidés sans pitié par la troupe durant les combats ou dans leur fuite ».

Côté soviétique, Staline ne veut pas croire à l'invasion de son compère Hitler avec lequel il a signé le pacte germano-soviétique deux ans plus tôt. Il le sait, son armée est fragile. D'abord parce qu'il en a décimé le commandement durant les grandes purges de 1937 à 1938, ensuite parce qu'elle n'a pas été réorganisée selon les plans du maréchal Mikhaïl Toukhatchevski à partir de divisions blindées, sur le modèle cher à Guderian ou à de Gaulle. De toute façon, comme on le verra plus loin, Toukhatchevski n'est plus là pour mettre ses idées en œuvre. Il a été fusillé le 12 juin 1937 dans le cadre de la Grande Terreur, durant laquelle périront 800 000 Russes, 6 millions étant arrêtés et 1,6 million emprisonnés et déportés. Chez les militaires, 40 000 cadres sont arrêtés et 10 000 fusillés*. « En 543 jours de terreur, 506 officiers généraux ont trouvé la mort sous la torture ou sous les balles du NKVD. Durant les 1 418 jours du conflit avec le Reich, il en tombera 287 du fait de l'ennemi », écrit toujours Jean Lopez.

L'autre facteur du succès initial allemand réside dans la surprise, comme en témoigne le journaliste

---

*Durant ces purges, sont éliminés trois maréchaux sur cinq, 75 des 80 membres du haut conseil militaire, 14 commandants d'armée sur 16, 60 des 67 commandants de corps d'armée, 136 commandants de division sur 199 et 221 des 397 commandants de brigade.

et écrivain Vassili Grossman dans ses *Carnets de guerre* : « Au moment où la guerre a commencé, beaucoup de commandants en chef et de généraux étaient en villégiature à Sotchi. Beaucoup d'unités blindées étaient occupées à changer les moteurs, beaucoup d'unités d'artillerie n'avaient pas de munitions, pas plus que, dans l'aviation, on n'avait de carburant pour les avions... Lorsque, depuis la frontière, on commença à avertir par téléphone les états-majors supérieurs que la guerre avait commencé, certains s'entendirent répondre : "Ne cédez pas à la provocation." Ce fut une surprise, au sens le plus strict, le plus terrible du terme. » Staline a sciemment ignoré les mises en garde, et notamment celles de son meilleur espion, Richard Sorge, basé au Japon, qui lui a pourtant communiqué la date exacte du déclenchement de *Barbarossa*.

L'avancée de la Wehrmacht est foudroyante face à une Armée rouge mal préparée et dont l'aviation a été décimée dès les premières heures. La défense soviétique est éviscérée, malgré sa résistance farouche par endroits. Les Russes se retrouvent enfermés dans une immense poche autour de Minsk dans l'actuelle Biélorussie : 400 000 soldats soviétiques sont tués ou faits prisonniers, 2 500 chars perdus, un énorme matériel saisi. Le 28 juin, le groupe d'armées Centre franchit la Berezina, direction Smolensk. Dans la nuit, la ville subit son plus dur bombardement. Une cinquantaine d'appareils de la Luftwaffe lâchent

100 bombes classiques et 2000 incendiaires. Le centre et plus de 600 maisons sont en feu. Valentina Pavlona Maximtchouk, future servante de DCA dans l'Armée rouge, l'un des témoins interrogés par l'écrivaine Svetlana Alexievitch pour son livre *La guerre n'a pas un visage de femme*, était étudiante à l'Institut pédagogique de Smolensk. Le jour du bombardement, elle part avec ses camarades en direction de Krasnoï, marchant sans se retourner. Le soir, lors de la halte, ils regardent derrière eux : « Tout l'horizon était embrasé : à une distance de quarante kilomètres, on avait l'impression que tout le ciel était inondé de pourpre. Nous avons compris que ce n'était pas une dizaine ni même une centaine de maisons qui brûlaient... Toute la ville de Smolensk était en feu. »

Le 10 juillet, Heinz Guderian, « Heinz le rapide* », chef du Panzergruppe 2, fonce avec ses chars et jette trois ponts sur le Dniepr. Le 15 juillet au soir, la 7e division blindée du général Horth coiffe la cité par le nord. Smolensk est encerclée. Elle a été mise en état de siège, comme le décrit l'historien Paul Carell : « Les rues étaient barricadées et l'on avait construit des blockhaus lourds et légers. Chaque maison, chaque cave, était un nid

*Guderian (1888-1954) a appliqué le *Blitzkrieg* avec succès contre la France en 1940, puis au début de l'offensive contre l'Union soviétique. Il est capturé par les Américains en 1945, sans être accusé de crimes de guerre, et sera l'un des architectes de la renaissance de l'armée allemande, la Bundeswehr.

de résistance. Les ouvriers et les employés avaient reçu des armes, et, mêlés aux unités de la police d'État et de la milice, ils formaient des groupes de combat de rue. » Ils sont dénommés « brigades des travailleurs » et, aux côtés du NKVD, vont livrer une résistance acharnée dans la zone industrielle. « Pour la première fois dans l'histoire de la guerre moderne, toute différence cessa entre combattants et non-combattants, entre soldats et civils. L'ordre fut donné de défendre chaque maison jusqu'à la dernière cartouche, de disputer chaque pied de terrain à l'ennemi », ajoute l'historien Wolf von Aaken. Le 71e régiment d'infanterie de Thuringe parvient le premier devant Smolensk et l'attaque par le sud. Ses premiers éléments y pénètrent le soir du 15 juillet, le 15e régiment d'infanterie entreprenant l'attaque principale au petit matin du 16. Toute la rive gauche tombe rapidement et, selon le même schéma que lors de l'offensive napoléonienne, les troupes du général Loukine se retranchent sur la rive droite, où elles tiennent l'autoroute et la gare de triage, l'une des plus importantes d'URSS. Le maréchal Andreï Ivanovitch Yérémenko, qui vient de reprendre la tête du front de l'Ouest, lance des vagues d'assaut de soldats qui chargent au coude à coude, décimées les unes derrière les autres, même si elles finissent par avancer derrière les murailles de corps de leurs camarades tués et blessés. Les combats durent encore deux semaines, causant des pertes considérables côté russe, la perte d'un temps précieux pour leurs adversaires. « Dans la soirée, traversé le feu de l'artillerie ennemie à Smolensk, note Heinz Guderian. [...] La ville de Smolensk avait peu souffert des combats livrés pour elle. » On peut en avoir l'impression quand on regarde les images prises par les premiers photographes. Quelques vastes bâtiments jetés à terre, des chars russes détruits au milieu des grands boulevards, des femmes sortant d'abris et levant les bras devant les soldats qui les tiennent en joue, deux d'entre eux, très jeunes, posant en souriant devant la tête d'une statue de Staline décapitée, mais aussi l'intérieur noir de l'église de l'Assomption devant laquelle, photographiés en contre-plongée, posent quelques semaines plus tard une vingtaine de journalistes venus immortaliser la prise de la cité immortelle. Il s'agit de leur prouver que les bâtiments incendiés entre-temps l'ont été sur ordre des Russes. En réalité, selon le témoignage d'un journaliste espagnol, Miquelarena, correspondant berlinois du journal monarchiste madrilène *ABC*, « après le bombardement par les Allemands, le grand incendie allumé par l'Armée rouge lors de sa retraite et trois jours d'arrosage par les canons soviétiques, il ne reste pratiquement plus rien de Smolensk qu'un squelette. C'est un amas de décombres. Il ne subsiste qu'une forêt de cheminées en briques dans les anciennes maisons en bois qui ont disparu, ou, en dehors de cela, que l'hôtel Smolensk, la Banque d'État et la cathédrale transformée en musée [...]. La ville comptait 160 000 habitants, il en reste à peine 20 000. »

De toutes ces images, la plus étonnante est celle d'un homme en civil au milieu d'un groupe d'officiers de la Wehrmacht. Brun au physique du Sud, le visage émacié et l'air désabusé, les mains enfoncées dans les poches d'un épais manteau militaire, Yakov Djougachvili, 34 ans, est le fils de Staline. Chef d'une batterie d'artillerie, il a été capturé avec des milliers d'autres soldats soviétiques près de Vitebsk le jour même de la prise de Smolensk. La 14e division blindée à laquelle il appartenait a été décimée au fil des jours et finalement anéantie près de Liozno, en Biélorussie. Il est le premier fils du Petit Père des peuples, qu'il n'a quasiment jamais vu durant son enfance, et avec qui il entretient des relations difficiles. Staline refusera de l'échanger contre le maréchal Paulus, fait prisonnier à Stalingrad en 1943. « On n'échange pas un maréchal contre un lieutenant », aurait-il répondu. Quand il apprend que son fils s'est rendu aux Allemands – crime de haute trahison selon les règlements militaires soviétiques –, il fait jeter son épouse Yulia en prison et envoie son petit-fils dans un orphelinat. Yakov Djougachvili meurt deux ans plus tard au camp de concentration de Sachsenhausen dans des conditions mystérieuses, en se jetant sur des fils électrifiés ou assassiné sur ordre de Himmler. Voilà pour mes autres amis, ceux qui comparent Napoléon à Staline. Il faut aussi préciser que les folles contre-attaques russes, ces vagues de milliers de combattants qui viennent mourir devant les canons et les mitrailleuses ennemies, sont également motivées par la répression qui s'exerce contre les récalcitrants, comme en témoigne le major Piotr Palii, cité dans *Barbarossa*. « Nous nous sommes retrouvés entre deux lignes de feu – en face, celle des Allemands [...] et derrière, près du Dniepr, celles de nos unités de barrage ou, comme certains les appelaient, la bande à Mekhlis*. Ils fusillaient quiconque voulait quitter la première ligne sans laissez-passer. [...] Sur ce secteur du front central, il y avait beaucoup d' "Asiatiques" : Tadjiks, Kazakhs et Ouzbeks. Ces gens ne comprenaient pas bien le russe, n'avaient pas idée de ce qui se passait et ne voulaient pas participer à la bataille. Dès qu'ils entendaient les tirs, ils s'allongeaient dans les tranchées et on ne pouvait plus les en faire sortir. Les commandants utilisaient souvent leurs armes contre "ces lâches et ces déserteurs". Plusieurs de ces Asiatiques ont été fusillés à même les tranchées. »

Lors de son interrogatoire, on demande au fils de Staline ce qu'il pense de la politique de la terre brûlée mise en œuvre par son géniteur. « Quand Napoléon a envahi la Russie, on a fait la

* Général Lev Mekhlis (1889-1953), l'un des commissaires politiques de l'Armée rouge, connu pour son extrême nullité. Staline le limoge en 1942. Il est sans doute assassiné sur son ordre en 1953.

même chose [...]. Je considère que c'est juste. » « Pensez-vous que le gouvernement russe fera la même chose avec Moscou, comme à l'époque de Napoléon ? » « Je pense qu'à la guerre, tous les moyens sont bons. La guerre, c'est la guerre [...]. Mais d'où déduisez-vous que vous allez prendre Moscou ? Vous êtes trop sûrs de vous ! » Quand ses interrogateurs lui demandent s'il veut que sa femme soit informée de sa capture, il refuse et lâche : « J'ai honte devant mon père parce que je suis resté en vie. »

La prise de la plus grande partie de la ville en fait le centre d'une gigantesque poche dans laquelle sont enfermés près de 350 000 soldats soviétiques, le « chaudron de Smolensk ». Afin de sortir de la nasse, l'Armée rouge va lancer de nombreuses contre-offensives, notamment parties du Sud. Pour les Allemands, la percée a cependant coûté cher, comme en témoigne le tankiste Erich Hager, de la 17e Panzer, le 18 juillet 1941 : « On s'arrête devant Smolensk car nos chars sont pris dans un combat. Les Russes veulent reprendre Smolensk. Sanglante bataille. Sur la route, je vois mes camarades tués de la 29e division motorisée. Beaucoup d'officiers. Il y a eu une terrible bataille ici. Le lieutenant Keitel, fils du haut commandant de l'armée, est tombé ici même. Je photographie sa tombe. Je n'ai jamais vu autant de tombes. Mais je me demande combien de Russes ont péri. Leurs tanks gisent en grand nombre. […] On arrive à Smolensk à 4 heures du matin. Nouveaux combats. Un de nos chars est démoli. 19 juillet […] L'artillerie russe nous matraque. Deux chars détruits. 20 juillet. Encore deux chars détruits. […] Il n'y a plus qu'un Panzer IV. »

Dans le ciel, l'aviation allemande agit comme un marteau-pilon sur les Soviétiques. « À présent, toute notre activité se concentre sur l'autostrade Smolensk-Moscou, où les Russes ont accumulé un matériel fantastique, écrit l'as Hans Rudel dans son livre *Pilote de Stukas*. Souvent les camions et les blindés y roulent sur trois colonnes, en un cortège ininterrompu. Grâce à nos attaques incessantes, ces masses serrées ne sont plus, au bout de quelques jours, que des amas de ferraille […]. Camions, canons, chars, sont écrasés, pulvérisés, transformés en écumoires. » Les convois, routiers ou ferroviaires, qui évacuent les réfugiés depuis les territoires tombés aux mains des Allemands sont, eux aussi, harcelés par l'aviation. « Près de Smolensk, notre wagon d'évacués a été complètement détruit par les bombes, témoignera Valia Iourkevitch, âgée alors de sept ans. On s'en est sortis par miracle, on nous a dégagés des décombres […] Quand on s'est retrouvés dans les champs, c'était affreux. Tout un champ de seigle était semé de morts. […] Ils étaient étendus, couverts de suie noire, et si nombreux qu'on avait peine à croire que c'étaient des gens.

C'est ma première impression de la guerre. Nos soldats, tout noirs… »

Quarante-cinq mille soldats de la Wehrmacht ont été tués ou blessés contre 100 000 Soviétiques, sans compter 300 000 autres faits prisonniers. Mais, en butant sur la résistance acharnée de la ville et de sa région, l'offensive n'a pas atteint son but premier, qui était de détruire l'Armée rouge à l'ouest du Dniepr. Exactement comme Napoléon voulait le faire avec les troupes du tsar. La victoire sanglante de Smolensk signe ainsi l'échec de l'opération *Barbarossa.* Le *Blitzkrieg* s'est épuisé et Moscou ne sera pas prise, les Soviétiques ayant eu le temps de la mettre en défense. Durant ces deux premiers mois, les soldats du maréchal Timochenko vont multiplier les contre-offensives, malgré des pertes énormes. À l'automne, le correspondant de guerre de la BBC, Alexander Werth, d'origine russe, se rend sur le front. Lui aussi n'oubliera jamais : « Cette semaine passée dans la région de Smolensk fut certes une expérience réconfortante, mais aussi bien tragique. Il s'agissait d'une des plus anciennes terres russes, plus ancienne que l'Estonie, la Lituanie, ou même la Biélorussie et l'Ukraine ; c'était presque le cœur de la vieille Moscovie. La vieille cité de Smolensk se trouvait déjà aux mains des Allemands ; le front s'étendait à 30 ou 40 kilomètres à l'est. Nous traversâmes des villages où les Allemands n'étaient pas encore parvenus. Il n'y restait pour ainsi dire pas de jeunes gens ; seulement des femmes, les larmes aux yeux, des enfants et une poignée de vieillards. Plusieurs de ces villages du front avaient été bombardés et mitraillés. Certaines agglomérations, telle Doukhochvina, avaient été entièrement effacées par le bombardement allemand, et les champs de seigle et de lin qui les entouraient n'avaient pas été moissonnés. »

On se promène dans Tulle, la ville des sept collines, avec Jacques Souletie, en respirant l'air frais et calme de la paix. La réunion avec les membres de l'association Tulle/Smolensk se tient dans une salle du centre culturel et sportif. En cette fin de journée, les locaux sont vides, on monte dans les étages où, autour d'une longue table de conférence, ils sont une douzaine, la majorité des retraités, à attendre le journaliste venu de Paris. Ils parlent avec une grande gentillesse des habitants de Smolensk. Dominique, derrière ses grandes lunettes, a le regard qui pétille : « Ce sont des gens d'une chaleur extraordinaire. Ils ont un grand amour de la France et des Français. La ville est d'une grande beauté et il en émane quelque chose de mystérieux. » Maïté abonde en souriant : « Les jeunes sont extrêmement polis et curieux, les gosses vous tiennent les sacs dans les escalators. Les gens lisent des livres dans les parcs. C'est la culture, pas le divertissement. » « Les églises sont très belles, renchérit Michel en jouant avec ses lunettes. Le partenariat est axé autour de l'université, dont j'ai trouvé les salles de classe modernes. » Certes, les voyages ne sont pas toujours faciles à organiser : « Tout ce qui est administratif est lourd, très rigide », reconnaît Jacques Souletie. « Nos hôtes étaient souvent des professeurs, plutôt des intellectuels. Ils veulent rester différents. Ils pensent que leur pays peut incarner une troisième voie, ajoute Dominique. Et puis, il faut connaître la situation d'avant. J'y suis allé en 1988 et j'ai vu des gens qui vivaient avec des tickets de rationnement. » « Rien n'est cher, dit Jacques Souletie On mange très bien pour 10 euros. Avec Françoise, ma femme, nous étions hébergés dans une famille qui habitait un immeuble très vétuste. Eh bien, nous sommes repartis avec des cadeaux offerts par nos hôtes, et pas du n'importe quoi. »

Un dernier café au bistro de la gare avec Jacques. La place du marché, qui lui fait face, a été rebaptisée « place de Smolensk ». On s'attarde au soleil avant de s'apercevoir qu'il va falloir courir pour attraper le train. Juste à temps. Du quai, mon hôte me crie : « Surtout, salue bien Oleg ! »

Youri

Oleg m'attend à l'aéroport de Moscou où je débarque pour mon deuxième séjour à Smolensk le vendredi 22 octobre 2021. Quarante-cinq ans, grand et élancé, il tient une plaque avec le numéro 67, l'indicatif de la ville. Au-dessus du masque, deux yeux clairs et rieurs. Beaucoup de gens le portent à l'aéroport, espace à la clientèle internationale, mais de façon plutôt nonchalante alors que le Covid frappe la Russie de plein fouet. Oleg parle parfaitement français, mâtiné d'un léger accent suisse, il se rend souvent en Suisse, vit à Smolensk et connaît bien la France, qu'il aime au point d'avoir appelé son école de langues « Sous les toits de Paris ». Il s'occupe aussi d'organiser les voyages de ceux qui veulent connaître sa ville, plutôt rares, ou de Russes voulant connaître la France. Il a piloté les membres de l'association Tulle/Smolensk lors de leurs séjours dans la vieille cité, et Jacques Souletie m'avait donné ses coordonnées : « Tu verras, avec lui cela se passera très bien. » En quelques rapides échanges de mails où je lui ai exposé les buts de ce deuxième séjour, Oleg a tout organisé. Il m'apparaît comme un garçon efficace et très doux. Je commets alors ma première gaffe et, malheureusement, pas la dernière. « Que lis-tu sur la Russie ? », me demande-t-il pour entamer la conversation. Je sors de mon blouson *La Fin de l'homme rouge*, le livre de l'écrivaine biélorusse* Svetlana Alexievitch, en m'apprêtant à lui dire combien je trouve ce livre intéressant. « Une opposante », coupe-t-il aussitôt. « Trop de politique. À croire qu'en Biélorussie, il n'y a rien, pas de culture, de vie, de joie. » J'ai conscience de naviguer en Russie avec des stéréotypes dont le moindre n'est pas le bourrage de crâne subi par tous les jeunes Occidentaux à coups de films, de livres vantant la grande victoire alliée – mais surtout celle des États-Unis – durant la Seconde Guerre mondiale, alors que les Russes y perdirent 26 millions de morts, soit 65 fois plus de victimes que l'US Army. Ce qui fait d'eux les vrais vainqueurs du IIIe Reich, non seulement aux yeux de mon interlocuteur, mais aussi de beaucoup d'historiens. Rude accueil auquel je ne m'attendais pas. J'apprendrai à mieux connaître Oleg et, à

* Svetlana Alexievitch est née en Ukraine, mais vit à Minsk, capitale de la Biélorussie, située à 330 kilomètres à l'ouest de Smolensk et ville martyre lors de l'invasion de l'URSS par les nazis. 80 000 Juifs y furent assassinés.

travers lui, la Russie et surtout les Russes, ce dont je ne le remercierai jamais assez. Il aime tout simplement son pays et est révolté par l'image que les médias occidentaux en donnent.

« J'ai l'impression qu'ils sont devenus comme les journaux de l'Union soviétique. Il n'y a qu'un seul point de vue et, si tu ne le partages pas, tu es hors jeu, m'écrira-t-il peu après mon retour à Paris. Pas question d'y lire quelque chose de bien sur la Russie. Elle a toujours le mauvais rôle. » L'avenir lui donnera cruellement raison. En réalité, les Russes ont les nerfs à fleur de peau. De l'Occident, tout les irrite, et surtout ce qu'ils estiment être la marginalisation de leur pays. L'Ouest ne les aimerait pas. « La politique d'endiguement de la Russie, qui a continué au XVIIIe, au XIXe et au XXe siècle, se poursuit aujourd'hui, déclarait ainsi Vladimir Poutine au lendemain de l'invasion de la Crimée en mars 2014, dans l'un de ses discours les plus importants. On essaie toujours de nous repousser dans un coin parce que nous avons une position indépendante, parce que nous la défendons, parce que nous appelons les choses par leur nom et ne jouons pas aux hypocrites. Mais il y a des limites. En ce qui concerne l'Ukraine, nos partenaires occidentaux ont franchi la ligne jaune. Ils se comportaient de manière grossière, irresponsable et non professionnelle. » Huit ans plus tard, la Russie envahit sa voisine, pas de façon « très professionnelle », puisque son *Blitzkrieg* est un échec. Au-delà, confusément, les Russes estiment que l'Occident a une dette envers eux. Notre richesse, notre confort ne sont-ils pas dus à leur victoire, à leur immense sacrifice? « La Russie, par le préjudice qu'elle a subi, a acheté sa tranquillité et la gloire d'être le sauveur de l'Europe », disait déjà le tsar Alexandre Ier, chef de la coalition qui allait prendre Paris en 1814 et obtenir l'abdication de l'Empereur, comme le rapporte l'historienne Marie-Pierre Rey dans son ouvrage sur le vainqueur de Napoléon.

On arpente les couloirs sans fin de l'aéroport dans le fracas des valises à roulettes pour parvenir à l'équivalent de notre RER, mais en plus moderne et en plus propre. Il s'agit de rejoindre la gare centrale où nous prendrons le train de nuit qui passe par Smolensk. Le vieux convoi ventru attend ses passagers. Je m'arrête devant les premières voitures, la queue du train, surpris parce qu'elles semblent d'une autre époque, en bois, dignes des films en noir et blanc des années soixante. « Ce sont les wagons postaux, ne t'inquiète pas », rigole Oleg. Devant les voitures, une hôtesse serrée dans son uniforme rouge, calot sur la tête, examine les passeports des passagers : « Quand la Russie allait très mal, dans les années Eltsine, m'explique Oleg, des types achetaient tous les billets disponibles et les revendaient à prix d'or au pied des wagons. Depuis, on doit réserver et prouver qu'on est bien le titulaire du billet. » On embarque. À l'intérieur, on se croit dans un sauna. La température est à son maximum, et les vitres semblent scellées pour éviter tout souffle d'air. « Les Russes se vengent du froid en surchauffant tous les lieux clos », écrit Sylvain Tesson. Les passagers partent pour un long voyage vers l'ouest. Le convoi passe par tous les champs de bataille de la route des conquérants, suédois, polonais, français et allemands, pour ne citer que les plus récents. Après Smolensk, le train traversera la Biélorussie, puis gagnera l'enclave de Kaliningrad*. Dans les couloirs, on croise des passagers en pyjama et claquettes, les casse-croûte sont déjà de sortie dans les compartiments étroits et, stupéfaction, absolument personne ne porte le masque. On arrive du pays des « gestes barrières » et des « cas contacts » pour plonger dans un monde où l'on traite l'épidémie par le mépris. À peine 35 % de Russes sont vaccinés et on estime qu'un million d'entre eux sont morts du Covid, ce qui fait de la Russie le pays le plus touché du continent. Dans le compartiment, un jeune type aux traits poutiniens nous regarde de haut avant de se replonger dans l'écran de son smartphone.

---

*Kaliningrad, ancienne Königsberg, capitale des chevaliers Teutoniques et de la Prusse-Orientale. Prise par les Soviétiques en 1945, la population allemande en a été chassée, les 500 000 habitants actuels étant à 90 % d'origine soviétique. Enclave russe mais totalement isolée du territoire de la Fédération de Russie, c'est une importante base militaire.

Oleg grimpe sur la couchette supérieure pour un court repos réparateur. Le train s'ébranle. La nuit s'installe quand le voyageur d'en face se lève brutalement et se déshabille avec méthode, plie ses vêtements et s'allonge sur la banquette qui me fait face. Courte balade dans le wagon, sous les regards parfois étonnés des passagers, qui repèrent immédiatement l'étranger. Le voyage sera court, deux heures, car, avant de rejoindre Smolensk, j'ai voulu faire un arrêt à mi-chemin, à Gagarine, l'ancienne Gjatsk, ville de 30 000 habitants, là où s'était arrêté Napoléon le 30 octobre 1812 pour remettre de l'ordre dans la retraite de plus en plus confuse de la Grande Armée et de la cohorte de civils qui la suivaient vaille que vaille depuis Moscou. Là où s'arrêta Staline lors de sa seule visite sur le front en 1943. La cité a été rebaptisée, au lendemain de la mort de l'un des plus grands héros russes, Youri Gagarine, premier homme à avoir affronté le cosmos, le 12 avril 1961. C'est son regard que j'ai croisé en interviewant Aleksey Vladimirovich Ostrovskiy, l'ombrageux gouverneur de Smolensk, sur le mur où étaient apposés les portraits de toutes les célébrités de l'oblast. Gagarine et son inoubliable sourire, on les croise dès l'arrivée à l'aéroport de Moscou sur des panneaux où on le voit poser avec Fidel Castro, saluer l'équipe de hockey russe avant un match, ou lors d'une réception au Japon, le front ceint d'un bandeau blanc sur lequel figure en japonais une mention de bienvenue. J'ai un souvenir très personnel de Youri Gagarine. Une image me vient immédiatement en tête quand je pense à sa mort, à 34 ans, aux commandes de son Mig 15. Un beau ciel bleu fendu d'une traînée blanche qui s'interrompt soudain. Image inventée bien sûr, mais il faisait réellement beau ce 27 mars 1968 à Paris, où les « événements » de Mai venaient de débuter et éclipsèrent sa mort. J'allais avoir dix ans, la course aux étoiles entre Américains et Russes me passionnait. Le nouveau champ de bataille était poétique et pacifique. La détente en Tchécoslovaquie menée par le gouvernement d'Alexandre Dubček laissait entrevoir un espoir à l'Est. Jusqu'à ce que les chars russes viennent troubler la fête en intervenant à Prague durant l'été.

Youri a été le témoin direct de l'invasion quand il était enfant. Né dans une famille de paysans le 9 mars 1934 à Klouchino, hameau situé à 12 kilomètres de la ville qui porte maintenant son nom, son village fut occupé par les troupes allemandes d'octobre 1941 à mai 1943. C'est le but de notre visite, demain matin. Pour l'instant, le train s'arrête à la gare de Gagarine. Quais vides, nuit noire, on marche vers le parking où Oleg a laissé sa voiture, une Renault Mégane. On file dans les rues piquetées par l'éclairage ténu des réverbères pour stopper devant un supermarché, unique vitrine allumée à onze heures du soir où Oleg a quelque chose à acheter. Seul dans la voiture, je regarde les jeunes qui rigolent devant la boutique, mais aussi un petit bâtard roux qui tourne autour de la voiture, aboie, traverse la rue, revient, et auquel d'autres aboiements répondent. Je me retourne, une demi-douzaine de chiens pelés attendent au coin, vont et viennent. Oleg claque la portière et précède ma question. « Les chiens errants, en Russie, c'est un grand problème. Ils peuvent t'attaquer. Personne n'arrive à résoudre ça. Il suffirait pourtant de prendre des décisions », râle-t-il en racontant qu'un jour avec son fils alors petit, il avait dû faire un détour car une dizaine de molosses les attendaient au coin d'une rue. On stoppe sur la place principale devant une longue barre de béton jaune, l'hôtel Vostok, du nom du vaisseau de Gagarine, dont on devine la haute statue sur la place. Youri est partout. Sur des affiches, des enseignes. À l'accueil, tandis que la réceptionniste retranchée derrière sa vitre examine les papiers et cherche les clés des chambres, on a le temps de détailler dans la vitrine les livres, bols, mugs, porte-clés, photos, toutes sortes d'objets où brille le sourire du héros. Dans la chambre – une étuve –, deux portraits de lui veillent au-dessus du lit.

Le lendemain tôt, je fume devant l'hôtel quand un mauvais garçon stoppe devant moi et éructe quelques mots. Je lui tends une cigarette avec un grand sourire. Au premier mot d'anglais, il me regarde d'un air sidéré et grommelle ce qui ressemble à une série d'imprécations avant de filer à grandes enjambées dans un panache de fumée. On flâne quelques minutes dans le froid vif. Les rues sont vides, hormis des ménagères en anorak qui marchent à grands pas et deux vieilles dames vendant des patates et quelques légumes sur un petit étal. La ville n'est pas riante. Longues façades bétonnées aux tons pâles, boutiques encore fermées bardées d'enseignes lumineuses éteintes, trottoirs inégaux, Oleg sourit : « Ici, pas grand-chose n'a changé depuis les années cinquante. » Soudain surgit une voiture qui s'arrête au feu, une belle Range Rover blanche conduite par une blonde aux lunettes fumées. La route de campagne qui mène à Klouchino n'est pas gaie non plus. La nature, dépouillée, grise, avec ses bouleaux et ses peupliers dénudés, se prépare à l'hiver. Mais on ne peut pas se tromper : à un croisement, un grand portrait de Youri tout sourire indique le chemin. Klouchino – 400 habitants – est un très ancien village, évoqué dans les chroniques dès 1249, mais malheureusement situé sur la route des invasions. En 1610, l'armée polonaise menée par l'hetman Stanislas Zolkiewski y remporte une victoire décisive contre les Russes et dévaste la petite communauté. La route de Moscou est ouverte et les Polonais s'y installent. Ils n'en seront chassés que deux ans plus tard et, dans leur retraite, feront de Smolensk la première place forte sur la route de leur pays. De ce conflit oublié est né le sentiment national russe.

Et une haine bien ancrée – et réciproque – contre la Pologne. D'autant que l'histoire n'est pas finie. De 1632 à 1634, Smolensk vit un siège en règle, mais les Russes ne parviennent pas à l'arracher à ce qu'on appelle alors la république des Deux Nations, l'État résultant de l'union du royaume de Pologne et du grand-duché de Lituanie. Les Moscovites ne reprendront la ville qu'en 1654 lors d'une nouvelle guerre, longue de treize années, contre la République, un conflit qui attend toujours son historien.

« La paroisse de Klouchino est fort pauvre, écrivait l'historien régionaliste Alexeï Lvov à la fin du XIXe siècle ; les moujiks y vivent de la culture et du halage. On y manque de terre et de pain », rapporte Yves Gauthier dans sa biographie très fouillée *Gagarine ou le rêve russe de l'espace*. Même si dans ses mémoires, bien sûr visés de près par les autorités soviétiques, Youri Gagarine écrit « qu'on y vivait à l'aise », l'existence que mène la famille est difficile, sans eau courante ni électricité. Youri ne verra sa première voiture qu'à l'âge de six ans en se rendant en 1940 en calèche avec son père à Gjatsk. Au moins ont-ils échappé à la famine liée à la collectivisation des terres ordonnée par Staline et qui a causé, de 1931 à 1933, entre 4 et 10 millions de morts en URSS, dont trois en Ukraine durant l'effrayante *Holodomor**. Cette famine qui

* *Holodomor* signifie « famine » en ukrainien.

a été le tout premier souvenir du jeune Mikhaïl Gorbatchev : « En 1933, j'avais 2 ans et demi, je revois mon grand-père Andreï en train de faire bouillir des grenouilles pêchées dans le ruisseau à côté de chez nous* », racontait le futur et éphémère dernier président de l'URSS. Youri Gagarine a un frère, Valentin, de dix ans son aîné, et une sœur, Zoïa, qui a sept ans de plus que lui. Son cadet Boris naîtra deux ans après lui, en 1936. Gagarine raconte l'irruption des envahisseurs dans sa vie de petit garçon de sept ans. « Comme l'eau à l'époque des grandes crues, la guerre déferlait, se rapprochant sans cesse. Les réfugiés passaient, silencieux comme des ombres. Les blessés les suivaient ; tous se repliaient vers l'intérieur du pays. On disait que les nazis avaient rasé Minsk, que des combats sanglants étaient livrés devant Elnia et Smolensk. » Le 30 septembre, les Allemands ont lancé l'opération *Typhon*, destinée à prendre Moscou. Le groupe Centre, 77 divisions, 2 millions d'hommes, la moitié des troupes d'invasion engagées en URSS, fonce sur une ligne de 200 kilomètres et sur les trois fronts de défense russes tenus par 1,2 million de soldats. « Le meilleur de l'armée soviétique », écrit Jean Lopez. Mais mal coordonnées entre elles, leur commandement n'étant pas unifié, elles vont connaître un désastre terrible. Encerclement, immenses poches créées

* *Esquire*, octobre 2012.

dont les troupes soviétiques cherchent à s'extraire à grand-peine, en quelques semaines, les Russes comptent 300 000 tués ou blessés et 700 000 d'entre eux sont faits prisonniers. Mille chars ont été détruits, 5 000 canons perdus. Certes, la Wehrmacht connaît des pertes importantes. Les cinq divisions blindées de « Heinz le rapide », qui a encerclé une partie des troupes soviétiques au sud, ne compte plus que 271 Panzers, un tiers de ceux que son groupe alignait le 22 juin, jour de l'invasion. Les Russes se battent comme des lions et ils disposent d'une pièce maîtresse : le nouveau char T34. Si, au début de *Barbarossa*, ces blindés modernes et très efficaces* ont été envoyés en petits paquets au massacre comme les chars français en 1940 alors que ceux des Allemands chassaient en meute, ils ont déjà fait forte impression. « Le 6 octobre, écrit Guderian, la 4e division panzer fut attaquée par des chars russes au sud de Mtsensk, et passa quelques heures désagréables. Pour la première fois, la supériorité du T-34 russe fut démontrée avec éclat. La division subit des pertes sensibles. [...] Ce que j'appris de l'efficacité et surtout du changement de tactique des chars russes était très contrariant. [...] Ils avaient profité

*Conçu par l'ingénieur Mikhaïl Kochkine et entré en service en 1940, le T34, 26 tonnes, blindage de 4,5 cm, armé d'un canon de 76,2 mm, combine bonne puissance de feu, mobilité et résistance aux impacts. Il est considéré comme l'un des meilleurs chars de la Seconde Guerre mondiale.

des leçons. » Le T34 est devenu le symbole de la Grande Guerre patriotique en Russie. Dans son livre *Le Régiment immortel*, Galia Ackerman raconte qu'en janvier 2019, le Laos a rendu, à la demande de Moscou, 30 de ces blindés, fabriqués après guerre dans les usines tchécoslovaques, contre une remise sur une future commande de chars. Ils ont débarqués à Vladivostok, et le voyage en train de ces reliques jusqu'à la capitale a été un triomphe tant ce blindé trapu vit dans la mémoire des Russes. « Dans les gares, "les vétérans" étaient salués non seulement par de simples habitants, mais aussi par des prêtres munis de gonfalons et aspergeant les chars d'eau bénite ainsi que par des orchestres. À la une des journaux locaux, on pouvait lire : "Bienvenue aux vainqueurs." » Ils viennent s'ajouter au millier d'autres qui, rivés sur leur stèle, servent de symboles dans les villes ou sont utilisés pour des tournages de films à la gloire du combat sacré mené par les Russes contre les nazis. Ces derniers ont perdu 50 000 hommes – tués ou blessés – pendant l'opération *Typhon*. Le ratio des pertes humaines est dix-huit fois supérieur côté russe. Mais la mort achète le temps. Faute d'un KO rapide, la Wehrmacht n'a pas les moyens militaires de ses ambitions titanesques et succombera à son tour, même si elle opposera, de 1943 à 1945, une résistance acharnée, de Stalingrad à Berlin.

On a roulé une vingtaine de minutes depuis Gagarine. Oleg stoppe devant l'isba, la maison familiale, « le musée Gagarine », modeste bâtisse en planches de pin coiffée d'un toit de chaume, située tout au bout du village. Autour, une trentaine de maisons de bric et de broc, plantées au milieu des herbes folles de part et d'autre de la petite route abîmée et étroite qui file vers l'horizon. Natacha, la guide du musée, nous attend. Nous sommes les seuls visiteurs, même si elle assure que des admirateurs viennent ici du monde entier. Grande, massive, épaisses lunettes et large sourire, elle est enveloppée dans un chaud manteau blanc et, une fois dans l'entrée, se lance dans un long exposé sur le village. Dont il ressort que, pendant la campagne de Russie de 1812, il comptait un important régiment de partisans. En 1918, les paysans se révoltèrent contre les bolcheviques, dont ils fusillèrent le chef. Le père de Gagarine, Alexeï, était charpentier, un artisan indispensable dans le village. Il pratiquait une éducation sévère, vénérait Pierre le Grand, tandis que la mère, Anna, laitière, descendante d'une famille des environs de Saint-Pétersbourg, faisait partager à ses enfants son goût de la lecture. Comment imaginer que des années plus tard, elle écrirait des milliers de lettres aux admirateurs de son fils sur un papier à lettres où, en en-tête, figurerait « mère du premier cosmonaute de l'humanité »? On pénètre dans la maison. Sur la droite, un four cheminée qui monte jusqu'au plafond, typique des maisons russes. À gauche, le petit bureau où se tient une dame qui contrôle les tickets et semble ensevelie sous les reliques et autres breloques consacrées à Youri. J'ai deux portraits de lui sur la porte de mon frigo. Je conseille celui où il pose avec une colombe blanche, il est très apaisant dans ces temps difficiles.

La maison compte en théorie deux pièces, mais il s'agit plutôt d'une salle séparée par une cloison. À gauche, le « séjour » avec un rouet, un gramophone, deux fenêtres pourvues d'épais rideaux contre les moustiques, endémiques ici. Le plancher n'existait pas à l'époque. À droite, l'unique chambre. Deux lits tête-bêche, une couchette, un berceau. Rustique. Mais ce n'est pas là que vivront les Gagarine quand le village sera occupé. « Ils ont eu de la chance. Les nazis ici n'étaient pas des guerriers, mais des mécaniciens qui avaient installé un atelier de réparation », explique Natacha. « Les événements se précipitèrent, poursuit Youri Gagarine. Des convois de camions, de voitures chargées de blessés, traversèrent le village. On parla d'évacuation. Il fallait s'en aller sans tarder [...]. Mon père et ma mère se préparaient eux aussi à quitter le village, mais ils n'en eurent pas le temps. Un jour, on entendit tonner les canons. Des lueurs d'incendie embrasèrent le ciel et des soldats allemands à bicyclette firent irruption dans le village. Alors ce fut un branle-bas inimaginable. Les perquisitions commencèrent. Les nazis cherchaient les partisans. Mais ils mettaient aussi la main sur tout ce qui en valait la peine, ne faisant fi ni des vêtements ni des chaussures. On nous chassa de notre maison que des soldats allemands occupèrent. Nous dûmes nous creuser un abri. » On le découvre, ébahi, derrière la maison. Un monticule de terre, troué d'une minuscule fenêtre. Une porte dans le flanc de cette taupinière, abri primitif, permet d'y descendre par un court escalier le long du four qui occupe le tiers de la pièce. À gauche, deux couchettes où la famille s'entasse pour dormir ; à droite, une minuscule table et une chaise. Au total, trois mètres sur trois. Les Allemands ayant fait main basse sur les animaux – cochons, chèvres, poules dont Natacha égrène précisément le nombre –, on se nourrit de ce qu'on trouve dans la forêt, baies, noix, et des poissons des lacs. Les troupes qui occupent le village ne sont pas des SS mais quand même. « Le Bavarois Albert s'occupait de recharger les batteries des voitures. Il ne supportait pas les gosses, racontera Gagarine à ses biographes. Je me souviens qu'un jour mon petit frère Boria, toujours curieux, s'est approché de son atelier. L'autre l'a pris par l'écharpe et l'a pendu à la branche d'un pommier. Et le voilà qui se marre... Ma mère, forcément, s'est précipitée, mais le Bavarois lui barrait la route [...]. Heureusement que son chef l'a appelé à ce moment-là, et nous avons pu décrocher Boria. De retour à notre cave, nous avons eu toutes les peines du monde à le ramener à la vie. » Ce sera ensuite le tour de Valentin puis de Zoïa, raflés par les SS dans le cadre du Service du travail obligatoire et envoyés à Dantzig. « Ma mère et d'autres femmes poursuivirent longtemps le cortège, folles de douleur, tandis que les soldats les chassaient à coups de crosse ou lançaient les chiens à leurs trousses. » Ils parviendront à s'évader : le premier rejoignant un régiment de chars russe qui prendra Berlin, Zoïa servant comme vétérinaire dans l'Armée rouge. La légende veut que la révélation de Youri, cette envie de se mesurer au ciel, ait eu lieu juste avant l'arrivée des nazis, quand deux avions soviétiques se posèrent non loin du village. L'un, un Lagg, désemparé, se vomit sur le ventre dans un marais tandis que l'autre, un Yak, roula dans un champ tout proche. « Le pilote n'avait pas abandonné son camarade dans le malheur. Nous nous précipitâmes tous sur les lieux. Chacun voulait toucher les aviateurs, se faufiler dans la carlingue. Nous respirions à pleins poumons l'odeur étrange de l'essence. Nous faisions le compte des trous dans les ailes des appareils. [...] Comme leurs vestes de cuir s'ouvraient, on voyait des décorations sur leurs vareuses. C'étaient les premières décorations que je voyais. » En mars 1943, sous la pression soviétique, les envahisseurs évacuent le petit village. « Mon père se rendit au-devant de nos soldats pour leur montrer où les Allemands avaient déposé des mines sur la route. Toute la nuit, il avait surveillé le travail de leurs sapeurs. Un colonel soviétique, coiffé d'un chapeau d'astrakan, épaulettes vertes fixées sur sa capote, exprima sa reconnaissance à mon père et l'embrassa. » La région est ravagée. « Dernièrement, je me suis rendu dans le district de Gjatsk, libéré par les Allemands, écrit le journaliste et écrivain Ilya Ehrenbourg. Le mot "désert" ne peut guère traduire le spectacle de cataclysme et de dévastation qui s'offre au regard dès que l'on entre dans la zone où l'occupant a sévi dix-sept mois durant. » Alexeï, qui a travaillé à l'hôpital de Gjatsk, est appelé pour aider à la reconstruction de la ville. Il démonte l'isba rondin par rondin, qu'il numérote soigneusement, avant de la rebâtir aux environs. Youri y passera la suite de son enfance. La demeure qu'on visite aujourd'hui a été reconstruite à son emplacement originel en 1971.

La suite de l'histoire de Youri Gagarine est sans doute l'un des plus grands exploits de l'Union soviétique, peut-être son apogée. En 1949, malgré l'opposition de son père qui voudrait le voir devenir charpentier, il part chez son oncle Savely à Moscou pour entreprendre une formation, malgré son faible niveau d'études, six années au total de primaire et de secondaire. Il devient apprenti fondeur. Têtu, sportif, petit – 1,59 mètre –, une fois son certificat d'ouvrier fondeur en poche, il entre à l'école industrielle de Saratov, au bord de la Volga. En parallèle, en souvenir de ces deux aviateurs russes qui l'ont fasciné, il apprend à piloter et obtient son brevet le 24 septembre 1955. Ce sera ensuite l'école Tchkalov de l'armée de l'air. Il épouse Valentina Goriatcheva en novembre 1957, dont il aura deux filles, Lena et Galina. Repéré par les autorités qui gèrent le programme spatial soviétique, il trouve un père spirituel dans la personne de Sergueï Korolev, le scientifique qui concevra le vaisseau de la mission Vostok 1*, l'un des plus brillants ingénieurs du siècle, « purgé » en 1938 comme membre de « l'intelligentsia technique ». La mâchoire et la moitié de ses dents brisées dès son premier interrogatoire, il est condamné à dix ans de détention à Moscou, à Novotcherkassk, et aux confins de la Sibérie dans la mine d'or de Maldiak. Lavrenti Beria** le fait libérer juste à temps à la demande du constructeur d'avions Andreï Tupolev. La Russie a besoin de cerveaux. Il était temps : 400 de ses 500 compagnons de misère sont déjà morts, tués au travail. Libéré en 1944, il devient le père de la conquête de l'espace, mais doit mener son œuvre dans l'ombre la plus totale. Son passé politique interdit de le faire apparaître en public. Il a ses rites, comme de pisser, à chaque lancement, sur le pas de tir, dans la fosse de rétention des gaz.

*Vostok 1 est le premier programme de vol habité réalisé par Youri Gagarine, à bord du vaisseau Vostok K3A.

**Redoutable chef du NKVD à partir de 1938, arrêté et exécuté en 1953, trois mois après la mort de Staline, dont il avait été le bras droit avant de prétendre à sa succession.

On retrouvera une petite photo de Korolev tachée de sang sur le site où Youri se crashera le 27 mars 1968 à 34 ans avec son ami Vladimir Serioguine, 45 ans, vétéran de la Seconde Guerre mondiale. D'eux, quasiment rien. Une longue traînée sanglante dans la neige, un bout de blouson accroché dans un arbre, une oreille de Youri qui permettra de l'identifier. Les deux aviateurs seront enterrés dans le mur du Kremlin à Moscou. « Quand on apprit sa mort, mes parents, tout le pays pleuraient, raconte Tatiana, les larmes aux yeux. C'était un grand malheur, une perte incroyable. J'avais huit ans. C'est le pays qui est coupable de sa mort. » Car les histoires les plus invraisemblables ont couru sur l'accident fatal du héros. Complot, assassinat, alcoolisme, suicide : rien de tout cela n'est vrai. Le premier homme dans l'espace, après avoir sillonné le monde, manquait sans doute d'entraînement, et l'accident est aujourd'hui la cause retenue de son décès.

Entre-temps, Gagarine a fait sa révolution, la première au monde. Cent huit minutes de vol lors de la première orbite terrestre, 50 % de chances d'y rester. Que fallait-il comme qualités pour parvenir à un tel exploit ? Un médecin militaire qui l'a examiné a livré ce portrait de lui : « Modeste ; embarrassé lorsque son humour lui fait tenir des propos un peu trop osés ; haut degré de développement intellectuel évident ; mémoire fantastique ; se distingue de ses collègues par sa perception aiguë de l'environnement, y compris à longue distance ; dispose d'une imagination très développée ; réactions rapides ; persévérant ; se prépare de manière assidue à ses activités et exercices d'entraînement ; parvient à maîtriser avec facilité la mécanique céleste et les formules mathématiques, et excelle dans les mathématiques supérieures ; n'hésite pas à défendre son opinion s'il pense avoir raison. » Le portrait se termine par cette phrase : « Comprend mieux la vie que beaucoup de ses amis. » Peut-être parce qu'il avait appris, dès l'âge de sept ans, ce qu'étaient sa précarité et sa valeur.

On quitte Natacha après avoir bu un verre d'eau fraîche tirée du puits, tradition quand on a visité le musée. Puis on reprend la grande route qui mène à Smolensk en s'arrêtant juste pour un rapide déjeuner dans un restaurant d'autoroute, agréable auberge au bortch délicieux que j'arrose d'un petit verre de vodka sur la recommandation d'Oleg. La route file, mon guide enclenche un CD de Grand Corps malade. Pas gai. Oleg adore la musique française, Renaud, Moustaki, Brassens. S'il a le crâne dégarni, il me fait remarquer ses deux longues pattes – « Hommage au rockabilly », dit-il en riant. On contemple le paysage désolé. Les champs ne sont pas cultivés, les usines abandonnées, sans portes ni fenêtres, leurs ouvertures parfois occultées par de grandes bâches plastique qui claquent au vent, se succèdent dans une lancinante monotonie. Quand on interroge Oleg, il fait une grimace. « Tout ça tournait avant : l'agriculture, les usines. Et puis on a tout vendu. » Il me parle de sa jeunesse. Il est né à Rostov-sur-le-Don, la patrie des cosaques, et quand sa mère a divorcé, il est parti avec elle, fils unique âgé de cinq ans, vers sa ville natale, Smolensk. « Comme elle avait un emploi à l'usine de chaussures, on a pu obtenir un logement. On a participé à la construction de l'immeuble. » La malheureuse est décédée du Covid en février. « Je connais plein de gens qui en sont morts », ajoute-t-il, les mâchoires serrées. Il était adolescent quand l'URSS s'est effondrée d'un coup, le 25 décembre 1991, à la suite de la déclaration 142-H du Soviet suprême reconnaissant l'indépendance des anciennes républiques soviétiques. La veille, Mikhaïl Gorbatchev avait démissionné et passé la main au président de la Fédération de Russie, Boris Eltsine. Le soir même, le drapeau rouge frappé de la faucille et du marteau flottant sur le Kremlin est amené pour la dernière fois, et l'emblème tricolore russe, celui du tsar Pierre le Grand, le remplace. « La plus grande catastrophe géopolitique de tous les temps », dira Vladimir Poutine, qui ne s'en est jamais remis. La Russie plonge alors dans l'abîme de la décennie Eltsine. « Une bonne douzaine d'années honteuses et terrifiantes », résume Oleg. Chute de 55 % du PIB, effondrement démographique, pillage du pays, appauvrissement massif de la population, hausse fulgurante des meurtres et des suicides : tel est le résultat de la « thérapie de choc » administrée au pays par de jeunes économistes libéraux de l'école de Chicago. En 1998, la Russie se trouve en défaut de paiement sur sa dette. Oleg était adolescent et a gardé deux souvenirs de cette décennie noire : « Le premier, c'était de voir les vétérans, adulés ici, vendre leurs médailles sur les marchés pour pouvoir manger. Quelle humiliation ! Et des vieilles dames qui, elles, ramassaient les mégots de cigarette dans la rue pour les vendre dans des bocaux. J'avais à peine commencé à fumer, j'ai arrêté. » Il évoque aussi la criminalité et la violence de l'époque. « C'était terrible. Mais j'étais jeune, il y avait l'université, les filles. Le tiers d'entre elles sont parties à l'étranger, mariées à des Occidentaux. Un autre tiers est resté à Moscou. »

À Smolensk, comme partout ailleurs en Russie, l'effondrement de l'État profite aux élus et aux pouvoirs économiques locaux qui captent les richesses au prix de sordides règlements de comptes. On trafique un peu de tout. Les autorités frappent de taxes illégales les marchands ambulants et les petits commerces de l'autoroute qui mène à Minsk, en Biélorussie. Le charbon qui alimente le système de chauffage urbain dont la cheminée de brique rouge sale pointe au-dessus de la partie nord de la ville est vendu quatre fois son prix. Alexandre Kolesnikov, conseiller municipal et magnat des kiosques des rues de la cité, est la première figure locale à tomber sous les balles durant l'été 1997. En 1998, c'est au tour d'Alexandre Ivanovitch

Chkadov, 58 ans, le directeur de l'usine de taille de diamants Kristall, créée en 1963, propriété de l'État, l'une des plus importantes de la ville avec ses 3 000 employés, qui est assassiné le 1er août. Élu député à l'assemblée provinciale entre 1994 et 1997, il était devenu le « dieu et tsar » de l'entreprise et un parrain local. Deux ans plus tard, en juin 2000, le responsable du service de la protection sociale de l'administration régionale qui menaçait de dénoncer la criminalisation de la région est tué, et le mois suivant, le fils d'Alexandre Kolesnikov, Sergueï, patron de l'usine de spiritueux Bacchus, se retrouve coincé sur l'autoroute. Sa voiture blindée est criblée de munitions spéciales, et il est tué de plusieurs balles dans la tête, des « tirs de contrôle » (*kontrolnye vystrely*), qui sont le signe d'un « contrat * ». Son meurtre est suivi de celui de Sergueï Novikov, le 26 juillet 2000, propriétaire de la seule station de radio indépendante de Smolensk, *Radio Vesna*, qui mettait en cause le gouverneur. Il finit abattu de plusieurs balles dans l'escalier de son immeuble.

Vladimir Poutine, arrivé au pouvoir quatre mois plus tôt, en avril, met la ville sous pression du FSB. Fort opportunément, le chef du plus important réseau criminel de Smolensk est abattu à Moscou. On purge les administrations, la police, mais la campagne pour l'élection du gouverneur en 2002

* Marie Jégo, *Le Monde*, 14 juillet 2020.

est à nouveau violente. Le chef de la police fédérale de la région de Smolensk est assassiné. Sergueï Kalinovski, rédacteur en chef de l'édition locale du quotidien *Moskovky Komsomolets*, est retrouvé mort, le 1er avril 2002, en banlieue de Smolensk. Un des adjoints du gouverneur, mouillé dans un trafic de vodka, échappe à un attentat, mais son chauffeur est tué. En 2005, le nouveau tsar fait passer une loi mettant fin à l'élection des gouverneurs. Ils seront désormais désignés par le Kremlin, seul moyen de contrer les satrapes locaux qui ont surgi un peu partout en profitant de la déconfiture de l'État central. Pour beaucoup de Russes, l'arrivée au pouvoir de Vladimir Poutine a coïncidé avec la fin de ce chaos et la résurrection de leur pays meurtri. « C'est lui qui a refait le pays », dit Oleg, à l'unisson d'une grande partie de ses compatriotes. Le 28 avril 2008, quatre mois avant sa mort, le Russe le plus célèbre du monde, l'écrivain Alexandre Soljenitsyne, livre ce constat alors largement partagé : « Poutine a reçu en héritage un pays pillé et à genoux, avec une majorité de la population démoralisée et tombée dans la misère. Et il a commencé sa reconstruction. [...] Petit à petit, lentement. Ces efforts n'ont pas été remarqués et appréciés tout de suite », écrit l'ancien bagnard et proscrit, Prix Nobel de littérature.

Oleg me raconte ensuite sa scolarité au collège français de Moscou, puis la faculté de langues qu'il n'a pu poursuivre, faute d'argent. Il a ensuite travaillé à la mairie de Smolensk où, pendant quinze ans, il s'est occupé des jumelages de la ville, rencontrant ainsi Jacques Souletie. Soudain, un char T34 bardé de son étoile rouge surgit sur son socle au bord de la route, puis un panneau en cyrillique indiquant des dates – 1610/1611 : « Ici, la Russie a été sauvée », me traduit Oleg. Quelques coups de volant et les cinq clochers de Notre-Dame-de-la-Dormition se détachent au loin dans une entaille lumineuse sous les nuages bas.

À l'heure de Staline

La promenade avec Elena débute tôt, après une nuit un peu courte. La veille, avec Oleg, nous avons fini la soirée dans une discothèque, le A-Klub, fichée au coin d'une rue noire du sud de la vieille ville. Du haut du balcon, on domine la scène et la petite foule clairsemée qui danse sur la musique grinçante, râpeuse et mélancolique jouée par un Tribute, un groupe reconstituant l'époque du rock comme il en existe dans un autre genre pour rejouer les batailles napoléoniennes. Le groupe, toutes guitares hurlantes, rend hommage à Kino, une formation légendaire des années 1980 en Russie. De son aventure menée par Viktor Tsoï, compositeur et chanteur a été tiré un film très bien fait : *Leto** (« L'été »), qui raconte cette époque où les disques de David Bowie ou de Bob Dylan circulaient sous le manteau tandis que la scène rock russe essayait de rattraper son retard. Viktor Tsoï

* Film de Kirill Serebrennikov, 2018.

n'a pas connu la décennie noire. Il est devenu une icône en se tuant dans un accident de voiture sur une route de Lettonie en 1990, à l'âge de 28 ans.

Avec Elena et Oleg, sous un ciel gris qui commence à s'éclaircir, nous nous promenons le long des remparts de l'est de la ville, là où les Polonais du maréchal Poniatowski se ruèrent à l'assaut les 17 et 18 août 1812. Si, de l'autre côté de la cité, de grandes parties de la muraille ont disparu, ici elle s'étend d'une seule traite, imposante, ponctuée de neuf tours. Par une trouée dans le mur, on passe de la rue au glacis accidenté, devenu lieu de promenade, bordé d'une rangée d'arbres et de buissons aux couleurs d'été indien qui dégringolent ensuite le long d'une pente raide. Impossible de monter sur les fortifications, qui ne disposent pas de garde-corps, on se contente donc d'une longue marche à leur pied durant laquelle on contemple les larges ravins en contrebas où tant d'hommes se sont entre-tués depuis la nuit des temps. Les tours, témoins de tous les assauts, où combattirent des générations de Smoléniens afin de repousser les envahisseurs, sont toutes de forme différente. La tour Vessieloukha, première de la série, est ronde et ventrue. La plus impressionnante est celle de l'Aigle, ou Gorodets, avec ses mâchicoulis, ses multiples meurtrières et embrasures. Les trois dernières sont coiffées d'un toit pointu gris. Elena est professeure d'anglais, mais comme elle parle aussi très bien français, elle est également guide et a choisi de nous montrer les principaux monuments historiques de la ville. Brune aux cheveux courts, 39 ans, un peu timide, elle est enveloppée dans un long manteau bleu matelassé et explique d'une voix douce comment cette cité, prospère dans les temps anciens, a ensuite été malmenée pendant huit siècles d'invasions. Quand nous revenons dans la rue qui remonte vers Notre-Dame-de-la-Dormition, elle s'arrête devant la statue noire du maréchal Koutouzov. « On dit qu'elle a été élevée là où Napoléon dut descendre de sa calèche et mettre pied à terre car ses chevaux ne pouvaient plus monter la pente. » À l'intérieur de la cathédrale, une petite foule ne portant quasiment pas de masques assiste à l'office du dimanche. Elena nous montre les peintures murales : « Il y a des motifs floraux, comme ces champs de tournesol. C'est très rare pour une église orthodoxe. En fait, les artistes qui les ont peints au XVIIIe siècle étaient originaires d'Ukraine », dit-elle dans un petit sourire, mais sans un seul instant faire allusion au conflit en cours. Une fois sortis, la promenade nous ramène au square du Souvenir-des-Héros. Elena nous entraîne vers la statue d'un homme assis dialoguant avec un autre. « À Smolensk, les trois personnages célèbres sont Glinka*, Gagarine et Alexandre Tvardovski, que vous voyez ici discutant avec son personnage Vassili Tiorkine. » Rédacteur en

* Mikhaïl Glinka (1804-1857), père de la musique russe moderne.

chef du magazine *Novy Mir*, célèbre revue littéraire, membre du comité central du Parti communiste, commissaire politique dans l'Armée rouge et correspondant de guerre, Alexandre Tvardovski est aussi celui qui, après avoir obtenu l'autorisation de Nikita Khrouchtchev, publie en 1962 *Une journée d'Ivan Denissovitch* d'Alexandre Soljenitsyne. Un ouragan littéraire qui allait apprendre au monde ce qu'était le Goulag. Comme la mort de Gagarine, le choc de sa lecture m'a suffisamment marqué pour que j'en garde des images en tête. Un après-midi ensoleillé à Paris, une haute fenêtre ouverte, rideau battant au vent, et un exemplaire lu d'une traite juste après sa traduction en français en 1972. À 14 ans, j'apprenais ce qu'était un *zek*, cet éternel bagnard russe, déporté pour une mauvaise blague sur le camarade Staline, dénoncé par un voisin et envoyé creuser le permafrost dans un froid glacial, ou parce que, comme le héros de Soljenitsyne, il avait été fait prisonnier, trahison suprême.

La promenade mène devant la stèle consacrée au Régiment immortel située au milieu du square du Souvenir-des-Héros, une longue et haute plaque noire érigée en 2017 et sur laquelle sont apposées des centaines de photos en noir et blanc d'habitants de l'oblast : « Je trouve ça bien, dit Elena. Ce ne sont pas des héros, mais des Smoléniens ordinaires. À l'origine, cela vient du peuple, des gens simples. En Russie, il n'y a pas de famille qui n'ait pas perdu d'ancêtres pendant la Grande Guerre patriotique. Ça n'a rien à voir avec la propagande. » Trois rues rendent hommage à la France. D'abord, l'avenue Normandie-Niémen, du nom de l'escadrille de pilotes français qui combattit au sein des forces aériennes de l'Union soviétique et débuta ses missions en mars 1943 dans le ciel de la cité. « Les Russes ont repris Smolensk, mais au prix de la destruction quasi complète de la ville », écrit Roland de La Poype, l'un des as de l'escadrille, compagnon de la Libération et héros de l'Union soviétique, qui poursuit : « Smolensk, déjà dévastée tant de fois au cours de son histoire, peut être appelée “la capitale des ruines”. » Une vitrine du musée de la Seconde Guerre mondiale est d'ailleurs consacrée à ces Français venus combattre dans les rangs de l'Armée rouge. Elle contient l'uniforme du capitaine Georges Masurel, offert pour le 50e anniversaire de la bataille. L'avenue Marcel-Cachin se situe près de la gare, là où le directeur du journal communiste *L'Humanité* fut ovationné par les habitants lors de l'un de ses nombreux voyages en Russie. Les autorités décidèrent d'honorer le nom de ce Français qui, dès le début de la révolution d'Octobre, était venu l'observer sur place, dans le chaos qu'elle avait engendré. Le socialiste était reparti de Russie conquis et, en décembre 1920, participera à la scission de la SFIO et à la création du Parti communiste français qui rejoindra la IIIe Internationale. Plus loin, une petite rue bordée de quelques maisons descend vers le Dniepr. « *Parishskoy Kommuny*, la rue de la Commune-de-Paris », sourit Elena. On repense à cette anecdote de la révolution russe, Lénine dansant dans la neige quand il apprit que l'insurrection bolchevique avait dépassé d'un jour la durée de la révolte parisienne. La révolution gagne Smolensk à la fin du mois d'octobre 1917, celle-ci tombant ensuite dans le chaos de la guerre civile qui va ravager la Russie jusqu'en 1923. Comme toujours, elle est malheureusement aux premières loges des bouleversements qui ont suivi l'abdication du tsar Nicolas II, le 2 mars 1917, et la prise du pouvoir par les bolcheviques huit mois plus tard.

À se promener ainsi en dehors du joli centre-ville, on comprend vite que la ville de Smolensk n'est pas bien riche. À population égale, son budget est près de cinq fois inférieur à celui d'une ville comme Nantes*. Rues abîmées et peu entretenues, immeubles modestes, parfois abandonnés, souvent aux peintures décaties, constructions aux portes et fenêtres condamnées, herbes folles un peu partout, ce laisser-aller fait soupirer mes guides. « C'est humiliant. Smolensk mérite mieux. » Le salaire moyen ? Elena sourit : « L'équivalent de 250 euros par mois, répond-elle. C'est pour ça que beaucoup de jeunes partent. » « Si l'argent ne fait pas

*7772,5 millions de roubles, soit 124 millions d'euros, contre 576,4 millions pour la capitale de la région des Pays de la Loire.

le bonheur, alors il y a tout pour être heureux à Smolensk », me dira en riant un pope, ami d'Oleg, colosse roux aux tempes rasées et à la houppette pointant sur le crâne. Tout cela n'est naturellement pas la faute du grand timonier Poutine dont peu prononcent le nom, mais, au niveau local, de « gens qui ne sont pas à leur place ». On parle de toute façon assez peu de politique ici, question de savoir-vivre et de survie, souvenir des temps anciens où après avoir posé un coussin sur le téléphone, on se retranchait dans la cuisine pour discuter sans risque d'être écouté. Quand on aborde les Russes dans la rue, beaucoup ont le réflexe de regarder d'abord par-dessus leur épaule avant de répondre. Oleg me montre de drôles de maisons, non loin de l'hôtel. Un étage, volets fermés, balcons de guingois, façades lépreuses : « Ce sont les prisonniers allemands qui les ont bâtis. Ça date de 1945. Ici, il n'y a rien de plus durable que le provisoire. » Comme « opposant » déclaré, je ne rencontrerai que Sacha, mon historien en uniforme du 46e régiment de ligne qui me fera visiter le lendemain les lieux de la bataille de 1812. « Sacha est un opposant », me confie Oleg en me le présentant dans un sourire. « On glisse vers le totalitarisme, répond celui-ci. Oui, je suis un opposant. J'ai participé à toutes les manifestations contre le pouvoir. Je n'ai jamais été arrêté. Enfin pas encore », dit-il, avant d'enchaîner sur les circonstances de la mort du général Gudin qui m'était un peu sorti de la tête.

Pour un Occidental, le coût de la vie à Smolensk est faible. On traverse la ville en taxi pour quelques euros et les bons hôtels offrent des tarifs tout à fait abordables, environ 80 euros la nuit. J'ai choisi l'Usad'ba, situé un peu au-dessus du Dniepr. S'il n'offre pas la même vue spectaculaire que l'établissement de mon premier séjour, il dispose d'un bon restaurant et d'une très bonne cave. L'hôtel est évidemment surchauffé, on y parle peu anglais et pas du tout français, le service est parfois hésitant mais plein de naturel. Comme cette jeune serveuse qui éclate franchement de rire par-dessus son masque quand, par mégarde, je m'adresse à elle en français. À l'autre bout du restaurant, seuls autres clients, la femme d'un couple intervient alors dans un français parfait et traduit ma commande. Olga m'expliquera qu'en tant qu'ancienne diplomate et journaliste, elle a longtemps travaillé à Strasbourg. Avec son mari Victor, ils séjournent à Smolensk pour une affaire familiale, mais ils vivent à Saint-Pétersbourg et ne semblent pas dans le besoin. Charmants, ils parlent avec bienveillance de la vieille cité. « Elle est un peu loin de tout. Il n'y a pas de circuit touristique bien organisé. Il faut prendre un guide alors qu'il y a des choses merveilleuses à voir. Il n'y a pas beaucoup d'hôtels de qualité non plus. Avant, il y avait beaucoup de vignes, mais elles ont été détruites. » Allusion à la politique menée au milieu des années 1980 par Mikhaïl Gorbatchev pour lutter contre l'alcoolisme. On reboit un verre d'un excellent vin italien, tandis que le Dniepr noir coule lentement en contrebas.

Quand les nazis prennent Smolensk en juillet 1941, des unités ont pour ordre, comme dans toutes les villes conquises, de s'emparer des archives, et notamment de celles du Parti communiste et de ses dirigeants locaux, promis à un funeste avenir. Au siège du parti, ils ne trouvent rien, les documents des années 1939 à 1941 ayant été détruits par le NKVD, la police politique. Mais un bâtiment éloigné du siège contient un trésor : l'ensemble des archives du Parti communiste local depuis 1917 jusqu'à 1938. De l'implantation des bolcheviques en passant par la NEP, la Nouvelle politique économique, la collectivisation et les multiples purges. Aucune autre localité de Russie n'a livré le journal de ces vingt premières années de soviétisation du pays, du premier jour de la révolution bolchevique jusqu'aux années ayant précédé l'arrivée des nazis. Les cinq cents dossiers, environ 200 000 documents, sont envoyés en Bavière, où les Américains en récupèrent une grande partie en 1945. Ils ont été la matrice de plusieurs travaux historiques, le premier ouvrage publié étant celui du politologue américain Merle Fainsod en 1958, *Smolensk à l'heure de Staline**, qui

* L'historien Nicolas Werth, en utilisant la même source, a écrit une histoire « par le bas » – au niveau des témoins

décrit ainsi la situation au moment de la révolution d'Octobre : « Les bolcheviks furent engagés dans une lutte désespérée pour survivre. Après avoir pris le pouvoir en novembre 1917, ils se trouvèrent au milieu d'une forteresse assiégée, menacés en premier lieu par l'avance allemande, puis obligés de relever les défis successifs lancés par les généraux de l'armée blanche, par les interventions des armées des Alliés, par les Polonais, par les paysans révoltés et par les mouvements de rébellion, d'inspiration nationaliste et antibolchevique, dont les régions frontalières étaient le théâtre. Smolensk ne fut jamais loin de la ligne mouvante du front. La ville prit l'aspect d'un camp retranché dans lequel étaient constamment mobilisés hommes et matériel destinés à renforcer la ligne de bataille tenue par l'Armée rouge. »

Si les bolcheviques ont réussi à prendre le pouvoir dans cette région peuplée à 88 % de paysans, classe pourtant peu réceptive à une idéologie née dans les usines des grands centres industriels, c'est bien parce que la révolte contre le pouvoir impérial grondait depuis de nombreuses années. Les archives montrent que la social-démocratie apparaît dans la province dès la première période révolutionnaire. Le 18 mai 1905, des jeunes gens manifestent dans les jardins publics. Le 29 mai,

directs – de ces vingt années de communisme (*Être communiste en URSS sous Staline*, Gallimard, 1981).

ce sont 2000 personnes qui défilent dans les rues en criant « À bas Nicolas ! », « À bas l'autocratie ! », « À bas la police ! » et « Vive la révolution ! ». La répression s'abat, tandis que les premiers syndicats voient le jour et que des grèves sporadiques éclatent. Smolensk avait eu bien du mal à renaître après les ravages causés par le passage des troupes napoléoniennes. Réduite à une population d'environ 10000 habitants, ce n'est qu'à partir du milieu du XIXe siècle, quand elle devient une étape incontournable entre Moscou et Varsovie avec la construction des grandes lignes de chemin de fer, qu'elle va renouer petit à petit avec une relative croissance économique. La culture des céréales est abandonnée face à la concurrence de celles qui viennent des terres noires d'Ukraine, et les paysans vont se tourner vers la culture du lin, des pommes de terre ainsi que vers la production laitière et l'élevage. En 1901, la population atteint 57000 habitants, cinq fois plus qu'en 1850. Au début du XXe siècle, l'industrie y est modeste, elle n'emploie que 1 500 ouvriers, le prolétariat étant surtout constitué d'artisans. La vieille ville abrite alors l'élite sociale et économique : 4000 nobles, 2000 marchands et membres de leurs familles, 1 500 employés du *zemstvo*, l'assemblée provinciale, et de la douma*, et un nombre équivalent de notables, médecins, avocats, enseignants et membres du clergé. Le

* Assemblée législative dans la Russie tsariste.

long des rues pavées et éclairées aux larges trottoirs, ombragées d'une canopée d'arbres, on trouve des boutiques et des restaurants aux prix élevés, des parcs, des jardins et des écoles réputées. En réalité, un village Potemkine. Au-delà, on tombe dans la misère. La population vit dans des bidonvilles tentaculaires, sans eau, électricité ni installations sanitaires. Les maladies – le typhus, la variole, le choléra – et la criminalité y sont endémiques. La Russie, entrée dans la Première Guerre mondiale avec une industrie insuffisante, des transports lacunaires, un commandement inadapté, enchaîne les défaites. À Smolensk, l'afflux de réfugiés va encore aggraver les choses en provoquant des pénuries insupportables. La vague d'agitation ouvrière et paysanne qui balaie la Russie entraîne des grèves, des appels à la prise du pouvoir dans les entreprises par les ouvriers, des occupations de pâturages sur les domaines par les paysans, qui débouchent le 30 et le 31 octobre 1917 sur des heurts dans les rues entre bolcheviques et troupes du gouvernement provisoire*. Poste et administrations cessent le travail. Des arsenaux sont pillés, des fusillades éclatent avant qu'un accord ne soit conclu et des élections organisées. Ce sont les bolcheviques qui raflent la mise, alors que le parti n'aligne pas plus

*Après l'abdication du tsar en mars 1917, se succèdent plusieurs gouvernements provisoires, finalement balayés par la révolution d'Octobre.

de 1 000 militants dans la région, à peine 200 à Smolensk, ne dispose même pas d'un journal, son agitation politique restant sporadique et désorganisée. « Le vote massif en faveur des bolcheviks, dans la province de Smolensk était le plus stupéfiant, écrit Merle Fainsod. Il était en effet acquis dans une région que les bolcheviks eux-mêmes considéraient comme “une province attardée”, c'est-à-dire particulièrement rebelle à leur propagande. » Ce sont les paysans, persuadés que les bolcheviques leur redistribueront les terres comme ils l'ont promis, qui ont largement contribué à leur succès. Sans comprendre qu'ils vont en devenir les premières victimes. Et qu'il n'y aura plus jamais de votes.

Si l'on veut percevoir cette Russie de 1917 et la façon dont on vit à cette époque dans les campagnes de la région de Smolensk, il faut lire les *Récits d'un jeune médecin*, de Mikhaïl Boulgakov. L'écrivain est âgé de 23 ans lorsqu'il est envoyé pour diriger le petit hôpital de Nikolskoï, une bourgade située à une cinquantaine de kilomètres de la capitale de l'oblast. « Dans les villages, on broyait le lin comme auparavant, les routes demeuraient impraticables. » Il met exactement vingt-quatre heures en calèche pour rallier le petit hôpital de la bourgade, pourtant distant de seulement 40 kilomètres du chef-lieu de district. Seul médecin entouré de trois aides, il y soignera 15 631 patients en deux ans, pratiquant une amputation de la cuisse chez une jeune fille tombée dans une machine à broyer le lin, une trachéotomie, un accouchement par le siège et l'extraction d'éclats de côtes dus à une blessure par balle. « Nous sommes coupés du monde. Les premiers réverbères à pétrole le sont à neuf verstes d'ici*. À la gare du chemin de fer. Sans doute une petite lanterne y clignote-t-elle, respirant au rythme de la tempête. À minuit le rapide de Moscou passera dans un hurlement, et ne s'arrêtera même pas : il n'a que faire d'une gare oubliée, ensevelie par la tourmente. À moins que la voie ne soit coupée par la neige. » Ce sont « les ténèbres d'Égypte » : « Durant des mois entiers, nous ne voyons personne sinon des centaines de malades. Nous travaillons, nous sommes ensevelis sous la neige. »

Pour les habitants de Smolensk, 1920 est l'année la plus noire. Lénine, persuadé que la révolution emportera le monde, veut d'abord l'exporter jusqu'à Berlin afin de soutenir les spartakistes en révolte. Pour cela, il faut passer par le pont que constitue la nouvelle Pologne, renaissant après cent vingt-trois années de partition entre la Russie, la Prusse et l'Autriche et dont la création a été reconnue depuis juin 1919 par le traité de Versailles. Après avoir vaincu trois offensives des armées blanches, les Russes se lancent à l'assaut de l'État félon dont la renaissance leur est intolérable. « À l'Ouest ! Sur le cadavre de la Pologne blanche se trouve

* Dix kilomètres.

la route de la révolution mondiale », s'écrie le général Mikhaïl Toukhatchevski, 27 ans, qui mène l'offensive. « Brillant, bavard, raconteur de coups », comme le décrira Charles de Gaulle qui a été son compagnon de captivité au fort d'Ingolstadt lors du premier conflit mondial, « Toukat » est un citoyen de l'oblast de Smolensk. Il est né à Slednevo (anciennement Alexandrovskoïe), un bourg situé à 85 kilomètres, dans une famille d'aristocrates dont la lignée remonte au XIIe siècle. On le surnommera plus tard le « Napoléon rouge », mais il est d'abord un jeune Bonaparte qui connaît une ascension météorique en raison de ses talents militaires et de sa conversion *urbi et orbi* à la foi communiste. En sept mois, il passe de lieutenant à *komandarm*, commandant d'armée. En 1918, sur le front de l'Est, il bat la Légion tchèque puis l'armée sibérienne de l'amiral Koltchak*. En 1919, il inflige une sévère défaite aux troupes blanches du général Denikine** en Ukraine. L'homme,

* Combattant avec l'armée russe durant le premier conflit mondial, la Légion tchèque, qui comptera jusqu'à 65 000 soldats, doit être évacuée en 1918 par le port de Vladivostok afin de rejoindre l'Europe pour reprendre le combat aux côtés des Alliés. Elle se révolte et, pendant plusieurs mois, tient la voie ferrée du Transsibérien contre l'Armée rouge. Alexandre Koltchak (1874-1920), ancien commandant de la flotte de la mer Noire, ministre de la Guerre puis dirigeant du gouvernement antibolchevique fondé à Omsk, leur est livré et est fusillé en 1920.

** Anton Denikine (1872-1947) a été le principal chef des armées blanches après le retrait de Koltchak.

cerveau de la réorganisation de cette Armée rouge qui battra la Wehrmacht, est un personnage flamboyant, charismatique, un militaire doublé d'un intellectuel : « Toukhatchevski a été l'une des personnes les plus intéressantes que j'ai connues », dira de lui le musicien Dimitri Chostakovitch. Ce mois de juillet 1920, commandant du front de l'Ouest, Toukhatchevski a établi son quartier général à Smolensk, d'où il prépare l'assaut contre la Pologne. La ville est dans un état lamentable. Envahie par près de 25 000 soldats russes, elle est devenue la plaque tournante de la guerre, où « la priorité absolue devint celle de la survie », écrit Merle Fainsod. « La disette était presque catastrophique, les unités de l'armée et même les ouvriers des usines d'importance vitale étaient souvent privés de tout ravitaillement. » Lors d'une réunion du bureau du *gubkom* de Smolensk le 11 février 1920, on signale qu'il y a 2 500 cas de typhus et que l'épidémie continue de se propager. La région est écumée par des bandes de déserteurs et de criminels. La production industrielle s'effondre, des unités qui vivent « dans des conditions effrayantes » se mutinent faute de ravitaillement. Les archives montrent les officiels du parti dépassés, gérant au mieux une crise après l'autre.

Pour les Alliés, il faut barrer la route aux rouges, et deux missions militaires, française et britannique, sont envoyées à la fin du mois de juillet 1920 pour prêter assistance au gouvernement polonais dirigé par le maréchal Josef Pilsudski*. Parmi ces officiers, le capitaine Charles de Gaulle. La Pologne est près de demander l'armistice tant l'avancée des soldats de Trotski** a été fulgurante. Minsk, Wilno, Grodno sont prises, mais les officiers alliés sont autorisés à rejoindre les unités polonaises et, fin août, celles-ci triomphent lors du « miracle de la Vistule », bataille livrée autour de Varsovie. La retraite soviétique se fait dans la plus grande confusion, certaines unités se désintégrant dans leur fuite. Par la paix de Riga, la Pologne voit ses frontières à l'est gagner 200 kilomètres. Pour les Russes, l'humiliation est terrible.

« La lutte désespérée pour survivre exigeait des solutions non moins désespérées. La politique adoptée à l'égard des paysans était un aspect secondaire du problème que posait le ravitaillement de l'Armée rouge », note toujours Merle Fainsod. Dans la région de Smolensk, une armée d'occupation s'abat sur des campagnes pauvres, réquisitionnant et s'en prenant à tous ceux qui refusent d'obéir. Un peu partout en Russie, des

* Chef de l'État de la République de Pologne de 1918 à 1922, commandant en chef des forces armées polonaises durant le conflit avec la Russie.

** Principal acteur avec Lénine de la révolution d'Octobre et organisateur de l'Armée rouge. Il entre en conflit avec Staline, qui l'oblige à l'exil et le fera assassiner au Mexique en 1940.

révoltes paysannes éclatent et sont sévèrement réprimées. La plus connue est celle de l'été 1921 dans la province de Tambov, à 400 kilomètres au sud de Moscou. Encore une fois, on envoie Toukhatchevski remettre la région au pas. Il est nommé le 27 avril 1921 par le Politburo « commandant en chef des opérations de liquidation des bandits dans la province de Tambov ». Le futur maréchal arrive de Kronstadt où, sur ordre de Trotski, il a maté de façon impitoyable la révolte des 26 000 marins de la flotte qui voulaient une troisième révolution et la chute des bolcheviques. Pour liquider la révolte paysanne qui embrase la région, Toukhatchevski invente la doctrine contre-insurrectionnelle qui sera la bible de l'armée soviétique, y compris lors de l'invasion de l'Afghanistan. Les historiens Jean Lopez et Lasha Otkhmezuri la résument ainsi : « La guerre n'est pas menée contre des gangs, mais contre toute la population locale. » « Il eut recours à une véritable politique de terreur associant prises d'otages, exécutions de masse, internements de dizaines de milliers de civils dans des camps de concentration, extermination de paysans insurgés par l'emploi de gaz asphyxiants, déportation de villages entiers soupçonnés d'aider ou d'abriter les "bandits" », écrit l'historien Nicolas Werth*. Fils du journaliste

* Nicolas Werth, *Crimes et violences de masse des guerres civiles russes (1918-1921). Mass Violence & Resistance* [en ligne],

Alexander Werth qui couvrit le second conflit mondial en Russie comme correspondant de la BBC, celui-ci est également le président de Mémorial France, branche hexagonale de l'ONG fondée en 1989 en Russie visant à documenter les crimes du pouvoir soviétique. Classée « agent de l'étranger » par le pouvoir russe en 2014, accusée ensuite de « blanchir et réhabiliter les criminels nazis », Memorial a été dissoute par la Cour suprême russe le 29 décembre 2021, quelques semaines avant l'invasion de l'Ukraine. Elle a obtenu le prix Nobel de la paix en 2022. Selon l'historien, la terreur de masse prônée par Lénine dès 1905 pour éliminer les ennemis du peuple « canalise la violence enracinée par un régime brutal, exacerbée par la guerre et légitimée par la colère d'une population affamée. Il s'agit de régénérer le pays en éliminant les “puces”, les “punaises”, les “parasites”. » Nicolas Werth dresse une liste effrayante de quelques-unes de ces tueries de masse perpétrées par les bolcheviques durant cinq années de cauchemar, causant entre 8 et 12 millions de morts par la terreur, la famine et les épidémies. Ce sont les tchékistes, les agents de la Tcheka*, la police politique du nouveau régime créée en

publié le 21 décembre 2009. https://www.sciencespo.fr/mass-violence-war-massacre-resistance/fr/document/crimes-et-violences-de-masse-des-guerres-civiles-russes-1918-1921.html

*Commission extraordinaire de lutte contre la contre-révolution, le sabotage et la spéculation.

décembre 1917, qui vont être le fer de lance de cette politique exterminatrice. Tout commence avec la « terreur rouge » de l'automne 1918, durant laquelle 10 à 15 000 « otages de la bourgeoisie » sont massacrés à la suite de l'attentat commis contre Lénine*. À Astrakhan, en mars 1919, entre 2 000 et 4 000 grévistes et mutins du 45e régiment d'infanterie « sont exécutés ou noyés, après avoir été jetés, une pierre au cou, des péniches au milieu de la Volga ». Suit la « décosaquisation » en 1919 et 1920, « l'élimination des Cosaques du Don et du Kouban en tant que groupe social », qui cause plusieurs dizaines de milliers de morts dans une région surnommée par les dirigeants bolcheviques la « Vendée soviétique ». L'ultra-violence d'État s'abat également sur l'Ukraine quand, de mai à août 1918, les Soviétiques occupent les grandes villes de la région. De nombreux massacres et exécutions sommaires d'« otages de la bourgeoisie » ont lieu, notamment dans les jours qui précèdent le départ des bolcheviques, devant l'avancée des Blancs, durant l'été 1919. De 500 à 1 000 « bourgeois » sont assassinés dans les prisons de Kharkov. Deux années de pogromes en Ukraine, de 1919 à 1921, commis par l'Armée blanche, des unités de

*Le 30 août 1918, Fanny Kaplan, 28 ans, militante du Parti socialiste révolutionnaire russe tire trois balles de revolver sur Lénine et le blesse à la sortie de la visite d'une usine de Moscou. Elle est exécutée le 3 septembre, sans jugement, dans la cour de la Tcheka, après avoir été battue à mort.

l'Armée rouge, mais aussi des « Verts », paysans insurgés, les troupes de la République populaire ukrainienne ou par les détachements des différents atamans causent la mort de 150 000 Juifs. « Où que ce soit en Russie, mais d'abord et surtout dans l'Armée rouge qui mène une lutte politico-militaire, la mort et la violence la plus sauvage sont devenues les compagnes ordinaires de la vie de chacun, une vie qui ne valait plus grand-chose », résume l'historien Jean Lopez.

Il faut attendre l'introduction de la NEP, la Nouvelle politique économique, à partir de 1921, pour que la situation se stabilise. La NEP, que certains de mes professeurs d'histoire du lycée Montaigne à Paris évoquaient presque les larmes aux yeux car elle réconciliait, en apparence, le communisme avec l'humanité. Devant l'échec de sa politique de terreur, Lénine stoppe les réquisitions dans les campagnes, l'étau économique est desserré, favorisant le lent redressement du pays. Mais ce n'est qu'un sursis. La violence reprendra plus tard avec la collectivisation au forceps voulue par Staline. Les résultats de la NEP sont très inégaux et, à la lecture des archives, on comprend que Smolensk en profitera peu. Le 10 juillet 1929, une résolution adoptée par le conseil municipal indique que « l'infrastructure de la ville est dans un état insalubre et en ruine, et que l'absence de système d'égouts a entraîné des polluants dans les cours d'eau qui traversent les zones peuplées. En conséquence, le sol s'est saturé d'eaux usées, et maintenant les déchets s'accumulent dans les rues et dans les jardins des gens ». Les cas de dysenterie, de choléra et de typhus se multiplient. On repense à ces petites cahutes bleues ou blanches qu'on voit parfois au pied de certains immeubles. « On t'y donnera un verre d'eau de source contre quelques piécettes, m'explique Oleg. C'est quand même mieux de boire de l'eau pure si l'on peut. » Alors que la cité avait été dotée d'un des premiers réseaux de tramway en 1901, celui-ci ne fonctionne plus que de façon erratique. « Les routes, les rues et les places sont dans un état délabré. Dans certains quartiers, il n'y a pas du tout de routes goudronnées ; il n'y a pas assez de lampadaires et ceux qui existent sont mal entretenus, les périphéries de la ville ne sont pas éclairées. » Des tramways qu'on voit aujourd'hui, brinquebalant, virer sur la place de la Victoire.

Phénomène récurrent de la vie du parti communiste, à Smolensk comme partout ailleurs en Russie, les purges destinées à éliminer « les passifs, les hésitants, les égoïstes et les hérétiques, tous ceux qui aux yeux des dirigeants justifiaient insuffisamment le titre sublime de membres du parti », écrit Fainsod. Celui de Smolensk en subira 11 au cours des 16 années allant de 1921 à 1937. Un scandale survenu en 1928 sur fond de libations et de parties fines entre camarades n'arrange rien. Il faut tenir le parti et le pays, à l'aube de sacrifices encore plus considérables. En 1928, Staline, qui a pris le pouvoir à la mort de Lénine, lance la collectivisation et un plan d'industrialisation rapide.

Première cible visée dans les campagnes, les paysans qu'on qualifie d'aisés, à peine 5 % dans la région de Smolensk : « Le nœud fut graduellement serré autour du cou des koulaks », résume Merle Fainsod. À coups d'abord d'impositions massives, puis d'expéditions punitives qui entraînent de nombreux actes de "terrorisme" dans les campagnes. Des « brigades de travailleurs » perquisitionnent les exploitations, confisquant tous les « excédents », mais pas seulement. Un secrétaire du *raïkom*, le comité d'un petit village près de Smolensk, raconte une altercation avec un commissaire nommé Litenbrand qui ne veut pas laisser les grains nécessaires à la survie d'une famille suspecte. « Au combat, la pitié n'est pas de mise ; qu'importe que les enfants de koulaks connaissent la famine ! Dans la lutte des classes, la philanthropie est un fléau. » De 1929 à 1931, près de 2 millions de ces koulaks sont déportés au Goulag en Sibérie, au Kazakhstan ou dans l'Oural. Peu en reviendront. En 1932, une terrible famine ravage le pays, et Smolensk n'est pas épargnée. D'autant que la région n'a jamais atteint son quota de production agricole. Moscou lui coupe donc les vivres. « Les archives ne rapportent pas les cas mortels attribuables à la famine de 1932, écrit encore Merle Fainsod, mais on peut se faire une idée de l'atmosphère qui régnait à cette époque d'après les extraits de certains rapports. »

Ceux-ci reprennent les nombreuses plaintes d'habitants désespérés : « Ce n'est plus une vie, c'est l'enfer, déplore un ancien paysan pauvre. Il n'y a pas de pain ni quoi que ce soit à manger. » Les paysans fuient les kolkhozes : « Il faut partir quelque part dans la production (industrielle) pour éviter de mourir de faim. » « Si les employés de l'hôpital ne reçoivent pas de farine, dit l'un d'entre eux, tous annonceront qu'ils quittent leur emploi ; aucun en effet n'est en mesure d'acheter le pain au marché où il coûte 60 roubles. » Un contremaître de forge, injuriant à haute voix Staline et Kalinine*, vitupère : « Ils nous ont finalement dépouillés. Leur succès leur est monté à la tête. » Les Russes n'ont encore rien vu. À peine remis de la famine, le pays plonge dans l'*Iejovchtchina*, la Grande Terreur, les purges ordonnées par Staline qui débutent en décembre 1934, après l'assassinat de Sergueï Kirov, secrétaire du Comité central du parti dans son bureau de l'Institut Smolny à Petrograd, l'actuelle Saint-Pétersbourg. À l'issue des procès de Moscou, en 1936, toute la vieille garde des bolcheviques est exécutée, Lev Kamenev et Grigori Zinoviev** en

*Chef de l'État soviétique de 1919 à 1946 en tant que membre puis président du présidium du Soviet suprême de l'URSS, figure très populaire, son nom a été donné à la ville de Kaliningrad, l'ancienne Königsberg.

**Proche collaborateur de Lénine depuis 1902, président du Soviet suprême en 1918, Lev Kamenev (1883-1936) est fusillé le 25 août 1936, ses deux fils et sa femme étant également tête. Robert Coulondre, ambassadeur de France en Union soviétique de 1936 à 1938, qui assiste aux procès, décrit l'ambiance mortifère de cette époque : « Pour ainsi dire chaque jour, des hommes, des femmes, que nous venions de connaître, avec lesquels nous avions noué des liens de sympathie, disparaissaient sans que nous ne sussions ni où, ni pourquoi. » Dès son arrivée à la gare de Moscou, il avait été frappé par l'ambiance qui régnait alors dans la capitale soviétique. « C'est une impression confuse […] d'une brusque modification apportée à l'expression de la vie humaine. » Des porteurs, vêtus « comme nos bagnards », traînent les bagages dans la pièce centrale de la gare « où règne un silence de plomb. […] Durant ces heures d'attente, je ne surprends pas un sourire, je ne suis même pas certain d'avoir entendu une voix ou rencontré un regard ». Durant les deux années des grandes purges, des millions de Soviétiques sont persécutés. Parmi eux, le maréchal Mikhaïl Toukhatchevski, soupçonné d'être l'animateur d'un complot militaire, fusillé le 12 juin 1937 et dont la famille est décimée sur trois générations. Sa femme, Nina Toukhatchevskaïa, est exécutée le 16 octobre 1941, leur fille, Svetlana, ne sortira qu'en 1955 du camp de travail dans lequel elle a été envoyée. Sa mère

exécutés. Grigori Zinoviev (1883-1936), membre du Politburo, a présidé le soviet de Petrograd en 1917 et est exécuté lui aussi le 25 août 1936.

et l'une de ses sœurs mourront au Goulag, deux de ses frères seront fusillés eux aussi. À Smolensk, entre 1936 et 1938, 341 membres du Parti communiste, soit environ 11 % de l'ensemble de ses membres, ont été arrêtés et exécutés. La plupart de ces individus appartenaient à des minorités ethniques, notamment des Polonais, des Juifs et des Lituaniens.

« Quelque critique que l'on puisse adresser aux dirigeants communistes, on ne peut pas dire qu'ils nourrissaient la moindre illusion sur la nécessité d'assurer leur pouvoir sur leur puissance militaire », ajoute ironiquement Merle Fainsod. Et de conclure : « Se plonger dans l'histoire de Smolensk, c'est toucher du doigt la nature profonde de la vie soviétique : la pression constante exercée par le pouvoir central, l'adaptation à un mode de vie quotidien dans lequel il était dangereux de parler en toute franchise, fût-ce à un ami intime ; le désarroi de vivre dans une société dans laquelle l'individu était un moyen et non une fin. »

Katyń

« Nous étions là, devant le monument, quand les portables ont commencé à sonner dans la foule. Et puis on a vu les journalistes partir, aussitôt suivis par les services de secours. Il était 10 h 41. » Anna Lapikova, la soixantaine, petite, cheveux blancs et yeux d'un bleu profond, est historienne et traductrice du polonais en russe. Elle nous accompagne au mémorial de Katyń, situé à vingt kilomètres de Smolensk, dans la forêt aux bouleaux et aux pins immenses où 4404 officiers polonais furent assassinés par le NKVD au printemps 1940. Tragédie dans la tragédie, soixante-dix ans plus tard, ce 10 avril 2010, dans un épais brouillard, le Tupolev TU-154 transportant le président de la République de Pologne, Lech Kaczynski, son épouse, 87 membres de son gouvernement et de l'élite du pays, vient de s'écraser à quelques kilomètres de là, éventrant la forêt dense, aux abords des pistes de l'aéroport militaire de Smolensk où il devait se poser. Aucun survivant. « Quelqu'un qui téléphonait a dit : “On voit une aile d’avion sur la route” », se souvient Anna. La délégation venait se recueillir dans le cadre d’une réconciliation de la Pologne et de la Russie alors dirigée par Dmitri Medvedev*, Vladimir Poutine occupant le poste de chef du gouvernement. Vingt-deux mille officiers polonais au total furent assassinés sur ordre de Staline et du Politburo sur plusieurs sites en Russie, tous ayant été faits prisonniers lors de l’invasion de la Pologne par la Russie six mois plus tôt, en septembre 1939. Massacre imputé aux nazis par les Soviétiques, ce mensonge, « exemple canonique de falsification de l’Histoire », selon la formule de l’historienne Nathalie Moine, durera jusqu’en 1990 et la reconnaissance de la responsabilité de la Russie par Mikhaïl Gorbatchev. « La partie soviétique, exprimant un profond regret pour la tragédie de Katyń, déclare qu’elle représente l’un des crimes du stalinisme », disait le communiqué de l’agence TASS du 13 avril 1990.

« Nous les attendions ici. Il y avait plusieurs centaines de personnes, des descendants de victimes, des officiels, des journalistes, poursuit Anna. Je travaillais pour la mairie en tant que traductrice.

---

* Président de la Fédération de Russie de 2008 à 2012, président du gouvernement de 2012 à 2020, Dmitri Medvedev est un « faucon » : en tant que vice-président du Conseil de sécurité de Russie, il soutient Vladimir Poutine, dont il est proche, dans sa volonté d’annexer l’Ukraine en usant d’un discours de plus en plus agressif envers l’Occident.

Il n'y a pas eu d'annonce officielle. Simplement, le prêtre qui se tenait là, devant l'autel, a dit : "Des âmes partent à cet instant, aidons-les par nos prières." Et là, le silence s'est abattu. » Dans la petite clairière, le monument principal est composé de deux parois verticales de bronze couleur rouille où sont gravés les noms des morts et sur lesquelles descend une coulée de couleur blanche, « les larmes des victimes », me souffle Anna. Devant, un autel du même métal. Le silence est total. Le soleil pointe doucement au-dessus des hautes cimes. Le mémorial a été inauguré en 2000, entre les villages de Gnezdovo et Katyń. Arrivé sur le parking du site, Oleg a garé la voiture non loin des deux drapeaux polonais et russe flottant sur leurs mâts. Le 29 juin 2022, en raison de la guerre en Ukraine et du soutien de la Pologne au régime de Kiev, l'emblème du pays sera amené, le maire de Smolensk, Andreï Borissov, déclarant qu'« il ne peut y avoir de drapeau polonais sur des monuments russes. Et encore moins après les déclarations franchement antirusses de la part de leurs responsables politiques ».

Sur la droite, avant de pénétrer dans la forêt, on s'arrête devant un wagon à bestiaux de bois rouge, symbole de ces convois remplis d'officiers polonais qui, du monastère de Kozelsk situé à 400 kilomètres de là, où ils étaient retenus prisonniers, se succédèrent jusqu'à la gare proche de Gnezdovo, petit village de quelques centaines d'âmes. Celui-ci est le fief des assassins professionnels du NKVD qui les tueront dans la forêt toute proche d'une balle de pistolet Walter PPK dans la tête avant de précipiter leurs corps dans six immenses fosses. Elles sont là, tout autour de nous. On ne se déplace entre elles qu'avec précaution et le cœur serré. « Le lendemain du crash, j'ai servi d'interprète à l'aéroport, poursuit Anna. Il y avait beaucoup d'agitation, les pompiers défilaient avec des grands sacs plastique noirs. Dans les hangars, ils posaient sur de grandes tables tout ce qui avait été ramassé. Les enquêteurs polonais étaient très choqués. Tous étaient sûrs qu'il s'agissait d'un accident. On avait prévenu les pilotes du risque qu'il y avait à tenter d'atterrir dans ce brouillard. Il leur a été dit de se dérouter vers Minsk ou Briansk, mais ils ont insisté. C'était une immense cérémonie, ils voulaient atterrir. » Avant Katyń, nous nous sommes arrêtés sur le lieu de la catastrophe, devant une station-service aux abords de la forêt solidement grillagée, ce qui étonne Anna – « C'est nouveau ça, cela n'existait pas du temps de l'accident », remarque-t-elle. Elle montre ensuite du doigt la futaie impénétrable et la voie rapide toute proche. « On ne se rend pas compte de l'épaisseur du brouillard ce jour-là. Il avait fait très chaud la veille et plu la nuit. D'ailleurs, tous les gens avaient un parapluie à la cérémonie, de peur qu'il n'y ait des averses. Mais au petit matin, un énorme brouillard s'est abattu. Mon mari m'a téléphoné pour me dire que dans le jardin de notre isba, il ne voyait même pas ses pieds. » Anna insiste, car depuis le drame, la « plus grande tragédie nationale de ces dernières décennies », comme l'a qualifiée le Premier ministre polonais de l'époque Donald Tusk, s'est développée en Pologne une vision complotiste du crash – les Russes en seraient à l'origine –, instrumentalisée par le parti conservateur Droit et justice (PiS) dirigé par le frère jumeau du président décédé, Jaroslaw Kaczynski. Les thèses les plus insensées ont été évoquées alors que les résultats des enquêtes russes comme polonaises avancent de multiples causes suffisant à expliquer l'accident : défaut de formation des pilotes, fautes humaines, non-prise en compte de la météo exécrable, mauvais état technique de l'aéroport. Il n'empêche, en évoquant une « tragédie inimaginable », l'ancien patron de Solidarité, Lech Walesa, la résumera ainsi avec sa clarté habituelle : « Il y a soixante-dix ans à Katyń, les Soviétiques ont éliminé les élites polonaises. Aujourd'hui, l'élite polonaise y a péri, alors qu'elle s'y rendait pour rendre hommage à ceux tués en 1940. » Mais une image rare est restée, celle d'un Vladimir Poutine ému. « C'est vrai, confirme Anna, je l'ai vu quand il est venu ici et il semblait ébranlé. » Trois jours plus tôt, il était lui aussi dans la forêt aux côtés de Donald Tusk. Il sera de retour à Smolensk le 11 pour visiter le site de la catastrophe. À quoi pouvait-il penser alors? Katyń est un sujet très difficile pour Vladimir Poutine, car il fausse dès le départ sa réécriture de l'histoire moderne qui débute à une date précise, le 22 juin 1941, jour du déclenchement de *Barbarossa*, l'invasion des nazis. Or Katyń est l'une des conséquences d'un fait tabou en Russie, le pacte germano-soviétique, signé dans la nuit du 23 au 24 août 1939 à Moscou par Joachim von Ribbentrop, le ministre des Affaires étrangères nazi, et son homologue russe Viatcheslav Molotov, au terme duquel les deux pays ont envahi la Pologne en septembre 1939 et, dans un pacte tenu secret, s'en sont réparti le territoire. Difficile de reconnaître que la Russie a aussi été un envahisseur, aux côtés de ces nazis dont elle sera l'alliée pendant vingt-deux mois avant de s'enorgueillir de les avoir battus. Ce pacte a été connu dès 1945 en Occident, mais il faudra attendre 1992 en Russie pour en voir le document original publié par le gouvernement. En 2019, Vladimir Poutine tentait de justifier celle alliance contre nature au motif que l'Union soviétique, abandonnée par les Alliés, devait gagner du temps face à l'attaque de Hitler annoncée dès son livre *Mein Kampf*.

On chemine lentement dans la partie de la forêt où sont enterrés les officiers polonais en marchant sur des passerelles qui surplombent les fosses. Couchées sur leur herbe humide, de grandes croix catholiques de métal rouge sont alignées. On a beaucoup fusillé dans la forêt de Katyń, et bien avant 1940. En 1995, le bureau du procureur de l'oblast de Smolensk a reconnu que « les collines de la Chèvre », surnom donné à cette zone de la forêt, étaient aussi le site d'enterrements collectifs de citoyens soviétiques et de minorités victimes de la répression politique : 8000 civils, hommes et femmes, ont été enterrés dans ce lieu qui s'appelle aussi « la vallée de la Mort ». Sûrement beaucoup plus en réalité, car l'intégralité de la zone n'a pas fini d'être fouillée. Des recherches menées en 2017 montrent que toutes les époques du communisme sont « représentées » en strates de l'indicible. Certains corps ont été inhumés dans les années 1920, d'autres au début des années 1930; s'y ajoutent enfin les nombreuses dépouilles de victimes de la Grande Terreur stalinienne. Beaucoup ont, en réalité, été assassinés dans les caves de l'immeuble du NKVD à Smolensk, un grand bâtiment à la façade jaune et arrondie, et leurs corps transportés ensuite ici. Au cœur de la partie du mémorial consacré aux victimes soviétiques, s'élève la statue d'Andrey Kovalchuk intitulée *Shooting*, un homme qui se tord sous les balles. On longe des allées aux petits murets de pierre couverts de photos des suppliciés, leurs sourires, regards, visages, happés au fil d'une marche silencieuse. Anna a le même geste que Jacques Souletie devant le mémorial aux martyrs de Tulle. Elle passe doucement la main sur l'une des milliers de photos, avant de reprendre sa marche, les yeux un peu mouillés, sans vouloir en dire plus.

C'est un Allemand qui va faire entrer le nom de Katyń dans l'Histoire. Durant la nuit du 12 au 13 avril 1943, Radio Berlin annonce la découverte dans la forêt d'un charnier contenant les corps de plusieurs milliers de victimes : « Il a été trouvé un fossé de 28 mètres sur 16 dans lequel étaient empilés en 12 couches les cadavres de 3 000 officiers polonais [...] vêtus de leurs uniformes, certains étaient ligotés, tous avaient des blessures par balle dans la nuque. » Deux jours plus tard, Radio Moscou dément, accusant les « bandits germano-fascistes » d'avoir assassiné les officiers polonais après avoir pris Smolensk. But de la propagande orchestrée par Joseph Goebbels : démontrer que les Soviétiques se conduisent comme des barbares et que le pire est à attendre d'eux s'ils parviennent à vaincre l'Allemagne, enfoncer un coin entre le gouvernement polonais en exil à Londres et la Russie ; enfin, détourner l'attention du public allemand qui, deux mois plus tôt, a appris la terrible nouvelle de la défaite de Stalingrad, où les débris de la VIe armée se sont rendus le 2 février 1943, le maréchal Paulus en tête.

Pour mieux comprendre, il faut revenir à ce 24 août 1939 quand, à la stupéfaction des Alliés, le pacte de non-agression germano-soviétique est signé. Le 1er septembre, sans craindre de réaction des Russes, les Allemands envahissent l'ouest de la Pologne, sa partie orientale – équivalant aux régions actuelles de l'ouest de l'Ukraine et de la Biélorussie – étant conquise deux semaines plus tard par l'Armée rouge quasiment sans combats, les Polonais ayant été décimés par l'offensive de la Wehrmacht. Le 23 septembre, le général Heinz Guderian, qui vient de prendre Brest-Litovsk en Biélorussie à la tête du 19e corps motorisé, y parade même avec les troupes soviétiques de son collègue venu de l'Est, le général Semyon Krivoshein. La scène se répétera dans plusieurs autres endroits de la Pologne conquise. La répression soviétique contre l'élite polonaise honnie est impitoyable. Près de 2 millions de personnes en seront victimes, 150 000 ayant été exécutés. Plus de 250 000 prisonniers de guerre polonais, dont 100 000 officiers, sont transférés en Russie. Staline n'a pas oublié la défaite contre la deuxième république de Pologne en 1920 et son erreur personnelle en tant que commandant du groupe Sud de l'Armée rouge quand il s'obstina à vouloir prendre la ville de Lvov au lieu de venir en renfort des troupes du maréchal Toukhatchevski. Et encore moins la paix de Riga, si humiliante. À Katyń, Vladimir Poutine expliquera le massacre comme « une vengeance » de Staline pour la mort de 32 000 soldats et officiers soviétiques faits prisonniers par les Polonais au moment de la guerre avec l'URSS en 1920-1921. « Staline s'est senti personnellement responsable de cette stratégie* », ajoutera-t-il avec son laconisme habituel.

Après avoir été triés, 25 000 prisonniers sont enfermés dans les anciens monastères de Kozielsk,

*Marie Jégo, « La Russie s'associe symboliquement au recueillement des Polonais », *Le Monde*, 12 avril 2010.

Starobielsk et Ostachkov. Il y a là les plus grands chefs de l'armée polonaise et une majorité d'officiers réservistes qui, dans le civil, étaient juges, médecins, avocats, professeurs. Le 5 mars 1940, les membres du Politburo* signent à l'unanimité la proposition de Lavrenti Beria, chef du NKVD, d'appliquer « le châtiment suprême, la peine de mort par fusillade », à 25 700 « prisonniers polonais, anciens officiers, fonctionnaires, agents de police, agents de renseignement, gendarmes [...], membres de diverses organisations contre-révolutionnaires d'espions et de saboteurs. [...] Tous sont déclarés ennemis des autorités soviétiques, ne montrant aucune perspective d'amélioration ». Avant leur exécution, il a été recommandé aux malheureux d'écrire à leurs familles. En réalité, les adresses serviront à les arrêter. Plus de 60 000 personnes seront déportées au Kazakhstan.

À Gnezdovo, les assassins du NKVD, 125 hommes, sont installés au manoir de Lednicki, une propriété saisie par la Tcheka dès la révolution bolchevique, ses propriétaires polonais ayant préféré prendre la fuite. Un endroit confortable transformé en centre de vacances pour meurtriers de masse, comptant une quinzaine de chambres, un sauna, un petit cinéma et même un stand de tir. Il faut voir le documentaire de

---

* Staline, Kliment Vorochilov, Anastase Mikoyan, Viatcheslav Molotov, Lazare Kaganovitch, Mikhaïl Kalinine.

Cédric Tourbe et Olivia Gomolinski, *Les Bourreaux de Staline**, pour comprendre comment le métier d'exécuteur s'est affiné depuis la prise de pouvoir des bolcheviques. On s'est débarrassé du revolver Nagant, trop lourd, trop long à recharger, pour lui préférer ce petit pistolet si efficace qu'est le Walter PPK, calibre 7,65 mm, rendu célèbre par James Bond mais aussi par Hitler, qui s'en servira pour se tirer une balle dans la tête. La méthode est toujours la même. Dans l'enceinte des prisons, on extrait le prisonnier de sa cellule, on prend son identité, il pénètre dans une pièce et, au moment où il voit la tache de sang sur le mur qui lui fait face, doublé de planches épaisses afin d'éviter les ricochets, l'assistant du bourreau l'agenouille, celui-ci lui tirant alors une balle à l'arrière du crâne. Et ainsi de suite. Une exécution prend trois minutes. Arrivés à la gare de Gnezdovo, les prisonniers polonais, entourés d'un solide cordon d'officiers du NKVD, sont transférés, par groupes de 100, jusqu'à la forêt toute proche en bus ou dans les véhicules pénitentiaires tristement surnommés « les corbeaux noirs ». Entre le 3 avril et le 13 mai 1940, 4404 d'entre eux y sont assassinés. Le 9 avril, le major Solski tient son journal jusqu'au dernier instant. Il s'achève sur ces mots : « Depuis l'aube, la journée

* Cédric Tourbe et Olivia Gomolinski, *Les Bourreaux de Staline. Katyn 1940* (Fr., 2020, 105 min).

commence singulièrement : départ en fourgon cellulaire, dans de petits compartiments. Horrible ! On nous emmène quelque part en forêt [...] et là une fouille complète. On me retire ma montre, qui indique 8 h 30. On me demande ma bague, on me prend mes roubles, ma ceinture, mon canif*... »

Trois mille huit cent vingt autres Polonais, détenus au camp de Starobelsk, sont exécutés dans le sous-sol du siège du NKVD à Kharkiv et enterrés à la périphérie de la ville. Six mille deux cent quatre-vingt-quinze prisonniers d'Ostashkov sont abattus à Kalinine et leurs corps ensevelis dans une forêt proche. Cette tuerie-là est dirigée par Vassili Blokhine**, l'exécuteur en chef, surnommé « le bourreau de Staline ». Celui-ci assassine au sein de la Tcheka, de l'OGPU puis du NKVD depuis 1921. L'un des plus grands meurtriers de tous les temps : il aurait tué, après les avoir torturés si nécessaire, plus de 20000 personnes de ses mains et, parmi elles, les plus importantes du régime, comme Zinoviev et Kamenev. Il a fait aménager les sous-sols du bâtiment afin, avec ses 30 assistants, de tuer 250 officiers chaque nuit. Le sol de béton est en pente, la pièce bourrée de sacs de sable pour amortir le bruit, un tuyau d'eau

* https://www.lemonde.fr/archives/article/1993/04/11/dates-il-y-a-cinquante-ans-la-decouverte-du-charnier-de-katyn_3921964_1819218.html

** Blokhine (1895-1955) meurt – officiellement – d'un infarctus.

permet de nettoyer le sol. « Blokhine a revêtu sa tenue spéciale : une casquette en cuir marron, un long tablier en cuir marron, des gants en cuir marron avec des protections jusqu'au-dessus des coudes. Cela m'a fait une énorme impression – j'ai vu le bourreau ! », racontera Dmitri Tokarev, chef du département du NKVD pour la région de Kalinine. Dix heures de tuerie ininterrompue se finissant par un banquet dans des flots de vodka. Pour son efficacité dans ce massacre, Blokhine recevra l'ordre du Drapeau rouge et une prime d'un mois de salaire.

Les Allemands ont découvert le charnier par hasard, non loin de leur quartier général qu'ils ont installé en pleine forêt, à neuf kilomètres à l'ouest de Smolensk, à Krasny-Bor. L'état-major général se trouve dans une station thermale à proximité. Y ont été ajoutés une trentaine de constructions et des bunkers, ceinturés de tranchées, de barbelés et de batteries antiaériennes car le site doit également abriter un *Führerbunker*, nom de code « *Bärenhöhle* » (« grotte de l'ours ») en cas de visite du dictateur. La gare a été agrandie pour accueillir son train personnel, une voie de dérivation étant aménagée jusqu'au quartier général. D'un bunker à l'autre, Hitler peut ainsi visiter les différents fronts. Au mois de mars 1943, le colonel Rudolf-Christoph von Gersdorff, l'officier chargé du renseignement à l'état-major du groupe Centre, craignant un coup de main des partisans, fait inspecter les villages avoisinants pour vérifier qu'ils n'ont pas été infiltrés. Le peloton de la police militaire chargé de la protection du maréchal von Kluge*, chef du groupe d'armées Centre, accompagné par des Hiwis, prisonniers polonais ou russes au service des Allemands, est chargé de la mission. Ils apprennent alors auprès de villageois que ceux-ci auraient vu, trois ans plus tôt, de nombreux convois de prisonniers polonais à la gare de Gnezdovo et entendu des coups de feu dans la forêt. Les lieux désignés se trouvent non loin de la villa du NKVD maintenant occupée par les hommes d'un régiment de transmission qui l'ont renommée le « petit château sur le Dniepr ». Pas la peine d'y aller, elle n'existe plus aujourd'hui, ayant été détruite à la fin des années 1990. Des fouilles sommaires dans la forêt permettent de découvrir des corps, que les policiers matérialisent avec une grande croix en bouleau. Prévenu, l'OKH** à Berlin ordonne une exhumation de l'ensemble des dépouilles. « Le ministère de la Propagande avait ordonné d'utiliser cette découverte de fosses communes à des fins

* Günther von Kluge (1882-1944), remarqué pour ses succès durant la campagne de France en 1940 qui lui valent le bâton de maréchal, prend la tête du groupe d'armées Centre à la fin 1941 et la conserve près de deux ans. Informé du complot contre Hitler, relevé de son commandement en Normandie, il meurt en rejoignant Berlin, très certainement en se suicidant.

** *Oberkommando des Heeres* (OKH), le commandement suprême de la Heer, l'armée de terre allemande.

de propagande. C'est pourquoi je recherchais une dénomination appropriée pour décrire l'affaire. [...] Aussi cherchais-je sur la carte une localité voisine qui aurait un nom facile à prononcer. À cinq kilomètres de là, je trouvais la petite ville de Katyń et je décidais d'utiliser ce nom », écrit von Gersdorff dans ses mémoires intitulés *Tuer Hitler.* Car ce baron silésien fait partie du petit groupe d'opposants de la Wehrmacht qui cherchent à assassiner le Führer. Méthode retenue : l'explosif, car lors de ses rares sorties, tous ses organes vitaux sont protégés par un gilet pare-balles, la visière de sa casquette étant également blindée. Sa cuisine est goûtée, d'où l'impossibilité de l'empoisonner. Von Gersdorff, en raison de son accès facile aux matériels explosifs des Alliés saisis lors de parachutages, se procure du plastic, une pâte explosive, mais aussi des mines magnétiques Clam anglaises et des détonateurs au mercure. Une partie de ces explosifs détoneront dans le bunker du Führer, le 20 juillet 1944, sans le tuer, après avoir été vainement employés dans une série d'attentats ratés.

Le premier devait justement avoir lieu dans le ciel de Smolensk quand, le 11 mars 1943, après une visite au quartier général du groupe Centre, il redécolle dans son Focke-Wulf Condor pour Berlin. Anna me l'a précisé quand nous étions à l'endroit du crash du Tupolev présidentiel polonais, non loin de l'aéroport militaire, ce lieu de toutes les malédictions. « C'est là qu'Hitler s'est posé en 1943 », m'a-t-elle dit avec un air déçu. L'une des têtes du complot, le colonel Henning von Tresckow*, remet au colonel Heinz Brandt, un aide de camp du Führer, les explosifs, quatre mines Clam dissimulées dans un paquet qu'il fait passer pour des boutcilles de cognac à remettre à l'un de ses amis officiers. La bombe n'explosera pas, en raison, probablement, de la trop basse température de la soute. « Si l'allumage avait convenablement fonctionné, l'avion de Hitler se serait volatilisé à grande hauteur au-dessus de la Russie blanche, écrit von Gersdorff. [...] Ce système n'avait jamais connu de défaillance. La tentative d'attentat contre Hitler la plus prometteuse de toute la guerre avait ainsi échoué. » La détermination de ces opposants est totale. Huit jours plus tard, von Gersdorff se tient aux côtés du dictateur venu visiter à Berlin une exposition de matériel pris aux Soviétiques. Dans les poches de son manteau, deux autres mines Clam récupérées et le détonateur qu'il amorce, résolu à sacrifier sa vie. Mais le Führer presse le pas et quitte l'exposition au bout de cinq minutes. Von Gersdorff n'a que le temps, après s'être précipité aux toilettes, de désamorcer les engins. Ce petit groupe d'officiers, aristocrates prussiens pour l'essentiel, considère le maître du

* *Generalmajor*, issu d'une vieille famille protestante et prussienne, Henning von Tresckow (1901-1944) est l'un des principaux acteurs des différents attentats contre Hitler. Il se suicide le 21 juillet 1944, au lendemain de l'échec de l'opération *Walkyrie*.

IIIe Reich comme un gangster depuis le début de son ascension. Ils sont révulsés par les directives meurtrières de *Barbarossa*, les massacres de Juifs, les exécutions sommaires de commissaires politiques soviétiques capturés et surtout ses décisions incohérentes en matière de stratégie. Tous savent que la guerre est perdue. Ils tenteront de débaucher des maréchaux, Manstein, von Kluge, sans succès, sans être dénoncés mais en échouant toujours dans leur volonté d'assassiner le dictateur*.

À Katyń, en ce printemps 1943, les délégations d'experts internationaux qui se sont succédé ont conclu à la responsabilité soviétique, même si les armes et les munitions utilisées sont allemandes. On prouvera sans peine que l'URSS en a acheté par milliers avant la guerre, sans compter le pillage des arsenaux d'Estonie qui en contenaient beaucoup. Pour les militaires polonais encore détenus en Russie, tout a changé deux ans plus tôt avec *Barbarossa*. Staline les a fait libérer afin de former une armée en Union soviétique. Le général Anders, qui sort de la prison de la Loubianka à Moscou et doit l'organiser, demande où sont ses officiers. Staline se garde bien de lui dire qu'il les a fait massacrer et lui répond, sur le ton de la moquerie, que,

*Le 20 juillet 1944, Hitler échappe à la mort après qu'une bombe a explosé à ses côtés lors d'une réunion. L'opération *Walkyrie* est l'attentat le plus sérieux commis contre lui. La répression sera terrible : 5 000 opposants sont arrêtés, la plupart des conjurés sont pendus.

retenus en Mandchourie, ils s'en sont évadés. Pour les Alliés, pas question de gêner le Géorgien en lui imputant le massacre de Katyń, qu'ils attribuent, dans un premier temps, à leur ennemi commun et immédiat : les nazis. Mais l'explication ne convient pas aux membres du gouvernement polonais en exil à Londres. Et surtout pas au général Sikorski, Premier ministre et chef de l'armée. Accusé de semer la zizanie, Américains et Anglais le rappellent à l'ordre tandis que Staline, faussement indigné, cesse de le reconnaître. L'avion ne porte décidément pas chance aux dirigeants polonais : Sikorski meurt le 4 juillet 1943 dans le crash – encore suspect aujourd'hui – du B24 Liberator qui le ramène à Londres depuis le Moyen-Orient. Cette même connivence entre Soviétiques et Alliés permettra d'évacuer longtemps la responsabilité des premiers dans le massacre de Katyń. Mais la tuerie ne sera pas attribuée non plus aux Allemands, ce qui, en creux, accuse les Russes. Par la suite, les Soviétiques, désireux d'entretenir la confusion en brouillant les pistes, évoqueront un autre Kathyn, même prononciation mais avec un *h* en plus, du nom d'un village de Biélorussie où 149 personnes ont été brûlées vives le 22 mars 1943 par des SS.

La nuit de juillet

L'euphorie des Allemands à la suite de leurs premiers succès en Russie pousse Hitler à intensifier les meurtres de masse. Il se réjouit même que Staline ait déclenché la guerre de partisans, « car cela nous offre l'occasion d'exterminer tous ceux qui nous sont hostiles, déclare-t-il le 16 juillet 1941. Naturellement, ce vaste pays doit être pacifié au plus tôt, ce que nous ferons au plus vite en tirant sur quiconque osera ne serait-ce que nous regarder de travers ». L'idéal hitlérien est de tuer 30 millions de Soviétiques, de raser Moscou et Leningrad, de bâtir des forteresses qui protégeront les colons allemands, ceux-ci esclavagisant les populations survivantes. L'occupation des territoires russes conquis s'accompagne aussitôt d'une litanie de massacres. On estime que pendant les deux années d'occupation de la région de Smolensk, 135 000 civils ont été tués, ainsi que 23 000 prisonniers soviétiques. Ceux-ci sont les toutes premières victimes, regroupés dans des camps, sans eau ni nourriture, ou abattus le long des routes lorsqu'ils ne peuvent plus avancer. « Leur destin a été terrible, dès les premiers jours, écrit depuis Vitebsk en Biélorussie Klaus B., un soldat de la Wehrmacht. On avait entassé à peu près 5 000 hommes sur un terrain à ciel ouvert. Ils sont restés, accroupis, des jours durant, exposés au froid, au vent, à toutes sortes d'intempéries, sans vêtements adéquats, sans manger ni boire – excepté des choses à peine décentes. [...]. Smolensk est entre les mains allemandes depuis quelques jours. On entend la canonnade au loin. » Le 28 février 1942, Alfred Rosenberg, ministre des Territoires de l'Est, écrit à Wilhelm Keitel, chef de l'état-major général, que « sur les trois millions de prisonniers russes la plupart sont morts de faim, du typhus ou d'une inclémente température. Le reste n'a pas la force de travailler ». On découvrira, aux environs de Smolensk, 80 fosses où sont enterrés des milliers d'hommes, soldats ou civils, de femmes et d'enfants. Quatre-vingt-sept mille personnes de l'oblast sont déportées dans le cadre du travail obligatoire en Allemagne. Mais les premiers visés sont naturellement les Juifs. Dès le 5 août 1941, alors que les combats autour de la ville sont loin d'être terminés, les occupants chassent les habitants du quartier Sadki, proche du cimetière juif, pour le transformer en ghetto ceinturé de barbelés où 2 000 Smoléniens sont parqués, s'entassant dans une centaine de maisons mais aussi dans leurs caves ou des abris de fortune. Ce matin, ce lieu a été notre première étape, avec Oleg et Anna, avant de partir pour Katyń. « Mais il n'y a rien à voir là-haut », m'a dit Oleg. On y va quand même, après avoir pris Anna dans la cour de sa cité, une série de blocs d'immeubles en briques de toutes les couleurs. « C'est Mars, ici », rit-elle en tentant d'éviter les trous de la chaussée défoncée. Et de préciser, en montant dans la voiture, qu'elle est vaccinée contre le Covid. On tombe les masques. Une fois passé le pont principal, la route qui monte dans les collines au nord-est est raide, sinueuse, ponctuée d'ateliers et de maisons hors d'âge. Oleg stoppe en haut d'une côte. Sur la droite, un cimetière abandonné ; un bel homme jeune aux moustaches brunes me sourit dans un médaillon funéraire qui surplombe une tombe émergeant tant bien que mal de la végétation. « Il n'y a plus beaucoup de Juifs ici, dit Anna. Les derniers sont partis au début des années 1990, en Israël ou en Allemagne. » La communauté juive de Smolensk était l'une des plus anciennes de Russie, et son ghetto sera le plus important en nombre de personnes internées dans les territoires russes occupés par la Wehrmacht. Artisans, commerçants, beaucoup avaient afflué de la Lituanie et de la Pologne proches lors du premier conflit mondial. D'autres les rejoignent, qui sont parvenus à fuir la Biélorussie où les nazis, depuis le début de *Barbarossa*, se déchaînent contre eux. En 1939, il y avait 14000 Juifs à Smolensk, près de 10 % de la population, mais la plupart ont quitté la ville, fuyant les combats de l'été 1941 durant lesquels beaucoup ont été tués. Certains ont rejoint les partisans, d'autres se sont réfugiés dans des villages où les SS les pourchassent impitoyablement. « Je vis le camp de Smolensk où des ombres humaines devaient enterrer les morts, trois ou quatre cents cadavres par jour », témoignera l'ingénieure Pickman, qui a fui Mozyr en Biélorussie. À Chamovo, une bourgade du district de Roslav, dépendant de Smolensk, les 500 Juifs du village sont exécutés. Faïna Simkine, une jeune femme qui voit son bébé et sa sœur mourir mais qui parviendra miraculeusement à s'échapper, raconte : « Nous avons entendu des cris, des tirs. Ensuite ce fut le silence. On nous a emmenés avec le deuxième groupe. Ils attrapaient les enfants par les cheveux ou par le cou, et leur tiraient dans la tête. Tout le cimetière n'était qu'un cri. » En novembre 1941, à Monastyrchtchina, dans un kolkhoze juif, les 8000 habitants sont fauchés à la mitrailleuse, les enfants jetés vivants dans les fosses. Paulina Ausker-Loukinskaïa, étudiante en médecine, a fui Minsk, elle aussi. « J'ai fini par atteindre Smolensk le jour de l'anniversaire de la révolution d'Octobre. Je n'y connaissais personne. Debout sur le pont du Dniepr, je ne savais où trouver refuge. [...] J'ai décidé de rester un temps à Smolensk. Comme les contrôles d'identité étaient très stricts, j'ai dû chercher refuge en banlieue. » Une famille russe risque sa vie en la cachant. « Je craignais chaque policier passant près de chez nous mais, par bonheur, mon tour n'est pas venu. »

Les occupants du ghetto sont rapidement réduits en esclavage, ne recevant que des rations de nourriture dérisoires et pas de soins médicaux. Ils doivent porter un brassard blanc avec l'étoile de David à six branches sur les deux manches et sont mis à la disposition des autorités, qui leur distribuent les travaux les plus rudes et les plus humiliants : balayer les rues, abattre les bâtiments en ruine, vider et nettoyer les trains de blessés qui arrivent du front, le tout sous les quolibets et les coups des nazis et des policiers russes qui collaborent avec eux. Leurs biens rapidement vendus pour survivre, ils se traînent parfois en haillons dans les rues. La situation sanitaire du ghetto est déplorable, les épidémies y entraînant de nombreux décès. Mais la solution finale est en marche. Smolensk a été attribué à l'Einsatzgruppe B, un commando d'extermination d'environ 750 tueurs. Les Einsatzgruppen, pendants allemands des meurtriers du NKVD, sont des bataillons de police mobiles, chargés de l'élimination des populations dans les zones occupées. Ils ont été créés par Heinrich Himmler* et sont dirigés par Reinhard Heydrich**, les deux architectes de la Shoah. Des nomades du meurtre de masse. Ils ont commencé

* *Reichsführer* SS, chef de la SS et de la Gestapo, ministre de l'Intérieur à partir de 1943. En 1941, il estimait que les opérations à l'Est « devaient détruire 30 millions de Slaves ».

** Chef du RHSA (*Reichssicherheitshauptamt*), office central de sûreté du Reich, chargé de l'élimination des Juifs.

leurs tueries en fusillant – la Shoah par balles –, mais ils utilisent aussi des camions à essence dont les gaz d'échappement sont renvoyés à l'intérieur, où l'on a entassé les victimes. Smolensk sera l'un des laboratoires de leur utilisation.

Un an plus tard, les nazis lancent une grande « *Aktion* » contre les Juifs de Smolensk. Évidemment, il n'existe quasiment aucun témoignage de cette nuit terrible du 15 juillet 1942. Le ghetto est vidé par étapes à la lumière des phares des camions. Un des rares survivants, Vladimir Iosifovich Hizver, alors âgé de 14 ans, décrira ces scènes d'horreur. « C'est arrivé aux premières heures de la nuit, alors que nous dormions après une dure journée de travail. Des voitures apparaissaient et disparaissaient parmi les rues et les maisons... Un bruit venait de la rue, des cris de femmes, des cris d'enfants... À 3 heures du matin, nous avons entendu à notre porte : "Sortez ! Sortez vite ! Ne prenez que vos vêtements"... J'ai vu un gendarme allemand avec une plaque sur la poitrine et des policiers avec des fusils. J'ai senti quelque chose frapper mon dos ; ça m'a propulsé dans la rue... Il y avait trois ou quatre camionnettes à essence... Nous avons vu des femmes et des enfants monter dans les fourgons à essence. Notre tour serait bientôt le suivant... Maman a pleuré doucement... Tout à coup, elle m'a dit : "Voloden'ka, mon fils, cours, cours, chéri"... J'ai couru vers les champs de pommes de terre et je suis tombé dans une fosse… et j'y suis resté presque toute une journée. » Les Juifs du ghetto sont conduits dans les forêts environnantes, où ils sont tués selon différents procédés, la fusillade restant le plus utilisé.

On voit à peine le monument sur le bord de cette drôle de voie rapide curieusement coupée, par endroits, de passages piétons. Les corps de ces familles décimées sont enterrés ici, sur le site de Viazovenki. On roule quelques dizaines de mètres dans la forêt sur un mauvais chemin de terre quand surgit une petite clairière ensoleillée. Un obélisque se dresse au centre, frappé d'une plaque noire sur laquelle sont gravées une étoile de David et une inscription : « Aux victimes du fascisme. Ici sont enterrés 3000 citoyens soviétiques d'origine juive, brutalement torturés dans le ghetto et exécutés par les barbares fascistes le 15 juillet 1942. Mémoire éternelle, repos éternel », traduit Oleg, Anna précisant que le monument date des années 1960. Il a été élevé en 1967, succédant au simple bosquet d'arbres plantés après guerre sur le lieu du massacre. Devant le tertre d'herbe recouvrant les fosses, sur des plaques noires inclinées figurent les noms des victimes avec, à leur droite, des chiffres. Je mets quelques secondes à comprendre. Ce sont les âges : 6 ans, 3 ans, 38 ans ; 2 ans, 6 ans ; 15 ans, 18 ans, 20 ans. On reste saisi ; les photos, les témoignages racontant les enfants mis à mort dans les bras de leurs mères ou jetés vivants dans les fosses défilent dans ma tête. J'apprendrai plus tard que dans un champ voisin une potence de fortune avait été dressée en se servant des branches de deux arbres. Je ne regrette pas de l'avoir ratée. Le cimetière paraît peu entretenu. Quelques oiseaux chantent, un petit vent fait frissonner la végétation. Aux audiences du procès de Nuremberg en 1946, les Soviétiques produiront les témoignages d'habitants de la région ayant découvert les fosses : « Au fond de la partie non comblée de la tranchée suintait le sang des exécutés, dont le niveau atteignait presque le genou. Près du lieu d'exécution se trouvaient des peignes de femme, divers vêtements, des épingles à cheveux, des chaussures d'hommes, de femmes et d'enfants et d'autres objets appartenant à la population juive exécutée de Smolensk. » Des fosses comme celle-là, les Einsatzgruppen, 3 000 assassins au total, en rempliront des milliers entre 1940 et 1944. Mille ghettos ont été créés en Pologne, 350 en Biélorussie, 440 en Ukraine et 41 dans la Russie occupée. Les tueurs venaient y chercher leurs victimes qu'ils massacraient sur place ou les envoyaient vers les camps de travail ou de concentration. On estime qu'ils ont tué plus d'un million et demi de Juifs à l'Est.

Dix à vingt mille personnes vivent encore à Smolensk, majoritairement des femmes, des enfants et des vieillards qui n'ont pas pu fuir. Ils se réfugient dans les rares bâtiments qui n'ont pas été détruits, mais surtout dans les sous-sols, dans des caves, des huttes. Les Allemands, comme les Français en

1812, ont confié une partie de la responsabilité de la gestion de la ville à des résidents. Un avocat, Boris Men'shagin, a été choisi comme maire ainsi que des professeurs de l'université pour l'assister. Certains – peu – collaborent par conviction, car ce sont des opposants au régime stalinien, d'autres le font par intérêt, dans l'espoir de protéger leurs concitoyens. La majorité de la population tente de survivre au jour le jour, dans une atmosphère de peur permanente. À l'hôpital, des médecins nazis font des « expériences » sur les prisonniers russes, prélèvent, jusqu'à les tuer, le sang d'enfants pour le transfuser à des blessés allemands. On assassine aussi les soldats ennemis à coups d'injections de strophantine et d'arsenic. Plusieurs hôtels sont réquisitionnés et transformés en bordels militaires où les femmes russes sont livrées à la soldatesque. Les atrocités sont multiples. Les Soviétiques captureront quelques nazis et, lors de leur procès, le procureur demandera au dénommé Krause : « Combien de femmes soviétiques avez-vous violées ? », il répondra : « Croyez-vous que j'en connaisse le compte exact ? Peut-être vingt, peut-être vingt-cinq. » Et le procureur de demander : « Et combien en avez-vous tué après les avoir violées ? » [...] « Une douzaine, sans doute*. » La plupart seront pendus et leurs corps, selon les ordres de Moscou, resteront exposés pendant plusieurs jours.

* *Le Monde*, 18 décembre 1945.

La libération viendra en septembre 1943, année décisive, celle du basculement de la guerre à l'Est. En juillet, les Allemands ont abattu leur dernière carte. Après ses échecs devant Moscou et à Stalingrad, Hitler a besoin d'une victoire rapide pour démontrer aux Alliés et à son opinion intérieure que la Wehrmacht est encore redoutable. « Battre la Russie l'été prochain », répète-t-il. Il croit encore que les Soviétiques ne se remettront pas des pertes massives qu'ils ont subies. Il décide alors de lancer une offensive sur l'immense saillant de Koursk. Située à 500 kilomètres au sud-est de Smolensk, à la limite de l'Ukraine, entre Orel au nord et Belgorod au sud, cette poche a été solidement mise en défense par l'Armée rouge. L'opération *Citadelle*, minutieusement préparée pendant des semaines, a pour but de percer les lignes soviétiques au nord et au sud afin de couper la poche en deux et d'y détruire les forces russes. L'offensive est lancée le 5 juillet 1943. L'affrontement titanesque demeure encore aujourd'hui la plus grande bataille de chars de tous les temps : 3000 blindés allemands contre 3300 soviétiques, 2000 avions de part et d'autre, 900000 soldats du Führer attaquant 2 millions de Russes, une immense opération qui se solde, au bout de près de deux mois de très durs combats, par la défaite de l'assaillant, même si ses adversaires ont perdu cinq fois plus d'hommes que lui. Les nouveaux chars, les Tigre, Panther et le chasseur de chars Ferdinand, n'ont été ni assez nombreux ni suffisamment efficaces. Le IIIe Reich n'a plus l'initiative à l'Est. Le potentiel industriel russe en plein essor, conjugué à l'héroïsme des soldats de l'Armée rouge, signe le début de la fin.

La réplique est immédiate, car elle aussi préparée de longue date par l'état-major soviétique, la Stavka. La bataille du Dniepr débute en juillet, immense lame qui avance sur un front de 1 400 kilomètres allant de Smolensk, au nord, à la mer d'Azov, au sud. Il s'agit de récupérer la riche Ukraine et ses bassins miniers du Donbass, mais aussi de débarrasser la rive droite du Dniepr de l'occupant nazi. Cinq fronts, 2,5 millions de combattants, 3 000 chars, 3 000 avions. Les Allemands, tentés un temps de construire une ligne fortifiée, ont choisi de mettre en défense des points névralgiques du territoire occupé. Ils alignent encore plus d'un million d'hommes, mais la perte en soldats expérimentés dans les offensives précédentes pèse lourd. À Smolensk, l'opération reconquête est confiée aux maréchaux Andreï Yemerenko et Vassili Sokolovski, et débute le 7 août 1943. Le terrain est très difficile, parsemé de marécages et de forêts avec de petites hauteurs d'où l'artillerie en défense est reine. La Wehrmacht a dressé six lignes de protection. Les trois armées engagées ne suffisant pas à percer, des renforts sont envoyés, l'OKW renchérissant avec une division blindée et deux d'infanterie pour soutenir le choc. À chaque percée soviétique, à Iartzevo, à Spas-Demensk, à Doukhovchtchina, répond une défense très solide ponctuée de vigoureuses contre-attaques. En août, malgré des pertes considérables, les assaillants n'ont pas beaucoup progressé. Mais ces combats bloquent 40 % des forces du IIIe Reich à l'Est. Au sud du groupe Centre tenu par von Kluge, la 2e armée est enfoncée, et le maréchal doit dégarnir la sienne de deux divisions afin de lui venir en aide. Il n'est plus possible de tenir Smolensk. En sept semaines d'opérations, 100 000 Soviétiques sont morts et 450 000 mis hors de combat. La 4e armée allemande a perdu 50 000 combattants. Le repli général s'organise. Rien à voir avec la débâcle des troupes napoléoniennes en 1812. Suivant l'ordre d'Himmler du 7 septembre 1943 – « L'ennemi ne doit trouver devant lui qu'une terre brûlée et désolée » –, les occupants pillent ce qu'il reste à piller, détruisent tout ce qu'ils ne peuvent transporter, emmènent avec eux les troupeaux ou les abattent. Dans leurs fourgons, on retrouve tous ceux qui ont collaboré avec eux, ainsi que leurs familles. « Les derniers jours de l'occupation allemande auront été particulièrement pénibles, témoignera Paulina Ausker-Loukinskaïa. Dès mon retour [...], nous avons tous couru à la forêt, car les Allemands brûlaient les maisons en se repliant. [...] Nous étions nombreux dans la forêt qui parlions en silence. Le 24 septembre, les obus de l'artillerie soviétique ont volé au-dessus de nos têtes, sous nos applaudissements. Le 25 septembre 1943, nous avons vu dans les bois le premier soldat, un éclaireur de l'Armée rouge que j'ai couvert de baisers en pleurant de joie. »

Les nazis laissent une cité dévastée, détruite à 90 %, l'espace rural de l'oblast à 50 %. Gare et usines n'existent plus. Les images de Smolensk libérée montrent un tas de gravats d'où seuls émergent les conduits de cheminée pointant vers le ciel, un champ de débris entouré de sa ceinture de murailles, abîmées mais toujours debout. « L'enceinte du kremlin [la forteresse] est à peu près intacte, mais dans la ville elle-même, il ne reste aujourd'hui qu'environ soixante-quatre bâtiments entiers, sur près de huit mille », constate un observateur cité par l'universitaire américain Travis Michael Gray dans son étude sur la reconstruction de la cité. « La population actuelle est d'environ un sixième du chiffre d'avant guerre et ils étaient occupés à mettre de l'ordre dans la gare [...] ou à s'efforcer de réparer les abris où ils vivaient... Nous avons remarqué que la place du marché faisait des affaires florissantes, mais nous ne pouvions pas voir ce qui changeait de mains, à part d'énormes bûches de bois... Il ne semblait pas y avoir beaucoup d'enfants dans la ville, mais ceux que j'ai vus glissaient sur la glace, jouaient avec la neige, comme ils le font à Moscou. Je suppose qu'ils sont maintenant habitués à vivre dans une ville détruite, mais cela m'a semblé assez déprimant… juste les carcasses d'anciennes maisons… entourées d'un mur de fortification rose et gris… Ce sera un formidable travail de reconstruction. »

Il durera quatorze années, Smolensk demeurant durant cette période dans un état de semi-délabrement. Au départ des Allemands, la première préoccupation des autorités soviétiques et du parti a été de purger la ville de tous ceux qui avaient travaillé à leurs côtés. Comme toutes les villes de la Russie occupée, Smolensk est suspecte. Toute la province est soupçonnée de collaboration, voire d'être largement hostile au retour du pouvoir stalinien. Lénine et le Petit Père des peuples, peu reconnaissants pour les nombreux sacrifices des Smoléniens, n'ont de toute façon jamais aimé cette région de paysans, terreau malsain pour l'idéal socialiste forgé dans les grands centres industriels et au sein de l'armée. À la libération, la pression de la police politique sur les habitants est constante, les arrestations fréquentes. Le système éducatif est purgé, les vétérans qui reviennent du front sont interrogés, certains emprisonnés comme des dizaines de milliers d'anciens combattants, car la guerre les a conduits hors des frontières soviétiques et « exposés aux influences corruptrices de l'Occident capitaliste ». Si l'antique forteresse a été honorée du titre de Ville héros d'Union soviétique, ça n'a été qu'en 1985, alors que les 12 autres l'ont été rapidement après la fin de la guerre*. C'est Mikhaïl Gorbatchev qui réparera cette injustice en intégrant le martyr des anciennes zones occupées dans la mémoire collective. Une flamme éternelle pour Smolensk brûle désormais sur la place Rouge de Moscou. Au départ des Allemands, la situation matérielle des Smoléniens est catastrophique. La pénurie de logements est telle qu'on estime que chacun d'entre eux ne dispose que d'1,80 mètre carré de surface habitable. Un responsable d'un centre d'accueil écrit à ses supérieurs : « Les enfants dorment à même le sol, car le foyer pour enfants n'a ni matelas, ni draps, ni couvertures. Ils n'ont même pas de chaussures, de vêtements ou de sous-vêtements. »

Dès 1944, le Comité des affaires architecturales confie la reconstruction à P. Golts, membre de l'Académie d'architecture de Moscou. Les plans sont grandioses, il s'agit de construire une nouvelle « ville socialiste » sur les frontières occidentales de la Russie. « La soviétisation, à son tour, imprégnerait les habitants de Smolensk d'une nouvelle mentalité urbaine et galvaniserait la croissance d'une classe ouvrière moderne dans toute la région », écrit Travis Michael Gray. Le

---

*Leningrad, Odessa, Sébastopol, Stalingrad, Kiev, Moscou, Kertch, Novorossiisk, Minsk, Toula, Mourmansk, Smolensk, ainsi que la forteresse de Brest-Litovsk. Le titre de Ville héros équivaut à celui de Héros de l'Union soviétique pour un citoyen.

plan général prévoit des remaniements complets dans la cité, mais aussi dans les bourgades et villages de la région. On construira des logements communautaires modernes, des institutions culturelles et éducatives à la ville comme aux champs, on placera stratégiquement des monuments de guerre dans toute la cité. Il y aura deux centres : l'ancien, réservé à la culture, le nouveau à l'administratif, tous deux reliés par l'avenue de la Grande Guerre patriotique. Rien de tout cela ne sera réalisé. Devant l'urgence, la décision sera rapidement prise de rebâtir Smolensk sur sa base d'avant guerre, priorité étant donnée à la restauration de l'enceinte médiévale, de la cathédrale et des monuments commémoratifs de la guerre napoléonienne afin de « promouvoir les sentiments nationalistes et patriotiques parmi la population locale ». « Les brigades de reconstruction » élèvent rapidement des immeubles d'habitation ressemblant à des casernes, bâtiments faciles à assembler et exigeant une quantité minimale de matériaux. Il faut attendre la mort de Staline pour voir peu à peu la situation des Smoléniens se stabiliser. « Le chaos avait défini la vie quotidienne sur les frontières occidentales de la Russie pendant des siècles et la plupart s'étaient habitués à l'omniprésence de la mort », poursuit l'universitaire américain. « La période post-stalinienne sera une période de stabilité sans précédent pour l'oblast de Smolensk, ajoute-t-il. Alors que la région n'était en aucun cas prospère, la mort de masse n'était plus une préoccupation omniprésente pour sa population. »

Dernier soir à Smolensk. On se promène devant les statues du square des Héros brillamment éclairées le long des remparts de brique rouge de la citadelle. En marchant dans la nuit, on croise le buste de Maria Vassilievna, femme pilote de char, la première à avoir reçu la dignité de Héros de l'Union soviétique. Son mari tué au front, elle avait obtenu le droit d'entrer dans l'Armée rouge. Elle avait participé aux combats pour reprendre Smolensk et fut tuée à 41 ans, le 18 janvier 1944, non loin de Krynki, en Biélorussie. Après la libération de la cité, le rouleau compresseur soviétique poursuit implacablement son avancée. La reconquête se finira dans les décombres de Berlin vingt mois plus tard. Une célèbre photo illustre cette victoire, celle de trois soldats soviétiques hissant le drapeau rouge sur le Reichstag. L'un d'eux s'appelle Mikhaïl Yegorov, il est sergent. Lui aussi est né à Smolensk et son buste se trouve au bout du square des Héros, cerné, à ses pieds, de gerbes d'œillets rouges.

Le variant Poutine

J'ai quitté Smolensk le mercredi 27 octobre 2021, direction Moscou puis Saint-Pétersbourg pour ce qui sera mon dernier reportage en Russie avant, quatre mois plus tard, que Vladimir Poutine n'envahisse l'Ukraine. Il est six heures du matin et Oleg a tenu à m'accompagner à la gare. Nous patientons dans la salle d'attente en contemplant l'immense fresque qui nous fait face sur le mur au-dessus des tableaux de départ et d'arrivée des trains. Il ne s'agit pas cette fois d'une scène de bataille hyperréaliste où un soldat russe, mâchoires serrées, cramponné à sa mitrailleuse, déclenche un feu d'enfer sur fond de scène d'explosions, de chars détruits, de cadavres et de blessés hurlant. Non, on y voit un groupe d'une quinzaine de soldats russes en uniforme, trois avec des manteaux blancs, prenant une pause en fumant une cigarette dans la forêt enneigée. Mais quand même. Déjà la guerre, dès le réveil, partout, tout le temps.

Les derniers moments passés à Smolensk ont été consacrés à la visite des musées, mais aussi à des rencontres avec des étudiants de l'université d'État de la ville et des élèves de l'école de langues d'Oleg. La faculté est belle et propre, la lumière y plonge par de larges ouvertures. Les professeurs m'accueillent avec chaleur, les étudiants sont étonnés de voir un journaliste français venu pour écrire un livre sur leur cité. On évoque le Covid, les professeurs précisant que tout le personnel enseignant est vacciné, ce qui est obligatoire. En revanche, pour les étudiants, trois sur 20 seulement ont reçu le vaccin russe Spoutnik V, pourtant « fiable comme une Kalachnikov », comme l'annonçaient les talk-shows du pouvoir lors de sa présentation en août 2020. « On nous a tellement menti qu'on n'a plus confiance », me glissera l'une des enseignantes à la sortie de la rencontre. Pendant la réunion, la gaffe est venue assez vite quand j'ai évoqué le prix Nobel de la paix 2021 attribué au journaliste russe Dmitri Mouratov*, patron du journal *Novaïa Gazeta*, dont six journalistes ont été assassinés. « Mais le prix Nobel de la paix, c'est une invention de l'Occident », ne peut s'empêcher

*Et à la journaliste philippine Maria Ressa, tous deux récompensés pour « leur combat courageux pour la liberté d'expression ». *Novaïa Gazeta* a dû suspendre sa publication le 28 mars 2022 après plusieurs avertissements du pouvoir pour « manquement à la loi sur les agents de l'étranger. » (Datant de 2021, une loi vise tous ceux qui exercent une action politique en recevant des fonds de l'extérieur. Les ONG, les médias et les opposants sont concernés au premier chef.)

de s'exclamer l'une des professeures. On avait oublié quelques instants combien il est difficile de débattre tant les Russes vivent comme dans une citadelle assiégée, une sorte de Smolensk permanent. Depuis l'arrivée de Vladimir Poutine au pouvoir, et surtout depuis 2014 et l'invasion de la Crimée, tout ce que subit la Russie relève du complot occidental, orchestré par l'Amérique, l'Europe et l'OTAN, dont je me trouve être le représentant involontaire. Il faut reconnaître que bien d'autres choses nous séparent. L'Occident, pour bon nombre de Russes, représente aujourd'hui la décadence. Ici, on ne voit pas d'homosexuels se tenant par la main dans la rue. Les étrangers ? « Tous les Russes que j'emmène à Paris sont surpris de voir tant de Noirs et d'Arabes », m'a dit Oleg quand nous roulions vers Gagarine. Un de ses six élèves que je rencontre lors de son cours de français dans un complexe de bureaux du centre a peut-être lu *Soumission* de Michel Houellebecq, en tout cas il n'y va pas par quatre chemins. L'homme, âgé, les traits burinés, engoncé dans son gros pull, articule une simple question en français, ironique : « Quand la France aura-t-elle un président musulman ? » Au fond, la standardiste de l'hôtel, l'une des élèves d'Oleg, pouffe. Une dame très distinguée lève les yeux au ciel. Que répondre ? En proportion, il y a plus de musulmans dans la Fédération de Russie qu'en France. Et le déclin démographique qui frappe le pays n'est pas favorable à la population blanche et orthodoxe.

Le train qui mène à Moscou en quatre heures est un rapide, une sorte de TER qui n'a rien à envier aux nôtres. Un passager sur deux est masqué, protection plutôt portée en sautoir alors que l'épidémie en Russie est à son paroxysme. Un jour gris se lève lentement, on commence à somnoler quand la douce voix féminine diffusée par le haut-parleur annonce la ville de Viazma, « *City of military Glory* ». Même annonce à Gagarine et à chacune des mignonnes petites gares aux façades doucement colorées qui se succèdent sur la route des conquérants. La guerre, toujours elle. Cette Seconde Guerre mondiale reléguée dans la mémoire de l'Occident, mais qui est demeurée l'obsession des Russes avec ses 26 millions de morts – dont 16 millions de civils – officiels. Un député de la Douma, en 2017, a même avancé le chiffre encore plus effarant de 42 millions de disparus. D'où « un immense droit moral », comme le disait Vladimir Poutine en 2012, « celui de défendre nos positions de manière fondamentale et durable. Parce que c'est précisément notre pays qui a subi le gros de l'offensive nazie [...] et a offert la liberté aux peuples du monde entier* ».

*Discours du 9 mai 2012, cité dans Michel Eltchaninoff, *Dans la tête de Vladimir Poutine*, Babel, Actes Sud, 2022.

Arrivé à la gare Belorussky à Moscou, et à supposer que la guerre vous soit sortie de la tête, une statue émouvante est là pour vous aider à revenir à la réalité. *L'Adieu de la femme slave* est érigé dans la cour en tête des trains : une jeune fille à l'épaisse tresse de cheveux enlace son mari soldat, fusil à l'épaule, baïonnette engagée, qui s'apprête à partir pour le front. Un passant a glissé un bouquet d'œillets rouges comme le sang entre leurs bras. Le magnifique métro de la capitale, bardé de lustres, où de vieilles dames en uniforme fatigué veillent dans de minuscules guérites en bas des escalators, est lui aussi semé de monuments massifs en bronze de combattants aux longues barbes, mitraillettes sur le torse, vainqueurs des nazis. C'est Leonid Brejnev qui, en 1964, transforme la Grande Guerre patriotique en aimant de sa nation déclinante. L'année suivante, pour le vingtième anniversaire de la victoire, la Russie renoue avec le grand défilé militaire sur la place Rouge à Moscou. À l'époque, « le mythe de la victoire est un élément essentiel du vaste système de propagande soviétique [...]. Il sert de matrice à une reconfiguration de l'*Homo sovieticus*, moins communiste que patriote », résume Andreï Kozovoï, le dernier biographe de Brejnev*. La gloire pour faire oublier la misère. Vladimir Poutine est âgé de 12 ans quand

* Florent Georgesco, « Le mythe russe de la Grande Guerre patriotique et ses manipulations », *Le Monde*, 30 avril 2022.

cette conversion s'impose. « Tous les membres de ma famille aimaient, aiment la Russie, se sont montrés patriotes envers ma Patrie et m'ont élevé précisément dans cet esprit », confirme-t-il à la chaîne américaine NBC le 2 juin 2000. Même si une chape de plomb pèse sur la vie intellectuelle et politique, Brejnev incarne encore les années Gagarine, bref répit dans un siècle d'oppression politique et de pauvreté. L'Union soviétique pèse encore dans le monde, elle rivalise avec les États-Unis en enchaînant les prouesses technologiques, scientifiques, compte de nombreux artistes et sportifs de haut niveau. L'embellie ne dure pas. Le modèle économique soviétique est défaillant, l'empire malade vacille peu à peu sous les coups de « la guerre des étoiles » de Ronald Reagan, des années de conflit en Afghanistan, puis de la perestroïka. « Le système était moribond, il avait perdu sa sève vitale et charriait désormais un sang vicié de vieillard », écrit Mikhaïl Gorbatchev dans ses mémoires. Entre 1982 et 1985, trois dirigeants avaient été fauchés par l'âge et la maladie : Leonid Brejnev, Iouri Andropov et Konstantin Tchernenko.

Pour prendre pleinement conscience de ce passé écrasant, il faut avoir visité les deux villes russes emblématiques du second conflit mondial : Stalingrad, aujourd'hui appelée Volgograd, et Leningrad, l'actuelle Saint-Pétersbourg. J'ai connu la première en avril 2021, en allant y réaliser avec

Marc Leplongeon un portrait de Pierre Malinowski qui, le vent en poupe après sa découverte de la dépouille du général Gudin huit mois plus tôt, avait organisé une nouvelle session de diplomatie funéraire. Il y avait rassemblé des vétérans alliés et soviétiques de la Seconde Guerre mondiale dans une cérémonie pour la paix, tandis que son équipe d'archéologues franco-russe fouillait l'immense plaine autour de la cité, théâtre de combats homériques. Dans la file des départs d'un Roissy presque vide en raison de l'épidémie, j'avais repéré assez vite le photographe qui devait nous accompagner. Massif, vêtements couleur sable, un énorme sac photo sur l'épaule, on ne voyait au-dessus de son masque que d'épais sourcils noirs et deux grands yeux très bleus. Thomas Goisque est un baroudeur qui connaît bien la Russie, où il s'est déjà rendu une vingtaine de fois. Il était le photographe de l'expédition de Sylvain Tesson pour son livre *Berezina* et l'a accompagné dans une trentaine de reportages à l'autre bout du monde. Thomas a aussi connu la guerre. Pendant son service militaire, en 1995, il a été volontaire six mois dans un bataillon de chasseurs alpins opérant à Sarajevo.

Si à Smolensk la Grande Guerre patriotique pèse déjà lourdement de tous ses monuments, ce n'est rien à côté de l'ancienne Stalingrad. Il suffit de regarder par le hublot de l'avion pour avoir le souffle coupé par l'immense statue de la Mère-Patrie, hommage au million et demi de

Soviétiques, soldats et civils, morts ici, qui domine la ville. Quatre-vingt-sept mètres de hauteur, l'une des plus grandes du monde, sorte de *Victoire de Samothrace* à l'épée brandie vers le ciel noir, elle a été inaugurée en 1967 après huit années de travaux. Elle est plantée au sommet du mont Mamaïev, la cote 102, point élevé où s'affrontèrent Allemands et Soviétiques au prix de dizaines de milliers de morts. Durant le trajet en taxi depuis l'aéroport, j'observe soigneusement les abords de la route, où je note toujours la même propreté. De l'aérogare au principal hôtel situé sur la place centrale, pas de poubelles débordantes, de déchets, de tags. Quand j'en fais la remarque à Thomas, il grommelle qu'ici « il y a un vrai sens civique ». Pierre Malinowski, qui nous accueille dans le hall, le dit autrement : « En France, tu brûles une voiture, tu prends un rappel à la loi. Ici, ils savent qu'on peut les décimer jusqu'à la trentième génération. » Pour la première fois depuis des semaines, il nous est possible de dîner dans un restaurant, plaisir interdit en France où ils sont tous fermés en raison de l'épidémie.

De la ville d'époque, il ne reste rien. Elle a été rebâtie dans le style triste et gris de l'après-guerre. Un bâtiment symbolique de ces deux cents jours de combats a quand même été conservé en bas de l'allée des Héros, qui descend du kourgane Mamaïev à la Volga. Une carcasse de briques rouges de cinq étages, le moulin de Gerhardt, une ancienne minoterie à vapeur, criblée d'éclats de balles et d'obus, qui s'élève à côté du musée panoramique de la bataille, le long du fleuve. Le bâtiment est le symbole de l'intense guerre urbaine qui se déroula ici et dont l'enjeu ultime fut la défense par les soldats russes d'une succession d'usines bâties le long de la Volga, « une gigantesque forge des enfers », d'après Jean Lopez, le meilleur spécialiste de la bataille. « Un soldat qui reste trois jours peut se considérer comme un ancien. Les gens ici ne restent vivants qu'un jour », dit alors le maréchal Vassili Tchouïkov, chef de la 62e armée qui résiste à Stalingrad, au correspondant de guerre et écrivain Vassili Grossman.

Des 300 000 soldats de la Wehrmacht encerclés en novembre 1942, les Russes ne feront que 91 000 prisonniers trois mois plus tard, dont leur éphémère maréchal, Friedrich Paulus, 25 généraux et 2 500 officiers. Les autres sont morts de froid, de faim ou au combat. Huit mille seulement reviendront de captivité. Le matériel saisi par les Soviétiques – 650 avions, 150 chars, 1 800 canons et mortiers – est considérable. Le IIIe Reich est touché au cœur et atteint dans son orgueil. Il ne s'en relèvera pas. Le long de l'embarcadère, où s'alignent aujourd'hui chars, canons et même de longues vedettes rapides sur leurs socles dans des cages en verre, on a rendez-vous avec Evgeny Rogov, 96 ans. Le vétéran, un petit homme en uniforme, les deux pans de la veste couverts de médailles qui descendent jusqu'à la ceinture, marche difficilement sous la pluie battante, à peine protégé par le parapluie de son accompagnatrice. Son regard, qui a surpris ma gêne en le voyant se déplacer avec tant de peine, me fusille. Evgeny Rogov a combattu ici, y a tiré des milliers de cartouches. À 17 ans, natif de la ville, il était mitrailleur pour protéger le débarquement de ses camarades rescapés de la traversée de la Volga et qui se faisaient faucher par les tirs ennemis dès leur arrivée. Il termina la guerre comme lieutenant avant de devenir professeur à l'université de Volgograd. L'interview vient de débuter quand une jeune fille qui passe éclate en sanglots en l'apercevant et lui envoie des baisers des deux mains.

On rallie le champ de fouilles en embarquant dans un UAZ, sorte de 4 × 4 soviétique indestructible et passe-partout, lointain cousin du Combi de Volkswagen, à l'intérieur duquel on peut sans trop de difficulté s'entasser à douze. L'engin saute d'une ornière boueuse à l'autre. Arrivé dans l'immense plaine où ont péri des dizaines de milliers de combattants, Pierre Malinowski bondit à terre, apportant champagne chaud et saucisson français à l'équipe. Sous un ciel bleu et un soleil éblouissant, les archéologues jouent de la brosse et de la truelle au fond des fosses. On s'approche pour découvrir des squelettes enchevêtrés de soldats russes et allemands, qui semblent se tenir dans les bras les uns des autres. Autour d'eux, casques, bidons, lunettes, masques à gaz en pagaille, ainsi que quelques armes, mitrailleuses, fusils rouillés, grenades. Un des fouilleurs russes déterre même une bouteille remplie d'un liquide jaunâtre. Il l'examine, sort un peu plus la mèche du goulot, l'allume avec son briquet et la lance au loin. Le cocktail Molotov explose au milieu des labours dans un petit jet de flammes, comme s'il avait été fabriqué hier. Personne ne veut y croire. Le professeur Michel Signoli, anthropologue, bandeau noir de pirate sur la tête, revient d'un autre site, creusé à quelques centaines de mètres, dans lequel sont enterrés plusieurs soldats russes. « Il y en a qui ont moins de quinze ans, on voit cela à leur dentition. Et là-bas, il y a des jeunes femmes. »

Malgré sa bonne humeur apparente, Malinowski n'est pas content. Car la dépouille du général Gudin n'a toujours pas été rapatriée en France. Fini l'époque où le *bad boy* se baladait en teeshirt dans les couloirs de l'Élysée en se filmant avec son smartphone et recevait des textos des conseillers du président. Depuis, les choses ont changé avec l'empoisonnement en août 2020 de l'opposant Alexeï Navalny, puis son arrestation en janvier 2021, deux épisodes qui ont refroidi Emmanuel Macron. « C'est un prétexte », tonne Malinowski, « mais on va faire revenir le général. » Ce sera chose faite quelques mois plus tard. Les autorités françaises restant aux abonnés absents, il faudra une nouvelle bravade. S'appuyant sur la demande officielle d'Albéric d'Orléans de la restitution de la dépouille de son aïeul, Malinowski contourne le problème des vols internationaux, rares en cette période de Covid, en faisant affréter par son oligarque l'un de ses avions privés, rien de moins qu'un Airbus A320. Ce 13 juillet 2021, avec Thomas Goisque, nous sommes à l'aéroport Vnoukovo de Moscou, où la cérémonie a été soignée. D'un côté, une haie de reconstituants russes en uniformes d'époque; de l'autre, une section du régiment de la garde du Kremlin rend les honneurs à la calèche noire qui, sur un nocturne de Chopin, emporte la dépouille du général avant qu'elle ne soit hissée dans l'avion. L'A320 blanc, flanqué d'une longue flamme d'or qui brille sous le soleil rasant, aligne 50 profonds fauteuils en cuir dans un espace conçu à l'origine pour transporter 150 passagers. Une fois que nous avons décollé, l'équipage sert un repas fin tandis que, une coupe de champagne à la main, Malinowski savoure sa provocation : « J'espère qu'on ne va pas prendre un missile ! », rigole-t-il. Les 15 privilégiés de ce vol insolite sillonnent la longue cabine, jouent avec les boutons qui, d'une caresse, transforment les sièges en lits. Il y a là l'équipe de TF1, Liza Peskova, vice-présidente de la fondation, les deux assistantes de Pierre Malinowski, le professeur Michel Signoli, qui a prélevé l'ADN du général, les deux descendantes de ce dernier – Lidivine et Bréanne d'Orléans, 18 et 15 ans –, Anastasia Goryakova, jeune femme brune qui porte des bijoux délicats et représente la compagnie Meridian, à laquelle appartient l'Airbus. Après quatre heures d'un vol qui passe trop vite, l'arrivée est rude. L'aéroport du Bourget est noyé d'eau, et des gendarmes sont déployés sous les ailes de l'avion immobilisé. Des policiers masqués suivis d'une lourde équipe de la Sécurité civile montent contrôler les passeports en cabine, réaliser un test antigénique sur chacun d'entre nous, délivrant des arrêtés de quarantaine à ceux qui ne sont pas vaccinés. Liza Peskova et les deux assistantes de Pierre Malinowski, effrayées, étirent leurs longues jambes. Les cinq Russes seront confinés dans un hôtel international avant leur retour dans leur pays deux jours plus tard. En dépit des apparences, l'accueil est plutôt sympathique et efficace. « Bienvenue à vous », dit l'un des policiers. « C'est bien ce que vous faites », glisse un autre. Thomas et moi filons dans une voiture vers le hangar assez sordide qui jouxte le musée de l'Air et de l'Espace. La cérémonie sera modeste et, pour tout dire, vite expédiée. Sous les ailes du Concorde, une haie de gardes républicains, une autre de « reconstituants » en uniformes d'époque, tous masqués sous leurs shakos ou leurs bonnets d'ourson, la sonnerie aux morts, quelques mots d'Albéric d'Orléans en hommage à son ancêtre, mais pas un de la ministre déléguée auprès de la ministre des Armées, chargée de la mémoire et des anciens combattants, Geneviève Darrieussecq, qui se contente de quelques secondes de recueillement devant la dépouille du héros, avant de filer à « l'anglaise ». Le général Gudin rejoint la morgue, où il attendra son deuxième enterrement, cette fois aux Invalides.

J'arrive à Saint-Pétersbourg le 22 octobre 2021, juste après mon deuxième séjour à Smolensk, deux jours avant le confinement qui va s'y abattre et ruiner le dernier show de la fondation de Pierre Malinowski, qui n'y apparaîtra même pas. Dans l'autre cité symbole de la Russie combattante j'ai juste le temps d'être ébloui par une visite au pas de charge du musée de l'Ermitage dont le théâtre sert de lieu de réception pour les vétérans venus d'Amérique et de France, puis d'aller faire un tour au musée consacré à la Seconde Guerre mondiale. Dès notre arrivée, la guide, raide et sévère, montre dans le hall d'entrée une série d'une quarantaine de photos en noir en blanc en nous disant avec un fin sourire : « Ce sont les conservateurs et l'équipe du musée. Ils ont tous été fusillés en 1949. » Avant d'ajouter devant notre stupeur : « Mais ils ont été réhabilités. » Tous ont été victimes de « l'affaire de Leningrad », l'une des dernières grandes purges décidées par Staline. Le dictateur n'aimait pas cette capitale intellectuelle et artistique qui, en raison du terrible siège vécu pendant neuf cents jours, prenait à nouveau Moscou de haut. Deux mille membres de l'administration furent arrêtés lors d'une répression qui s'étendit à toute la Russie, la plupart déportés au Goulag et plusieurs centaines fusillés.

La métropole, sidérante de beauté, même s'il lui manque la fièvre électrique de Moscou, ne porte pas les stigmates de la guerre tant elle a été reconstruite avec soin, fidèle à son origine de ville d'apparat bâtie sur les ordres de Pierre le Grand en 1703. Il s'agit alors pour la Russie, avec cette cité majestueuse à l'urbanisme moderne, d'ouvrir une fenêtre sur l'Europe et de se hisser spectaculairement au rang des premières puissances européennes. Le joyau est ravagé durant les huit cent soixante-douze jours du siège mené par le général Wilhelm Ritter von Leeb, le premier chef du groupe d'armées Nord, et les alliés finlandais, entre le 8 septembre 1941 et le 27 janvier 1944. Quatre cent soixante mille soldats soviétiques mourront au combat ou seront portés disparus, 200 000 côté allemand. Mais le sacrifice de la population civile demeure inimaginable, inintelligible à nos yeux d'Occidentaux. Un million d'habitants et de réfugiés périront de faim, le tiers de la population. « Les informateurs, les prisonniers, les déserteurs sont tous d'accord pour décrire le siège de Leningrad comme une agonie taciturne et têtue », écrit l'immense écrivain italien Curzio Malaparte, alors journaliste au *Corriere della Sera*, depuis les tranchées allemandes. « Une mort lente, une mort grise (la faim, les privations, les épidémies tuent, chaque jour, des milliers d'êtres). Le secret de la résistance de cette ville immense consiste, plutôt que dans ses armes, plutôt que dans le courage de ses soldats, dans son incroyable capacité à souffrir. Derrière ses défenses de ciment et d'acier, Leningrad agonise parmi les hurlements incessants que jettent les haut-parleurs de la radio à tous les coins de rue, paroles de feu, paroles de fer sur cinq millions de moribonds taciturnes et têtus. » Et d'ajouter, comme une lame : « Parmi tous les peuples d'Europe, le peuple russe est celui qui accepte les privations et la faim avec le plus d'indifférence ; c'est le peuple qui meurt le plus facilement. Ce n'est pas du stoïcisme, mais quelque chose de différent, de plus profond, peut-être. Quelque chose de mystérieux. » À leur départ, les Allemands s'emploient à brûler ceux des plus beaux palais qui n'avaient pas été détruits par leurs bombardements. Hitler veut raser le « berceau du bolchevisme ». Aujourd'hui, dans le bateau-mouche qui descend la Neva, on sourit en voyant se détacher la silhouette noire du croiseur *Aurore* d'où fut tiré le coup de canon à blanc qui donna le signal de la prise du palais d'Hiver, le 25 octobre 1917 et du début de la révolution d'Octobre. Il est toujours mouillé le long du quai Petrogradskaïa.

Si Leningrad est la matrice de la Grande Guerre patriotique, Saint-Pétersbourg* est celle de Vladimir Poutine, qui y est né et y a grandi dans un appartement communautaire de 28 mètres carrés, infesté de rats, avant de devenir un *bad boy* du quartier. « J'étais un petit voyou [...]. J'étais réellement un mauvais garçon », avouera-t-il dans une interview donnée en 2000 à trois journalistes russes. Jusqu'à ce que la pratique du judo le ramène dans le droit chemin. Beaucoup, depuis l'invasion de l'Ukraine, s'interrogent sur son état de santé. Est-il fou ? Souffre-t-il d'un cancer ? L'isolement, dû à la longue épidémie de Covid qu'il redoute visiblement, lui a-t-il fait perdre la raison ? Personne ne s'est interrogé sur le traumatisme familial qu'a été la guerre pour lui, comme pour la majorité des Soviétiques. Son père, Vladimir Spiridonovitch Poutine, ouvrier, est né à Leningrad en 1911. Il est âgé de 30 ans lorsqu'il rejoint le 330e régiment d'infanterie qui combat dans la tête de pont située sur la rive gauche de la Neva. Il est marié à Maria Ivanovna Poutina, née Chelomova, 30 ans également, elle aussi ouvrière. Le couple a deux enfants, Viktor et Oleg, nés dans les années 1930. Le premier meurt de maladie en bas âge, le second pendant la

* Capitale de l'Empire russe de 1712 à 1917, où elle prend le nom de Petrograd (jusqu'en 1924), avant de devenir Leningrad. En 1991, à la suite d'un référendum, la ville reprend son nom d'origine.

guerre, en mars 1943, victime de la diphtérie. Le futur président de la Fédération de Russie, né en 1952, est l'enfant de la chance, sa mère ayant alors 41 ans. Le petit Vladimir a grandi dans les récits du siège racontés par ses parents. Son père, affecté à une unité du NKVD chargée de missions de sabotage, a été grièvement blessé à la jambe gauche le 17 novembre 1941. Il se cache dans une rivière, où il respirera de longues heures à l'aide d'un roseau avant que l'un de ses camarades, Mikhaïl Zorin, ne le porte sur son dos, traversant la Neva gelée sous les tirs. Des 28 membres de leur groupe, ils ne seront que quatre à survivre. Sa mère, elle, a failli mourir de faim, tombée sans connaissance dans la rue devant son domicile. La croyant morte, des passants la couchent sur les cadavres gelés. Son mari la sauve, exigeant qu'on la ramène chez eux, où il parvient à la faire revenir à la vie. Vladimir Spiridonovitch Poutine boitera toute sa vie. Le couple travaillera ensuite à l'usine ferroviaire de Leningrad. Ils sont morts en 1998 et 1999, juste avant que leur fils ne devienne président du gouvernement de la Russie. Ce passé où s'enchaînent la mort de ses aînés, la guerre et la faim peut-il constituer un triple traumatisme fondateur, celui-ci le hantant et l'obligeant à se montrer à la hauteur de cet héritage où la grandeur tutoie toujours le sacrifice ?

Quand il entame sa carrière politique à la mairie de Saint-Pétersbourg en 1991, comme conseiller aux affaires internationales du nouveau maire Anatoli Sobtchak – tout en restant agent du KGB –, Vladimir Poutine est témoin de la profonde crise morale qui frappe le pays. « Depuis le naufrage de l'URSS, la Russie en quête d'identité n'a jamais cessé d'interroger le miroir brisé du passé pour essayer de reconstituer une image acceptable, voire positive, de son histoire, capable de lui fournir une boussole dans le difficile processus de transformation en cours », expliquait en 2017 Maria Ferreti. Exercice difficile, car depuis la *glasnost* lancée en 1986 par Mikhaïl Gorbatchev, les crimes du stalinisme remontent à la surface, avec la publication de livres jusque-là interdits par le pouvoir comme *L'Archipel du Goulag* d'Alexandre Soljenitsyne ou *Vie et destin* de Vassili Grossman, mais aussi grâce à l'action d'une partie de la société civile. L'association la plus connue, Memorial, fondée en 1989 avec l'aide du Prix Nobel de la paix Andreï Sakharov, a pour but de faire éclater la vérité sur les exactions passées en rassemblant les témoignages de survivants auxquels elle tente d'apporter une aide matérielle ou juridique. Une bombe à retardement, car si la Russie est d'accord pour se débarrasser du fantôme de Lénine, elle répugne à documenter les crimes du Petit Père des peuples, personnage essentiel du roman national poutinien. Comme Bonaparte cherchait en 1800 à réconcilier les deux France, celle de l'Ancien Régime et celle de la Révolution, Poutine veut réunir l'histoire tsariste et celle de la Russie rouge autour d'un grand récit patriotique.

Pour rétablir une ligne historique cohérente, il faut d'abord faire table rase de l'épisode le plus embarrassant de ces cent dernières années, la révolution d'Octobre, « présentée comme un malheureux "accident de l'Histoire", un coup d'État fomenté par une poignée de criminels fanatiques dépourvus de toute assise dans le pays, qui a brisé net la marche de la Russie vers la modernité et sa convergence avec les démocraties occidentales engagée, depuis la fin du XIXe siècle, par un régime tsariste réformateur », écrit Nicolas Werth dans son dernier opus *Poutine, historien en chef*. En 2017, le centenaire d'Octobre a été peu fêté, de même que le 150e anniversaire de la naissance de Lénine en 2020, relégués au second plan dans l'historiographie russe. Par un effet de symétrie, l'inhumation des cendres de la famille impériale à Saint-Pétersbourg en 1998 et la reconstruction des églises orthodoxes démontrent la volonté du pouvoir d'idéaliser la Russie impériale et de renouer avec sa grandeur.

À partir de ces éléments, Vladimir Poutine, par petites touches, va forger un nouveau récit national, centré sur la grande victoire de 1945 et ses valeurs : l'héroïsme, l'unité et le sacrifice du peuple. Et mettre en place un système d'élimination de tous ceux qui contestent cette nouvelle version de la vérité historique, un « narratif » qui devient une arme de propagande intérieure, une mise en condition de sa société, indispensable pour soutenir les buts de conquête qu'il s'est fixés. Le président russe mute définitivement à la veille de l'invasion de la Crimée en 2014. « La mémoire historique est la principale ressource de la puissance de la Russie et de son avenir », déclare-t-il le 14 mars 2013 à Novo-Ogarevo au premier congrès de la Société russe d'histoire militaire, récemment créée. Une assemblée d'apparatchiks chargée de valider la version de « l'historien en chef ». Celle-ci peut se résumer assez simplement. Traçons une ligne droite entre Pierre le Grand, Staline et aujourd'hui : l'axe de la grandeur russe, cimenté par les guerres et les conquêtes impériales. Si Poutine déteste Lénine, qui a signé la paix honteuse de Brest-Litovsk en 1918, amputant la Russie de nombreux territoires, il a une tout autre vision du Petit Père des peuples. « Staline, bien sûr, est un dictateur. Il n'y a aucun doute là-dessus, déclare-t-il lors d'une interview télévisée en 2002. Le problème est que c'est sous sa direction que le pays a gagné la Seconde Guerre mondiale. Cette victoire est largement liée à son nom. Et ignorer cette circonstance serait stupide*. » Au cinéaste Oliver Stone, auteur d'une longue interview complaisante, il dresse quinze ans plus tard, en 2017, un portrait du dictateur dans lequel celui-ci

---

*Entretien accordé au quotidien *Gazeta Wyborcza* et à la chaîne de télévision polonaise TPV le 15 janvier 2002, cité in *Dans la tête de Vladimir Poutine* de Michel Eltchaninoff, *op. cit.*

apparaît davantage comme une victime expiatoire : « Staline est une figure historique complexe, produit de son époque [...] qui a transformé un pays agraire attardé en puissance industrielle moderne. [...] Ces réalisations grandioses ont coûté trop cher, il y a eu des répressions, c'est un fait. Des millions de nos concitoyens ont souffert, mais il faut se rappeler que la diabolisation de Staline est l'un des angles d'attaque de l'Occident contre la Russie et l'Union soviétique. » On comprend mieux pourquoi Poutine fera tout pour éliminer, au fil de ses années de pouvoir, toutes les tentatives citoyennes pour documenter les crimes du stalinisme.

Aujourd'hui, il n'est plus question d'envisager une autre vision de la grande victoire soviétique que celle édictée par son dernier tsar. En 2009, un projet de loi visant à criminaliser « la négation des faits établis par le tribunal de Nuremberg ainsi que la diffusion d'informations notoirement fausses au sujet des actions de l'Union soviétique durant la Seconde Guerre mondiale » a été introduit au lendemain de la guerre en Géorgie, mis en sommeil pendant la présidence de Barack Obama avant d'être voté après l'invasion de la Crimée en 2014. Plusieurs articles le différencient des autres lois mémorielles en vigueur dans les pays démocratiques. L'un d'eux punit « la diffusion d'informations manifestement irrespectueuses sur les dates de la gloire militaire et les dates mémorables de la Russie relatives à la défense de la Patrie ainsi que la profanation des symboles de la gloire militaire de la Russie ». Y sera ajouté, après l'invasion de l'Ukraine en février 2022, un article prohibant « toute tentative de mettre, dans l'espace public, sur le même plan les buts et les actions de l'Union soviétique et de l'Allemagne nazie ». Plusieurs personnes ont été condamnées pour avoir évoqué de façon négative le pacte germano-soviétique de 1939. Et le pouvoir est très vigilant sur ces sujets. En 2015, une journaliste de Smolensk, Polina Danilevich, a passé plusieurs heures dans un commissariat local avant d'être condamnée le 2 mars à une amende pour « propagande nazie et démonstration publique d'attributs ou de symboles nazis ». Elle avait publié sur son blog une photo de son quartier pendant l'occupation allemande. L'image, très connue, montre une revue de soldats dans une cour sous le drapeau hitlérien, symbole interdit. Dans cette lignée, le plus célèbre des prisonniers du pouvoir, Alexeï Navalny, parmi les nombreuses charges qui pèsent contre lui, a été condamné le 20 février 2021 à payer une amende de 850 000 roubles (9 500 euros) pour avoir « diffamé » un vétéran de la Seconde Guerre mondiale dans un tweet*.

La jeunesse, comme toujours, est la cible principale de la propagande. « La mémoire de la Grande

*Le vétéran Ignat Artemenko, 95 ans, comme d'autres personnalités ou simples citoyens, était apparu dans une vidéo officielle pour soutenir le changement constitutionnel de 2020 permettant à Vladimir Poutine de se maintenir au pouvoir après 2024. Navalny les avait traités de « vendus » et de « traîtres ».

Guerre patriotique constitue aujourd'hui l'un des piliers idéologiques du système éducatif russe », résume Olga Koukka, de l'Ifri, qui recense les différents leviers aux mains du pouvoir pour endoctriner les jeunes. On se souvient de ces gamins déguisés en petits soldats défilant dans la foule du Régiment immortel à Smolensk. De ceux aperçus au petit cimetière proche de l'immense plaine autour de Stalingrad où fouillaient les archéologues. Tenue militaire mouchetée de vert, béret noir sous leur capuche, ils nettoyaient les tombes des soldats, exercice d'hommage national. Au théâtre de l'Ermitage, tous vêtus de kaki, ils se pressaient autour des vétérans. Et dans les rues, on en voit beaucoup, parfois même très jeunes, vêtus de treillis de camouflage. Les manuels d'histoire leur transmettent une vision directement héritée de l'ère soviétique, mais aménagée au fil des ans par les autorités. « Entre 2003 et 2014, on dénombre ainsi neuf interventions de Vladimir Poutine au sujet de ces manuels. » Comme on pouvait s'y attendre, les crimes de la période stalinienne sont passés sous silence : « Dans le manuel de terminale de 2021, […] seules quelques lignes (sur les 430 pages du manuel) évoquent, en passant, le Goulag. » Le pouvoir s'appuie également sur les quelque 2000 clubs militaro-patriotiques existant en Russie. Six cent mille enfants de plus de huit ans appartiennent à « l'Armée des jeunes » (*Younarmia*), fondée en 2016 avec le soutien du ministère de la Défense.

Vladimir Poutine a bâti « un récit viscéralement anti-occidental, ultranationaliste et conservateur qui exalte la puissance d'un État fort mettant en œuvre, dans le sillage de la grande tradition slavophile du XIXe siècle, l'idée d'une "voie russe" de développement fondée sur la défense d'un ensemble de "valeurs spirituelles" face à un Occident agressif et décadent », estime Nicolas Werth. Il est certain qu'en voyant, lors de l'invasion du Capitole à Washington le 6 janvier 2021, un *red neck* américain, torse nu, le visage barré de peintures de guerre et portant une coiffe de chef indien, Poutine a pu penser que, décidément, il y avait quelque chose de pourri au royaume du capitalisme. Mais son bilan est calamiteux, alors que les choses n'avaient pas si mal commencé. En 2000, le président de la Fédération de Russie avait fait deux promesses à ses concitoyens. Il leur avait assuré que le déclin démographique serait surmonté et que le pays connaîtrait enfin la stabilité. Malgré les 2,4 millions d'habitants récupérés en Crimée, le pays voit sa population diminuer, la mortalité liée au laxisme de la gestion de la crise du Covid n'ayant rien arrangé. Smolensk, par exemple, a perdu 3000 habitants entre 2019 et 2020. La guerre en Ukraine puis la mobilisation partielle, chaotique, ont provoqué l'exode de centaines de milliers de citoyens, parmi les plus jeunes, les plus diplômés, et souvent les plus talentueux. Et ce ne sont pas les étrangers séduits par la Russie qui vont renverser la tendance démographique.

Les seuls que l'on croise à Smolensk, par exemple, sont des Indiens venus y apprendre la médecine, dont beaucoup de femmes, un voile sur la tête et le masque soigneusement porté. La stabilité promise ? Elle a été un temps au rendez-vous, mais au prix d'un durcissement intérieur sur fond de manipulations électorales grandissantes ; elle a disparu avec l'invasion de l'Ukraine et l'avalanche des sanctions économiques internationales. Le tsar Poutine a même réussi à ressusciter l'OTAN, souder l'Europe et l'Occident, tandis qu'aux marches de son empire, les conflits s'enchaînent. À Smolensk, l'économie de la vieille cité n'était déjà pas florissante, l'inflation étant élevée. Aujourd'hui, ses habitants voient revenir le spectre de la guerre. Elle gronde encore loin, à 400 kilomètres au sud-ouest. Mais la Biélorussie, alliée du régime poutinien, est très proche. Dès les premiers jours de l'invasion, on a aussi vu passer là beaucoup de militaires, car Smolensk garde son rôle de plate-forme ferroviaire et routière à l'ouest, vers la frontière biélorusse proche et, au-delà, l'enclave de Kaliningrad. « De l'esbroufe », me dira un Français établi à Moscou mais possédant quelques terres du côté de la ville, ruiné au premier jour de l'invasion. Je l'interroge dans les jours qui suivent « l'opération militaire spéciale » pour un article du *Point* sur ces Français exilés en Russie et soudain pris au piège. Encore hébété au téléphone de ce qui lui est arrivé, il plaisante quand on évoque les soldats russes. « Je les ai vus arriver à Smolensk.

J'y étais quelques jours avant l'invasion. Je me suis dit qu'est-ce qui se passe ? Quand j'ai vu plein de chars, de blindés arrêtés, visiblement en panne d'essence, ça m'a bien fait rire. » Que peut espérer Vladimir Poutine après l'échec cinglant de cette grande armée russe, réputée invincible ? Elle a été la surprise des experts de la guerre, réels ou supposés, qui défilent sur les plateaux des chaînes de télévision. La Russie a échoué dans son *Blitzkrieg* et n'a réussi qu'à mener un conflit vieux comme le vingtième siècle avec son cortège de barbarie. Pour une population qui macère dans la guerre depuis près d'un siècle, la défaite de cette armée qui avait fait trembler le monde restera un traumatisme national. L'Histoire ne sert parfois à rien, surtout si on la manipule, pas plus que de revendiquer le courage d'hier, la guerre se fait au présent. La puissance conventionnelle russe était une grande illusion. Le dernier mensonge. Ennuyeux quand on veut mener un conflit de civilisation.

Jeudi 2 décembre 2021. En ce jour anniversaire de la bataille d'Austerlitz, dans un froid vif, le soleil irradie la cour d'honneur de l'hôtel des Invalides. En son milieu, sur les pavés inégaux, repose le cercueil du général Charles Gudin, recouvert du drapeau français. Il a été porté jusque-là par dix élèves officiers de l'école militaire de Saint-Cyr masqués de noir. Il sera inhumé dans le caveau des gouverneurs après la cérémonie, à nouveau présidée par la ministre déléguée auprès de la ministre des Armées, chargée de la mémoire et des anciens combattants, Geneviève Darrieussecq. Quand, lors de son allocution, cette dernière remercie la Russie d'avoir rendu le corps du général dans « un geste plein de noblesse », Pierre Malinowski, au premier rang de la tribune d'une cinquantaine d'invités, aux côtés de Liza Peskova, peine à masquer un sourire. La cérémonie s'achève sur l'opus 40 de Tchaïkovski, joué par une pianiste depuis une estrade dans la cour, tandis que le cercueil est porté vers la crypte. La ministre, accompagnée du chef d'état-major des armées, le général Thierry Burkhard, de l'évêque aux armées, Mgr de Romanet, et d'Albéric d'Orléans, y déposera une gerbe devant le cercueil du général. Celui-ci aura mis plus de deux siècles à rejoindre ses compagnons enterrés sous l'autel de l'église Saint-Louis : le chirurgien Dominique Larrey, qui n'était pas arrivé à temps à Smolensk pour l'amputer, mais aussi le maréchal Oudinot, les généraux Éblé et Hautpoul… Au balcon, sous les arcades de pierre blanche, une trentaine de « reconstituants » rendent les honneurs, impressionnants dans leurs uniformes chamarrés qui attirent les objectifs des photographes et des cameramans. Trois grognards au bonnet d'ourson présentent le drapeau français. Les fantômes de l'épopée sont toujours là.

Mais l'ancien légionnaire n'a pas totalement gagné son pari, puisque Emmanuel Macron et Vladimir

Poutine ne sont pas présents. « Considéré au départ comme une occasion de mobiliser l'Histoire à des fins diplomatiques, le projet a fini par couler en raison du refus de la France de souscrire à la politique intérieure et étrangère de plus en plus dure de la Russie », écrit le *New York Times* en résumant ces deux années d'aventures menées sur fond de discussions de plus en plus âpres entre les deux présidents. Et de poursuivre : « Son échec éclaire la relation particulière qu'entretiennent les deux pays, façonnée par une histoire commune compliquée, des intermédiaires occultes et une diplomatie informelle. » Avec le recul, on regrette surtout que Vladimir Poutine ne soit pas présent à la cérémonie. En voyant la dépouille du général Gudin dans la cour, il aurait pu constater que, tôt ou tard, les envahisseurs reviennent souvent chez eux dans un cercueil.

Bibliographie

Napoléon Bonaparte, *Correspondance générale*, tome douzième : « La campagne de Russie, 1812 », publiée par la Fondation Napoléon, Fayard, 2012.

Wolf von Aaken, *Batailles d'extermination*, Presses de la Cité, 1965.

Galia Ackerman, *Le Régiment immortel, la guerre sacrée de Poutine*, Premier Parallèle, 2019.

Svetlana Alexievitch, *La Fin de l'homme rouge ou le Temps du désenchantement* Actes Sud, 2013.

—, *Derniers témoins*, Presses de la Renaissance, 2005.

—, *La guerre n'a pas un visage de femme*, Presses de la Renaissance, 2004.

Paul-Charles-Amable Bourgoing, *Souvenirs militaires du Bon de Bourgoing*, Paris, E. Plon, Nourrit et Cie, 1897.

Nicolas Bernard, *La Guerre germano-soviétique, 1943-1945*, Tallandier, « Texto », 2013.

Pierre Berthezène, *Souvenirs militaires de la République et de l'Empire*, tome 2, J. Dumaine, 1855.

Léon Bloy, *L'Âme de Napoléon*, Gallimard, 2003.

Philip Freiherr von Boeselager, *Nous voulions tuer Hitler*, Perrin, 2007.

Jean-François Boulart, *Mémoires du général d'artillerie baron Boulart*, édition critique par Jacques Jourquin, Tallandier, 1992.

Mikhaïl Boulgakov, *Récits d'un jeune médecin*, L'Âge d'homme, 1994.

Christophe Bourachot, *Les Hommes de Napoléon, témoignages 1805-1815*, Omnibus, 2011.

Adrien Bourgogne, *Mémoires du sergent Bourgogne*, préface de Jean Tulard, introduction et notes de Marcel Spivak, Hachette, 1978.

Christopher R. Browning, *Des hommes ordinaires*, Les Belles Lettres, 2005.

Paul Carell, *Opération Barbarossa*, Robert Laffont, 1964.

Curtiss Cate, *La Campagne de Russie*, Tallandier, 2012.

Armand de Caulaincourt, *Mémoires du général de Caulaincourt, duc de Vicence, grand écuyer de l'empereur*, Plon, 1933.

Georges de Chambray, *Histoire de l'expédition de Russie*, tome 1, Pillet aîné, 1823.

Louis Chardigny, *Les Maréchaux de Napoléon*, Tallandier, 2003.

Laurie Cohen, *Smolensk Under the Nazis. Everyday Life in Occupied Russia*, New York, Rochester, 2013.

Robert Coulondre, *De Staline à Hitler. Mémoires d'un ambassadeur*, édition présentée et annotée par François-Guillaume Lorrain, Perrin, 2021.

Giuliano Da Empoli, *Le Mage du Kremlin*, Gallimard, 2022.

Éric Dauriac, *Les Armes de Napoléon*, Éditions Balezy, 2011.

Pierre Paul Denniée, *Itinéraire de l'empereur Napoléon pendant la campagne de 1812*, Paulin, 1842.

Sergueï Dovalatov, *La Zone. Souvenirs d'un gardien de camp*, La Baconnière, 2019.

Alexandre Dumas, *Napoléon Bonaparte*, 1831.

Ilya Ehrenbourg et Vassili Grossman, *Le Livre noir. Textes et témoignages*, Solin, Actes Sud, 1995.

Michel Eltchaninoff, *Dans la tête de Vladimir Poutine*, Babel, Actes Sud, 2022.

G. de Faber du Faur, *Campagne de Russie 1812 d'après le journal illustré d'un témoin oculaire*, Flammarion, 1831.

Merle Fainsod, *Smolensk à l'heure de Staline*, Fayard, 1967.

François-Xavier Feller, *Dictionnaire historique ou Biographie universelle des hommes qui se sont fait un nom…*, Outhenin Chalandre, 1839.

Maria Ferretti, « La mémoire impossible. La Russie et les révolutions de 1917 », *Cahiers du monde russe*, 58/1-2, 2017.

Louis Florimond Fantin des Odoards, *Journal du général Fantin des Odoards, étapes d'un officier de la Grande Armée,* Plon, 1895.

Youri Gagarine, *Le Chemin du cosmos,* Éditions MDI and ALAP, 1964.

Yves Gauthier, *Gagarine ou le Rêve russe de l'espace*, Flammarion, 1998.

Rudolf-Christoph von Gersdorff, *Tuer Hitler. Confession d'un officier allemand antinazi,* Tallandier, 2012.

Mikhaïl Gorbatchev, *Mémoires,* Éditions du Rocher, 1997.

Travis Michael Gray, *Amid the Ruins. The Reconstruction of Smolensk Oblast, 1943-1953*, The University of Texas at Austin, 2018.

Claude de Grève, *Le Voyage en Russie*, Robert Laffont, « Bouquins », 1990.

Vassili Grosmann, *Carnets de guerre*, Le Livre de Poche, 2008.

Heinz Guderian, *À la tête des Panzers. Souvenirs d'un soldat*, Perrin, 2020.

Michel Heller, *Histoire de la Russie et de son Empire*, préface de Marie-Pierre Rey, Perrin, « Tempus », 2015.

François Houdecek, *La Grande Armée de 1812*, Fondation Napoléon, 2012.

F.G. Hourtoulle, *Davout le Terrible*, 1975.

Alexandre Jevakhoff, *De Gaulle et la Russie*, Perrin, 2022.

Jacques Jourquin, *Dictionnaire des maréchaux du Premier Empire*, Christian/Jas, 1999.

Tatiana Kastouéva-Jean (dir.), « Mémoire de la Seconde Guerre mondiale dans la Russie actuelle », *Russie.Nei. Reports*, n° 31, Ifri, juin 2020.

Jean-Paul Kaufmann, *Outre-Terre*, Gallimard, « Folio », 2017.

John Keegan, *La Deuxième Guerre mondiale*, Perrin, 1989.

Jean Lacouture, *Stendhal, le bonheur vagabond,* Seuil, 2005.

Jean-Charles Lallemand, « Clientélisme régional en Russie : les exemples de Briansk, Smolensk et Koursk », *Pouvoirs*, n° 112 : « La Russie de Poutine », janvier 2005.

—, « Vie et mort d'un "parrain" de Smolensk », revue *Esprit*, janvier 1999.

Patrick Le Carvèse, « Les décès des généraux de la Grande Armée imputables à la campagne de Russie », *Napoléonica, La Revue*, 2013/2.

Thierry Lentz, *1812, la campagne de Russie*, Perrin, 2012.

Jean Lopez, *Stalingrad, la bataille au bord du gouffre*, Economica, 2008.

Jean Lopez, Lasha Otkhmezuri, *Barbarossa, la guerre absolue*, Passés Composés, 2019.

—, *Les Maréchaux de Staline*, Perrin, 2021.

Hubert Lyautey, « Lettres d'un lieutenant de la Grande Armée, publiées par Pierre Lyautey, I, De Wagram à Moscou », *Revue des Deux Mondes*, 15 décembre 1962.

Louis Madelin, *Histoire du Consulat et de l'Empire, la catastrophe de Russie*, Hachette, 1949.

Curzio Malaparte, *La Volga naît en Europe. Mémoires de guerre*, Les Belles Lettres, 2012.

Pierre Malinowski, en collaboration avec Anne Pouget, *À la recherche du tombeau perdu*, Le Cherche Midi, 2020.

François Malye, *Napoléon et la folie espagnole*, Tallandier, 2007.

Alexandre Milovski, *Les Vieilles Cités russes*, Moscou, Éditions Radouga, 1986.

Nathalie Moine, « La commission d'enquête soviétique sur les crimes de guerre nazis, entre reconquête du territoire, écriture du récit de la guerre et usages justiciers », La Découverte, *Le Mouvement social*, n° 222, 2008.

Émile Montégut, *Revue des Deux Mondes*, tome 102, 1872.

Marie Mougnier (présentation), *Lettres de la Wehrmacht*, Perrin, « Tempus », 2018.

Nikifor Adrianovich Mourzakevitch, *Histoire de Smolensk*, 2008.

Laure Murat, *L'homme qui se prenait pour Napoléon*, Gallimard, « Folio », 2011.

Alain Pigeard, *Dictionnaire des batailles de Napoléon : 1796-1815*, Tallandier, 2004.

Frédéric Pons, *Poutine*, Calmann-Lévy, 2014.

Nicolas Pontic, *Koursk, l'été où Staline a vaincu Hitler*, Tallandier, 2015.

Roland de la Poype, *L'Épopée du Normandie Niémen. Mémoires*, avec la collaboration de Jean-Charles Stasi, Perrin, 2007.

Marie-Pierre Rey, *L'Effroyable Tragédie. Une nouvelle histoire de la campagne de Russie*, Flammarion, « Champs histoire », 2014.

—, *Un tsar à Paris*, Flammarion 2014.

Hans Rudel, *Pilote de Stukas*, préface de Pierre Clostermann, Corréa, 1951.

Comte Philippe de Ségur, *La Campagne de Russie 1812*, Tallandier, « Texto », 2010.

Georges Six, *Dictionnaire biographique des généraux et amiraux de la Révolution et de l'Empire*, Georges Saffroy éditeur, 1934.

Georges Sokoloff, *La Puissance pauvre. Une histoire de la Russie de 1815 à nos jours*, Fayard, 1993.

Alexandre Soljenitsyne, *Une journée d'Ivan Denissovitch*, in *Œuvres complètes*, tome 2 (version définitive), Paris, Fayard, 1982,

Antoine Soulier, *Le Drame de Tulle*, 2e édition, Imprimerie commerciale, 1960.

Stendhal, *Napoléon*, édition établie et présentée par Catherine Mariette, Stock, 1998.

—, *Vie de Henri Brulard*, édition de Béatrice Didier, Gallimard, « Folio », 1973.

—, *Journal*, préface de Dominique Fernandez, Gallimard, « Folio », 2010.

Sylvain Tesson, *Dans les forêts de Sibérie*, Gallimard, « Folio », 2011.

—, *Berezina*, Gallimard, 2015.

Adolphe Thiers, *Histoire du Consulat et de l'Empire*, tome XIV, Paulin, 1845-1862.

Jean Thiry, *La Campagne de Russie*, Berger-Levrault, 1969.

Léon Tolstoï, *Guerre et Paix*, I et II, Gallimard, « Folio », 2002.

Jean Tulard, *Nouvelle bibliographie critiques des mémoires sur l'époque napoléonienne*, Droz, 1991.
Jean Tulard (dir.), *Dictionnaire Napoléon*, Fayard, 1999.
Charles-Éloi Vial, « Les livres à la guerre : les bibliothèques portatives de Napoléon Ier », *Bulletin du bibliophile et du bibliothécaire*, 2012.
Voltaire, *Histoire de Charles XII*, Garnier-Flammarion, 1958.
Alexander Werth, *Leningrad, 1943*, Tallandier, « Texto », 2013.
—, *La Russie en guerre, la patrie en danger 1941-1942*, Tallandier, « Texto », 2011.
Nicolas Werth, *Être communiste en URSS sous Staline*, Gallimard, 1981.
—, *Poutine, historien en chef*, Gallimard, « Tracts », mai 2022.

Table

Pour en savoir plus
sur les Éditions Perrin
vous pouvez consulter notre site Internet

www.editions-perrin.fr

et nous suivre sur les réseaux sociaux

Editions Perrin

@EditionsPerrin

@editionsperrin

MIXTE
Papier issu de
sources responsables
FSC® C003309

L'éditeur de cet ouvrage s'engage dans une démarche
de certification FSC® qui contribue à la préservation
des forêts pour les générations futures.

Pour en savoir plus :
www.editis.com/engagement-rse/

Achevé d'imprimer par
Normandie Roto Impression s.a.s.
61250 Lonrai
N° d'impression : 2205844

Imprimé en France